단 3개의
미국 ETF로
은퇴하라

원하는 삶을 앞당기는
돈 자동 사냥 시스템

단 3개의 미국 ETF로 은퇴하라

김지훈(포메뽀꼬)
지음

리더스북

프롤로그

돈 자동 사냥 시스템을 만들면 당신도 부자가 될 수 있다

돌아오는 수요일에 중요한 임원 보고 일정이 확정되어 있다. 발표 자료를 수정하고 있던 와중에, 적용된 배경 기술에 대해 이해되지 않는 부분이 있어서 동료 박 팀장을 찾아갔다. 박 팀장은 열심히 엑셀 자료를 정리하고 있었다. 그런데 키보드 옆 스마트폰에서 불빛이 계속 번쩍이기에 슬쩍 보니, 화면 속에서는 그야말로 현란한 전투가 한창이었다. 멋진 갑옷을 입은 게임 캐릭터가 이곳저곳을 뛰어다니며 칼을 휘두르고 마법을 쓰면서 괴물들과 싸우고 있었다. 게임 내에서 엄청 복잡한 연결 동작이 이어지고 있었지만, 박 팀장은 어떤 조작도 하지 않은 채 묵묵히 본인 업무에만 집중하고 있었다. 자동 사냥 게임이 플레이되고 있는 것이었다.

자동 사냥 게임은 플레이어가 직접 조작하지 않아도 게임 내 캐릭터가 자동으로 전투를 치르며 경험치를 쌓아가는 방식으로 진행된다. 전통적인 게임에서는 사용자가 직접 조작을 하면서 재미를 느끼는 것이 중요했지만, 자동 사냥 게임에는 그런 요소가 존재하지 않는다. 심지어 화면을 응시할 필요도 없다. 스마트폰 배터리가 떨어지지 않도록 충전기에 연결시켜 놓고 자동 플레이 버튼을 누르는 게 다다. 그렇다면 사용자들은 왜, 무엇 때문에 이런 게임을 즐기는 걸까?

일반적인 게임에서는 플레이어의 실력과 전략이 승패에 매우 중요하게 작용한다. 1분당 마우스와 키보드를 몇 번 누를 수 있는지, 적의 공격에 얼마나 빨리 반응할 수 있는지에 따라 게임 경쟁에서 승패가 갈린다. 실력이 늘면서 얻게 된 쾌감이 유저의 성취욕을 채워주는 방식으로 보상이 주어진다.

하지만 자동 사냥 게임에서는 플레이어가 큰 노력 없이 수동적인 관전자 입장에서도 충분히 성취감을 느낄 수 있다. 이는 '자동 레벨 업'이라는 시스템 덕분이다. 게임 캐릭터는 자동으로 전투를 진행할 때마다 더 강해지고 능력치가 향상되는데, 이렇게 레벨이 올라갈수록 보다 강력한 몬스터를 잡을 수 있게 되고 더 빨리 퀘스트를 해결할 수 있게 된다. 스스로 알아서 강해지는 캐릭터의 성장을 보는 게 자동 사냥 게임을 하는 재미 중 하나일 것이다.

우리가 살아가고 있는 현실을 게임과 비교해보자. 매일같이 만원 버스, 지옥철에 시달리며 출퇴근을 하고, 밤늦게까지 야근을 밥 먹듯 한다. 때로는 이런 일을 하려고 힘들게 이 회사에 들어왔나 싶은 일도 참아야 한다. 직장 상사의 잔소리는 보너스다. 그뿐인가. 눈에 띄는 성과를 내야만 연봉이 눈에 띄게 오른다. 오직 자신의 노력을 갈아넣어야 레벨 업이 가능한 시스템이다.

하지만 인생에서 자동 사냥 시스템을 돌리면 어떨까. 별다른 노력 없이도 인생의 레벨이 오른다. 시시때때로 주어지는 각종 퀘스트도 보다 쉽게 해결할 수 있게 된다. 여전히 열심히 살아가겠지만, 무슨 일이 있어도 버텨야 한다는 압박감이 사라지면 만원 버스도, 지옥철도, 직장 상사의 잔소리도 참을 만해진다. 남들이 보기에는 똑같이 책상에 앉아서 일하는 것 같겠지만, 자동으로 돌아가는 인생 레벨 업 시스템을 갖춘 사람과 아닌 사람의 인생은 큰 차이가 있다.

나는 오늘도 나를 위해서 자동으로 돌아가는 인생 레벨 업 시스템을 굴리고 있다. 바로 '미국 ETF 투자'다. 이를 통해서 월급만 바라보던 삶에서 완전히 벗어나게 되었다. 내가 잠자는 동안에도 알아서 자산이 자동으로 불어나는 돈 자동 사냥 시스템을 구축한 덕분에 우리 부부는 좋아하는 것을 마음껏 하면서도 돈 걱정 하지 않는 삶에 도달했다. 1년에 한 번 갈까 말까 하던 해외여행을 이제는 여섯 번, 아니 마음만 먹으면 언제든 갈 수 있다. 나아가 은퇴 이후에는 금융소득만으로 살아갈 수 있는 현금흐름까지 확보해 두었다.

사회생활을 하면서 월급이, 회사가 결코 한 사람의 인생을 책임져 주지 않는다는 것을 뼈져리게 느꼈다. 결혼이나 내 집 마련, 자녀 양육 같은 인생의 큰 일을 치르느라 은퇴 목전에 와서야 다급하게 투자를 시작해서 낭패를 본 선배들도 많이 보았다. 그런가 하면 빨리 은퇴를 하겠다고 자산을 고위험 상품에 투자하거나 단타를 반복하다가 도리어 돈을 잃고 빚까지 진 젊은 친구들이 많다는 것도 안다. 나 역시 사회 초년생 시절 하루 빨리 경제적 자유를 얻고 싶은 욕심에 아무 준비 없이 주식투자에 뛰어들었다가 몇 차례 뼈아픈 실패를 경험했었다. 나와 같은 평범한 직장인들에게 도움이 되고 싶어서 책을 썼다.

어려운 것은 없다. 미국 ETF를 잘 선별한 포트폴리오만 구축해놓으면 별다른 노력 없이도 자산이 증식하는 돈 자동 사냥 시스템이 만들어진다. 그렇다면 어떤 ETF에 투자해야 할까? 단 3개면 충분하다. 이 책은 적은 돈으로도 안전하지만 확실하게 자산을 불리고 은퇴 후 고정적인 현금흐름을 마련할 수 있도록 직접 설계하고 검증한 미국 ETF 투자법을 상세히 소개한다. 더불어 실제로 내가 보유한 ETF 포트폴리오와 투자 성과를 그대로 공개했다.

돈 자동 사냥 시스템의 핵심은 오로지 하루라도 빨리 시작 버튼을 누르느냐 아니냐에 있다. 시간 차이가 있을 뿐, 당신도 언젠가 분명히 부자가 되어 있을 것이다. 그러니 지금 당장, 단 3개의 미국 ETF를 소유하라.

김지훈

차례

프롤로그
돈 자동 사냥 시스템을 만들면 당신도 부자가 될 수 있다 ... 004

1장
직장인이 투자를 해야 하는 이유

01	연봉 3% 인상으로 은퇴할 수 있을까?	014
02	직장인의 라이프 사이클과 위험한 투자 패턴	024
03	더 이상 투자 실패를 반복하지 마라	031
04	왜 미국 주식, 미국 지수일까?	044
05	'그때 살걸' '그때 팔걸' 후회하지 않는 투자법	055
06	개별 종목이 아닌 ETF에 투자해야 하는 이유	064
07	투자에 앞서 정비해야 할 3가지 마인드셋	076

2장
은퇴 계획은 이렇게 세워라

01	나만의 경제적 자유 기준을 세워라	092
02	은퇴자금이 결코 마르지 않는 4% 인출률의 과학	098
03	남들보다 적은 투자금으로 은퇴하는 법	106
04	5가지 자산관리 파이프라인	113
05	단 3개의 미국 ETF로 구축한 나의 트라이앵글 포트폴리오	124
06	투자의 첫 단계, 시드머니 만드는 법	138

3장
트라이앵글 포트폴리오 I
경제적 자유로 가는 투자의 초석, S&P500 ETF

01	S&P500에 가장 먼저 투자해야 하는 이유	144
02	거치식 투자가 좋을까, 적립식 투자가 좋을까?	152
03	최악의 타이밍에 매수했더라도 출구는 있다	157
04	나의 S&P500 ETF 투자 포트폴리오 대공개	164
05	수익 극대화를 위한 엔화 투자법과 레버리지 투자법	175

4장
트라이앵글 포트폴리오 II
자산 증가행 급행열차를 태워줄 QQQ

01	압도적 성장 가능성 지닌 괴물 같은 ETF, QQQ	184
02	은퇴 극약 처방, QQQ로 은퇴하는 법	191
03	나의 QQQ 투자 포트폴리오 대공개	197
04	투자수익 재투자로 자산 늘리는 필승 전략	208
05	은퇴 시점과 시장 고점이 맞아떨어지지 않는다면?	216

5장
트라이앵글 포트폴리오 III
긴 인생의 보루가 되어줄 제2의 월급 만들기, SCHD

01	열심히 주식투자를 했지만 맞이할 수 있는 미래	222
02	배당주 투자도 ETF로 하라	226
03	SCHD가 변동성에 강할 수밖에 없는 비결	231
04	나의 SCHD, 배당주 투자 포트폴리오 대공개	235
05	SCHD로 은퇴하려면 얼마나 있어야 할까?	241
06	2030세대와 4050세대의 배당투자는 달라야 한다	248
07	실패로 끝난 고배당투자가 남긴 교훈	259
08	배당금을 2배, 3배로 늘리는 가장 쉬운 방법	265
09	종합금융소득세에 맞게 포트폴리오 리밸런싱하기	268

6장
당신의 투자를 구해줄 가장 중요한 10가지 기본 지식

01	초보자를 위한 ETF 고르는 법	274
02	연금저축계좌와 IRP계좌 100% 활용법	279
03	연금계좌 2개로 세금 아끼는 법	286
04	환율과 주식의 상관관계 이해하기	289
05	내 집 마련 계획 중인 2030 신혼부부의 재테크 방법	293
06	대출 상환이냐, 주식투자냐? 둘 다 잡는 황금 비율	299
07	미성년 자녀를 위한 재테크 설계	303
08	미국 지수 투자로 더 많은 수익을 내고 싶다면?	306
09	절대 손해 보지 않는 자산 배분 전략	310
10	포메뽀꼬의 매일의 투자 루틴	315

	에필로그	321

1장

직장인이 투자를
해야 하는 이유

01
연봉 3% 인상으로 은퇴할 수 있을까?

나는 평범한 직장인이다. 남들과 마찬가지로 매일 아침 지옥철에 시달리며 출근한다. 십수 년째 이용하지만, 출근길 2호선은 여전히 견디기 힘든 교통수단이다. 그렇다고 회사에 차를 가져가자니 회사 주차장은 이미 만차라서 엄두도 낼 수 없다. 어떤 동료들은 인근 주차장의 월 30만 원짜리 정기권을 끊고 출퇴근하지만, 비용이나 시간을 따져봐도 지하철이 확실히 효율적이라는 생각에 나는 결국 몸이 고생스러운 쪽을 택했다.

오래 근속한 회사에서는 어느 정도 인정을 받아 팀장으로 근무하고 있다. 프로젝트의 전반부를 담당하는 기획 업무를 총괄하며, 주어진 역할 이상을 수행하기 위해 노력하고 있다. 회사는 프로젝트가 성공적으로 끝나면 성과를 인정해주는 시스템을 갖추고 있어 나름 만족스러운 직장 생활을 하고 있다.

하지만 연봉 협상과 평가 시즌이 다가오면, 여느 직장인처럼 예민해질 수밖에 없다. 그때만 되면 객관적인 성과 평가와는 별개로, 공공연한 '고과 돌려 먹기'가 영향을 미치는 것을 보게 된다. 특정 성과에 기반하기보다, 작년에 높은 평가를 받은 팀이 있다면 올해는 다른 팀이 받을 차례라는 식의 논리가 적용된다. 또, 팀 내 승진 대상자가 있을 경우 이를 고려한 밀어주기식 평가가 이루어지기도 한다. 연봉 책정 과정에서 개인의 성과뿐만 아니라 조직 내 정치적 요소가 중요한 변수로 작용하는 현실을 직장인이라면 모를 리 없다. 나 역시 성과가 좋아서인지, 아니면 내 차례가 와서인지 어떤 해에는 10%가 넘는 연봉 상승의 기회가 주어지기도 했다. 최대 20%까지 오른 해도 있었다. 그러나 성과와 무관하게 연봉이 동결되거나 1~2% 오르는 데 그친 해도 많았다.

얼마 전 직장인을 대상으로 한 설문조사에서 내년 연봉 인상률에 대해 31.3%는 '동결', 66.8%는 '평균 3.1%의 인상', 1.9%는 '삭감될 것 같다'고 답했다는 기사를 보았다. 회사 사정을 이유로 연봉이 동결된 계약서에 사인했던 경험이 나도 있다. 그해 업무 성과가 좋았음에도 불구하고, '회사 정책상 어쩔 수 없다'는 인사 담당자의 말에 더는 이유를 묻지 못했다. 회사를 떠날 결심이 없다면 불합리하다고 생각되더라도 연봉 계약서에 사인을 할 수밖에 없다. 그렇게 20년 넘게 직장 생활을 이어왔다. 물론 그때와 비교하면 지금은 연봉이 크게 올랐다. 당연히 현금흐름도 좋아졌다. 하지만 연봉만큼 오른 것이 또 하나 있다.

월급 빼고 다 오른 직장인의 현실

신입 사원 시절이었던 2003년에는 5,000원으로 점심 한 끼를 충분히 해결할 수 있었다. 회사 근처 식당에서 설렁탕 한 그릇이나 김치찌개 1인분이 그 정도 가격이었고, 굳이 국밥이나 찌개류가 아니더라도 대부분의 식당에서 5,000원 내외면 점심을 먹을 수 있었다. 당시 '김밥천국'의 김밥 한 줄이 1,000원이었으니, 물가 수준을 짐작할 수 있을 것이다.

하지만 지금 점심 물가는 어떠한가? 현재 근무하고 있는 여의도 사무실 인근에서는 설렁탕 한 그릇에 1만 원 이하인 곳을 찾아보기 어렵다. 가장 저렴한 김치찌개집을 찾아봐도 11,000원이 마지노선이 되었다. 물론 지역별로 차이는 있겠지만, 몸으로 체감한 물가는 21년 만에 2배 이상 오른 셈이다. 그런데 통계청의 화폐가치 계산기를 통해 20년간 물가 변동을 확인해보면, 약 1.6배 상승한 것을 알 수 있다. 그렇다면 설렁탕 한 그릇의 값은 7,980원이 되어야 맞다. 그러나 아무리 찾아봐도 내 생활 반경에서 8,000원 하는 설렁탕은 없다.

이는 외식비, 식료품비, 대중교통비처럼 우리가 자주 소비하는 품

출처: 통계청

목이 소비자물가지수 평균보다 빠르게 상승하는 경향이 있기 때문이다. 따라서 체감물가는 공식 수치보다 훨씬 높게 느껴진다. 결국, 20년 동안 물가가 약 1.6배가 아니라 2배 이상 상승한 것 같다는 말은 틀리지 않다. 또한 이러한 물가상승은 같은 돈으로 물건을 구매할 수 있는 실질구매력이 절반으로 줄어들었음을 의미한다. 다시 말해, 현금의 가치가 매년 약 4%씩 감소했다고 봐도 무방하다. 물가가 상승하는 만큼 현금자산의 가치는 지속해서 하락하고 있음을 명심해야 한다.

현금자산의 가치가 매년 4% 하락한다고 가정하면, 연이율 3% 예금 상품에 투자했을 때, 매년 자산이 실질적으로 1%씩 감소한다고 볼 수 있다. 연이율 5%짜리 특판 적금을 가입했다고 해서 안심할 일도 아니다. 실제로 연이율 5% 적금의 경우, 세금 등을 고려하면 약 2.5% 수준의 예금이자를 받는 것과 다름없다.

금융권에 맡기지 않고 현금으로 자산을 보관하고 있다면 상황은 더욱 안 좋다. 매년 4%씩 돈이 조금씩 사라지고 있는 셈이니 말이다. 따라서 현금을 그대로 두는 것은 매년 가치가 감소하는 것을 방관하는 것과 같다.

인플레이션 시대에서 살아남는 법

그렇다면 연봉은 어떨까? 2024년 생활물가지수는 전년 대비 2.7% 상승하였고, 연간 소비자물가지수는 2.3% 상승한 것으로 나타났다. 매년 물가가 3% 가까이 상승하고 있는데, 연봉이 동결되었다면 이는 연봉이 3% 삭감된 것과 같은 효과다. 만약 연봉이 4% 인상되었다면, 단 1%가 오른 셈이다. 즉, 물가상승률을 반영하면서 자산을 증가시키려면 연봉이 최소 6% 이상은 올라야 한다. 연봉이 6% 인상될 경우 물가 3% 상승을 반영한 후에도 실질적으로 약 3%의 증가율을 확보할 수 있기 때문이다. 그렇다 보니 3%대의 연봉 인상만으로 은퇴 준비까지 성공적으로 한다는 것은 사실상 로또가 당첨되지 않는 이상 쉽지 않은 일이다.

생각해보라. 매년 6% 이상 연봉이 인상되는 직장인이 과연 얼마나 될까? 일반적인 사기업에서는 연말 평가에서 최소 A등급을 받아야 6~8% 연봉 인상이 가능하다. A등급은 상위 15% 이내의 직원들에게만 부여되는 것이 일반적임을 감안하면 나머지 85% 직원들의 실질 연봉은 사실상 동결, 혹은 삭감된 것이나 마찬가지다. 연봉 인상이 매년 6% 이상 이루어지지 않는다면, 우리는 점점 가난해지는 삶을 살고 있다고 봐도 될 것이다. 이제부터라도 현실적인 차선책을 심각하게 고민할 때다.

또한 차곡차곡 모은 은퇴자산도 인플레이션으로부터 보호할 방법을 찾아야 한다. 일반적으로 은퇴에 필요한 자금은 '1년 생활비 × 남은 생'으로 계산할 수 있다. 만약 매월 300만 원을 소비한다면, 적어도 매년 3600만 원의 소득이 평생 필요하다는 뜻이다. 이제 당신이 열심히 모아 이 돈을 보유하고 있다고 가정해보자. 하지만 이 은퇴자금 역시 시간이 지나면서 인플레이션이라는 파도를 맞아 초기 예상 가치와는 전혀 다른 가치가 된다. 예를 들어, 현재 가치로 1억 원을 모았다고 해도, 연평균 3%의 물가상승률을 적용하면 10년 후에는 구매력이 약 7400만 원 수준으로 감소한다. 20년이 지나면 5500만 원으로 반토막이 난다. 덜 쓰고, 덜 먹고, 덜 즐기며 열심히 모았는데 그 돈으로 이전과 같은 수준의 생활을 유지할 수 없게 된다면 생각만 해도 아찔하지 않은가.

인플레이션으로부터 자산을 보호하기 위해서는 금융 활동을 통해 지속적으로 6% 이상의 투자수익을 창출하는 것이 필수적이다. 그래야만 시간이 지나도 은퇴자산의 실질 가치를 유지하고, 안정적인 노후를 보낼 수 있다.

지속 가능한 투자를 해야 하는 이유

그래서 투자를 시작했다면 칭찬해주고 싶다. 하지만 단발적인 시장 이슈에 편승하면 한두 번쯤은 투자에 성공할 수 있어도 지속적으로 수익을 내는 것은 불가능에 가깝다. 실제로 한 증권사가 발표한 '2024년 상반기 평균 국내 주식 수익률'을 보면 수익률 차이가 회전율에서 비롯된 것임을 알 수 있다. 종목 교체, 비중 변경 등의 이유로 잦은 손바꿈이 일어날수록 주가 상승 타이밍을 놓치거나 거래 비용이 불어났다는 뜻이다. 많은 이들이 소문으로 들은 유망 주식을 사고, 하락하면 서둘러 파는 방식을 반복하고 있는 것이다. 특히 이러한 현상은 은퇴 준비가 시급한 세대에게서 더욱 도드라졌다.

나는 평생 지속 가능한 투자 대상이 필요하다고 생각했다. 수익뿐만 아니라, 시장 변화에 따른 잦은 스트레스를 받지 않는 것도 중요했다. 투자를 할 때 높은 수익률에 현혹될 것이 아니라 얼마나 꾸준히 지속 가능한지를 핵심으로 두어야 한다.

통계청에서 발표한 '2021년 1인당 생애소득 주기'를 살펴보면, 개

2024년 상반기 대한민국 연령별 국내 주식 투자수익률 및 회전율

	수익률(%)	회전율(%)
10대	1.299	68.894
20대	-0.067	91.726
30대	-0.017	86.823
40대	-1.58	94.772
50대	-2.812	102.239
60대 이상	-2.282	106.259

출처: NH투자증권

인의 소득은 43세에 정점을 찍는다. 27세부터 노동소득이 소비보다 많은 흑자 구간으로 진입해 학자금 대출 상환, 결혼, 주택 마련 등을 거치며 43세에 최대 흑자를 기록한다. 그리고 정년 즈음인 61세 이후부터 적자로 전환되었다. 즉, 평균적으로 34년간의 소득으로 평생의 지출을 감당해야 하는 것이 대한민국 직장인의 현실이다.

하지만 많은 직장인이 인생의 피크 시절 소득이 평생 지속될 것이라고 착각한다. 그래서 당장 재테크에 소홀해도 언제든지 마음만 먹으면 돈을 모을 수 있다고 믿는다. 그렇게 안일하게 시간을 흘려보내는 동안, 부자가 될 수 있는 기회를 스스로 놓치고 있다는 사실을 깨닫지 못한다.

반대로, 조기 은퇴에 성공한 사람들의 이야기를 좇아 단기간에 큰

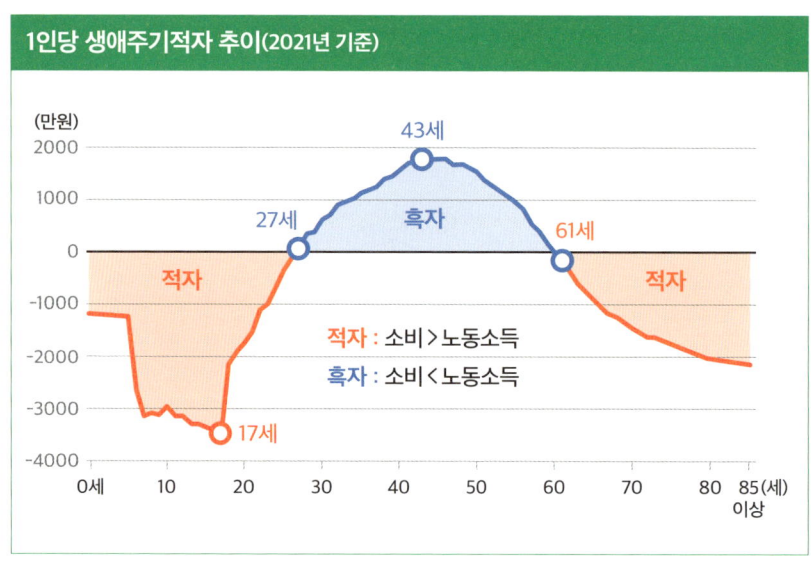

출처: 통계청

  돈을 벌기 위해 변동성이 높은 종목에 투기하듯 투자하는 사람들도 있다. 이들은 설령 실패하더라도 근로소득으로 만회할 수 있을 거라는 착각 속에서 기꺼이 위험을 감수한다.

  하지만 절대 잊어서는 안 된다. 우리의 근로소득은 유한하다. 우리는 단 34년간의 소득으로 평생의 지출을 감당해야 한다. 그런데 왜 근로소득이 영원할 것처럼 믿고 재테크를 미루거나, 불확실한 모험을 감수하며 소중한 은퇴자산을 깎아먹으려 하는가?

  연봉 인상률보다 빠르게 오르는 물가, 그리고 예상보다 빠르게 감소하는 생애소득 주기를 고려할 때, 자산을 방어하고 증식시킬 수 있는 가장 현명한 방법을 찾아야 한다. 상한가 치는 종목을 찾아야 은퇴

(노후) 준비에 성공하는 것은 아니다. 10%대의 수익을 꾸준히 유지하면서 복리 효과를 이어가는 것이 답이다. 이 책이 바로 그 길을 제시할 것이다.

02
직장인의 라이프 사이클과 위험한 투자 패턴

2003년, 나는 삼성그룹에 입사했다. 당시 입사가 확정된 사원들은 에버랜드에 위치한 삼성 연수원에서 두 달간 그룹 교육을 받은 뒤, 각 부서에 배치되었다. 두 달 동안 전공도 제각각이고 합격한 그룹사도 다른 200여 명의 입사 동기들과 함께 시간을 보내면서, 대학생 때와는 달리 다양한 지역과 전공을 가진 친구들을 만나게 되었다. 22년이 지난 지금까지도 연락을 이어가는 사회 친구들은 대부분 그때 알게 된 이들이다.

오랜 세월 동안 서로의 인생 대소사를 챙기고, 사는 이야기를 주고받다 보니 그들의 삶에서 공통적으로 나타나는 재정적 패턴을 발견할 수 있었다. 이는 대다수 직장인들에게서 흔히 볼 수 있는 경제적 흐름이기도 하다.

A는 월급을 받으면 재테크부터 하지는 않아도 남은 돈은 열심히 모았다. 물론, 재테크에 대한 생각이 전혀 없었던 건 아니었지만 월급에서 고정비와 생활비를 제외하면 언제나 빠듯했다. 술자리, 동기 모임, 소개팅 등에 빠지지 않다 보니, 어느새 그 비용들이 전체 지출의 큰 부분을 차지하게 되었다. 때때로 할부로 고가의 컴퓨터 장비를 구입하고 휴가 시즌에는 해외여행도 다녀왔다. 비록 월급이 들어오자마자 카드값으로 빠져나갔지만 다음 달 월급이 들어오면 숨통이 트이니 크게 개의치 않았다. 그러다가 연애를 시작하면 데이트 비용뿐 아니라 기념일도 챙겨야 해서 지출이 더욱 늘어났다. 그렇게 한 달을 보내고 나면, 통장에 남은 돈은 겨우 몇십만 원뿐이었다. 실제로 한 금융연구소

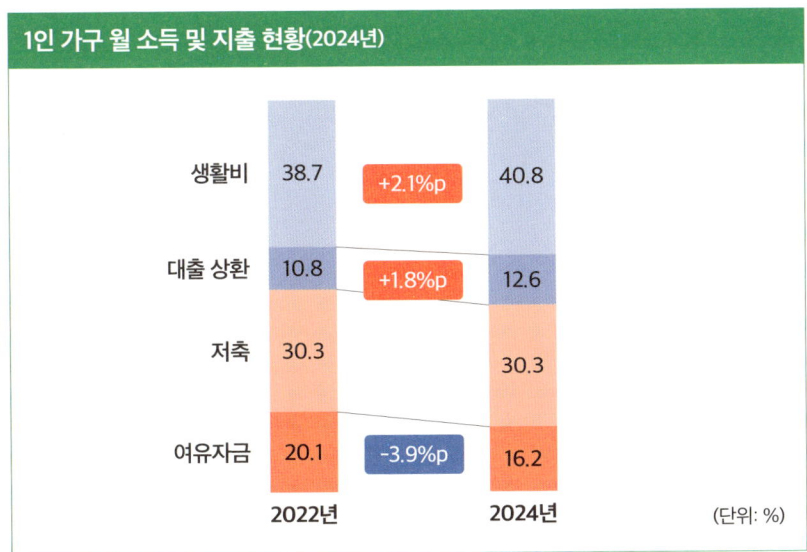

출처: KB금융연구소

의 '2024년 1인 가구 월 소득 및 지출 조사'에 따르면, 생활비와 대출금 상환을 제외한 여유자금은 월 소득의 16.2%에 해당하며 약 50만 원 정도로 나타났다. 이는 2022년에 비해 지출은 3.9% 늘고, 여유자금은 3.9% 줄어든 수치다.

그렇게 사회 초년생 시절을 보낸 A는 결혼을 결심하는데, 부모님과 은행의 도움 없이는 쉽지 않은 현실을 직면하게 된다. 그동안 모은 돈은 결혼식과 혼수 비용에 보태기로 하고, 집은 전세대출을 통해 마련하기로 했다. 다행히 성실하게 직장 생활을 한 덕분에 순조롭게 전세대출을 받을 수 있었다. 마침내 결혼식을 훌륭히 마친 두 사람은 원하는 가구와 가전으로 채워진 신혼집에 누워 생각한다. 이만하면 안정적인 출발인 것 같다고. 비록 사회생활 5년 만에 모은 자산은 0원이 되었지만 말이다.

맞벌이를 하면서 혼자 일할 때보다 자산이 훨씬 빠르게 늘었다. 아이가 생기기 전에 내 집을 마련하자는 목표가 생긴 후에는 자산이 증가하는 속도가 더욱 빨라졌다. 사회 초년생 시절에 비해 연봉이 많이 올라 대출 가능 금액도 늘었고, 현금 유동성 역시 비교할 수 없이 좋아졌다. 덕분에 몇 년 만에 주택 구입 자금을 마련한 두 사람은 임장을 다니면서 서울 외곽의 아파트를 주택담보대출을 받아 매수하기로 결정했다. 전 재산을 올인해 내 집 마련에 성공하였고, 직장 생활 10년 차에 다시 현금성자산은 0원이 되었다. 그럼에도 내 집 마련의 기쁨이 그보다 훨씬 컸다.

부동산 문제만 해결하면 인생의 큰 숙제를 해치울 수 있을 것만 같았는데, 여기서 끝이 아니었다. 자녀가 태어나자 더 좋은 입지로 갈아타야 한다는 생각이 들었다. 그래서 두 사람은 열심히 대출금 상환에 집중했다. 그러나 이전처럼 자산이 빠르게 증가하지 않았다. 가족이 늘면서 생활비가 배로 증가했고, 교육비라는 새로운 항목이 더해지면서 소득보다 지출이 더 큰 시기가 찾아왔다. 그럼에도 아이를 위해서라면 어느 것 하나 아끼고 싶지 않았다. 그러다 보니 자연히 두 사람만을 위한 은퇴 준비는 후순위로 밀려나게 되었다. 사회생활을 15년 넘게 해왔지만 자신의 노후를 위해 모은 자산은 아직도 0원이다.

여기까지가 내가 주변에서 가장 많이 봐온 동료들과 또래 직장인들

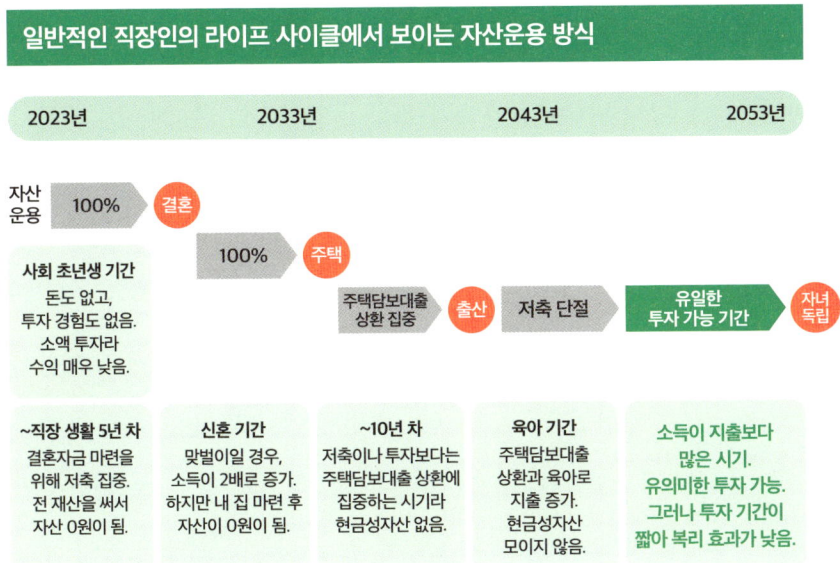

의 모습이다. 당신은 어떤가?

사회 초년생 때는 투자를 해도 소액이라 큰 의미가 없었고, 결혼을 하고 내 집을 마련한 뒤에는 주택담보대출 상환에 집중하느라 투자할 여력이 없었다. 자녀를 키우는 시기에는 생활비와 교육비 부담으로 저축조차 어려웠다. 그러다 아이가 어느 정도 성장하면 지출보다 수입이 많아지는 시기, 즉 본격적으로 투자에만 집중해볼 수 있는 황금 같은 시간이 찾아온다. 하지만 따져보면, 그 기간은 단 5년이다! 문제는 그때쯤이면 은퇴가 바로 코앞에 닥쳐 있다는 점이다.

A부장이 절대 부자가 될 수 없는 이유

현금성자산이 0원인 상태에서 은퇴 준비를 시작하면 조급해질 수밖에 없다. 앞서 만나보았던 A가 부장이 되었을 즈음, 회사는 명예퇴직과 구조조정으로 뒤숭숭한 분위기였다. 만약 이대로 은퇴를 맞이한다면 집을 팔아 지방으로 이사하지 않는 한 노후생활에 필요한 현금성자산은 전혀 없는 상황이었다.

길어봐야 5년 뒤면 퇴직인데, 사회생활을 20여 년 넘게 해오면서 자산이 집 한 채뿐이라니. 그는 남은 5년 동안 은퇴 준비가 될 때까지 자존심을 버리고 최대한 눈에 띄지 않게 회사를 다니기로 마음먹었다. 이제라도 제대로 준비하지 않으면 안 된다는 생각에 마음이 급해졌다. 그래도 자녀들이 다 컸고, 월급도 적지 않으니 열심히 준비하면 문제없을 것만 같았다. 요즘은 재테크 정보도 많고, 투자 방법도 다양하지 않은가.

하지만 현실은 달랐다. 주식과 코인은 이미 오를 대로 올라 투자하기가 부담스러웠고, 부동산 가격은 자고 일어나면 또 떨어져 있었다. 몇 년 전에만 시작했어도 지금보다는 나았을 텐데, A는 한숨이 쏟아진다. 그래서 국민연금을 얼마나 받을 수 있을지 찾아보지만, 20여 년간 납입했는데 받을 수 있는 연금은 생각보다 많지 않았다. 대기업에서 20여 년을 근속한 결과가 고작 100만 원 수준이라니. 과연 A는 남은 5년 동안 성공적으로 은퇴자금을 마련할 수 있을까?

많은 사람들이 인생의 주요 이벤트가 발생할 때마다 모아둔 전 자산을 활용해 해결해나가는 식의 자산운용을 하고 있다. 그래서 은퇴 직전에 발등에 불이 떨어지게 되는 거다. 또한, 내 집 마련 이후에는 주택담보대출 상환에 집중하느라 투자를 소홀히 한다. 여전히 대출을 빚이라고 생각하는 사람들이 많아 상환 기간을 최대한 단축시키기 위해 모든 현금성자산을 여기에 쏟아붓는다.

이 두 가지 선택에는 공통적인 오류가 있다. 바로, 투자를 통해 자산을 복리로 증식시키는 데 가장 중요한 요소인 '시간'이라는 인자를 소비해버린다는 점이다. 이런 자산운용 방식에서 벗어나지 못하면 '젊었을 때는 돈이 없어서 부자가 되지 못하고, 나이가 들어서는 시간이 없어서 부자가 되지 못하는 상황'에 처하게 된다.

　명심하라. 인생에 큰일이 있을 때마다 모아둔 자산을 올인해 '제로 베이스'로 돌아간다면 시간의 힘을 빌릴 수가 없어 결코 부자가 될 수 없다.

03
더 이상 투자 실패를 반복하지 마라

　사회생활을 시작하고 첫 급여를 받았던 날을 잊지 못한다. 지금 돌이켜보면 큰 금액은 아니었지만, 내 능력으로 벌어들인 첫 근로소득인 만큼 이전에는 느껴보지 못한 기쁨이 있었다. 마치 앞으로 무엇이든 할 수 있을 것 같은 자신감이 샘솟았달까. 학교에서 밤샘하며 팀 프로젝트를 하던 시절에는 돈을 내고 일(프로젝트)을 했는데, 이제는 돈을 받으며 일(프로젝트)을 하니 감지덕지였다. 그리고 그 월급으로 부모님 눈치 보지 않고 사고 싶었던 물건을 사고, 친구들과 마음껏 어울릴 수 있어서 신도 났다. 게다가 취업 후 자취를 시작하면서 독립적인 생활이 주는 자유로움이 한층 더 크게 다가왔다.

　하지만 첫 월급의 기쁨은 오래가지 않았다. 첫 카드 결제 청구서를 받아 보고는 생각보다 나가는 돈이 많다는 걸 알게 됐다. 독립한 사회인의 삶은 예상보다 지출이 컸다. 월세, 관리비, 휴대폰 요금, 교통비, 점심값, 저녁 술값, 데이트 비용 등 성인 1인 가구의 기본 생활비는 상당했다. 이렇게 몇 달간 시행착오를 겪으며 하고 싶은 것을 다 하면서 생활할 수는 없다는 걸 깨닫게 됐다. 자취 생활 6개월 차에 접어들면서 어느 정도 경제관념이 자리 잡기 시작했고, 월급으로 생활비를 커버하고 남은 돈을 저축할 여유가 생겼다. 매월 적금도 꼬박꼬박 납입하고, 은행에서 추천해준 펀드에도 난생처음 가입해봤다. 그리고 무조건 있어야 한다는 '청약저축'도 가입했다. 이대로만 한다면 성공한 직장인이 될 수 있을 것만 같았다. 하지만 누가 좋다더라 한 주식에 투자했다가 실패를 맛보기도 했다.

▍'묻지 마 투자'로 잃은 2700만 원

투자에 관심이 커지던 때에 직장 선배인 이 과장이 주식투자에 밝다는 것을 알게 되었다. 이 과장은 업무 특성상 밀접하게 협업하는 옆 부서 선배였다. 집도 가까워 퇴근 후에는 동네에서 소주 한잔하며 회사 돌아가는 상황을 안주 삼아 격 없이 지내는 사이였다. 어떨 때는 회의 핑계, 프로젝트 핑계로 술자리를 만들어 투자 이야기를 더 많이 하고 헤어지기도 했다.

그런 이 과장이 어느 날 자신의 모든 예금, 주식, 보험 등을 현금화해 바이오 기업 A의 주식을 대거 매수하기 시작했다. 자녀 입학 시기에 맞춰 더 좋은 입지로 갈아타기 위해 모아둔 3억 원이라는 거금을 한꺼번에 올인했다. 선배의 논리는 확고했다. A사의 주가는 3년 내 30배, 장기적으로는 100배까지 상승할 가능성이 있다는 것이었다. 그는 이번 투자를 통해 3억 원을 최소 90억 원으로, 장기적으로는 300억 원까지 불릴 수 있다고 굳게 믿고 있었다.

이 과장은 투자회사에 다니는 지인으로부터 A사가 개발 중인 3세대 면역 항암제가 2상 실험에서 성공 단계에 있고, 3상 실험도 성공 확률이 90%라는 정보를 들었다. 현재 1주 가격이 1만 원이지만 머지않아 최소 30만 원까지 갈 거라는 이야기를 듣고 투자를 한 것이었다. 이후 A사의 주가는 연일 상승세를 이어갔고, 이 과장이 투자금을 몇 배로 불렸다는 소문이 회사에 퍼지기 시작했다. 곧 회사에서 A주식에 대한 관심이 높아졌다. 정말로 주가가 단기간에 15만 원까지 치솟았고, 이 과장을 따라 투자했던 동료들 역시 큰돈을 벌었다. 하지만 사람들은 더 오를 것이라고 확신했고, 투자금을 점점 늘려가며 계속 A사의 주식을 매수했다. 나도 자산을 증식시킬 수 있는 좋은 기회라고 생각해 고민 끝에 3000만 원을 투자하기로 결정했다.

다행히 A사의 주식은 임상 통과를 앞두고 주가가 그야말로 천정부지로 솟았다. 마침내 코스닥 시가총액 2위까지 진입하자 이 과장의 기대는 더욱 커져만 갔다. 그러나 상황은 급변했다. A사가 개발 중이던 치료제가 미국 식품의약국(FDA)으로부터 임상 중단 권고를 받으면서 주가는 하루아침에 곤두박질쳤다. 그야말로 '황제주'의 추락이었다. 15만 원까지 올랐던 주가는 1만 원대로 폭락했고, 이어서 거래정지까지 되었다. A종목에 함께 투자한 회사 직원들은 수천만 원씩 손실을 봤고, 이 과장은 무려 3억 원이라는 거금이 공중에 날아가고 말았다. 나 역시 90% 손실을 보았다. 투자금 3000만 원이 300만 원이 되고서야 '묻지 마 투자' 여정을 끝낼 수 있었다. 남이 좋다더라 하고 추천한 종목에서 부자가 되는 지름길을 찾았던 나 자신이 한심하게 느껴지는 순간이었다.

이 과장은 이제 0원에서부터 다시 은퇴 준비를 시작하고 있다. 가지고 있던 모든 연금, 보험까지 해지했던 만큼 남들보다 더 오래 회사에 살아남아야 하는 숙제도 풀어야 할 것이다.

▌공모주 투자라는 새로운 세상

내 주변에 공모주 투자에 진심인 지인이 있었다. 그를 처음 알게 되었을 당시, 나는 약 5000만 원 정도의 주식 투자금을 운용하고 있었다. 대부분 맥쿼리인프라, 삼성전자 우선주, 대신증권 우선주와 같이 안정적인 배당주에 투자하고 있었다. 반면 그는 약 10억 원이라는 큰 자산으로 다른 개별주에는 전혀 투자하지 않고 오로지 공모주 투자에만 집중했다. 그래서 그의 보유 주식 수량은 항상 '0'이었다.

주식시장에서 신규 상장하는 기업이 불특정 다수의 주주를 대상으로 공개적으로 주식을 모집하는 것을 공모라고 한다. 이는 기업이 투자자들로부터 자금을 모집하는 과정이며, 투자자들은 청약을 통해 주식을 배정받는다. 이때 배정받은 주식을 공모주라고 한다.

그의 표현을 빌리자면, 공모주 투자는 "8시 50분에 출근해서 9시 반에 퇴근하는 직업"이었다. 종목의 성장성이나 기업의 가치 등은 일절 고려하지 않고 시초가에 전부 매도하는 전략을 고수했기 때문에 주식시장이 개장한 지 30분 만에 하루 업무가 끝났다. 그리고 그 자리에서 바로 수익 실현까지 이루어졌다. 그러니 말 그대로 8시 50분에 출근해서 9시 반이면 퇴근하는 '꿀잡'이었던 거다.

공모주 투자 시장은 일반 주식시장과는 전혀 다른 투자 세계였다. 특정 공모주에 많은 투자자가 몰리고 투자 금액이 커질수록 해당 기업은 시장에서 높은 기대와 평가를 받는 것으로 해석할 수 있다. 기대가 클수록 상장 후 첫 거래일에 높은 수익률로 이어질 가능성도 높아진다. 그래서 '따상(상장가의 2배로 시초가가 형성된 후 곧바로 상한가까지 직행하는 상황을 빗댄 신조어)'이라는 용어가 생겨나기도 했다. 2023년에는 공모주 시장의 변동성을 더욱 허용해 최대 400%까지 상승할 수 있도록 변경되었다. 가격변동폭을 확대해 신규 상장 종목의 적정 가격을 찾게 하겠다는 취지였다.

공모주는 신규 상장 시 여러 가지 요인에 의해 주가가 상승할 수 있다. 투자자의 기대감, 시장의 유동성, 정보의 비대칭성 등이 복합적으로 작용하여 주식가격이 오른다. 특히 공모주가 상장될 때 많은 투자자들은 해당 기업의 성장 가능성에 대한 높은 기대를 갖는다. 또한 공모주는 긍정적인 정보에 더 민감하게 반응하는 경향이 있다. 여기에 다른 투자자들이 매수 움직임을 보고 따라 매수하려는 군중심리까지 더해지면서 주가는 더욱 상승의 힘을 받는다. 이런 요인들로 주가가 단기적으로 상승할 것을 예측해 투자하는 방식이 공모주 투자라고 개인적으로 생각하고 있다.

IPO(기업 공개, Initial Public Offering) 기업의 주가는 상장 첫날 큰 변동성을 가질 수 있다. 주가는 −60%에서 +400%까지 움직일 수 있어, 하루 변동폭이 −30%~+30%로 제한된 일반 주식 종목보다 훨씬 크다. 일부 종목은 상장 후 며칠 동안 연속 상한가 행진을 기록하기도 한다. 실제로 2020년 9월 22일에 상장한, 항암 면역 치료제를 연구·개발하는 바이오 벤처기업인 박셀바이오는 상장 후 3개월 동안 약 630% 상승하는 성과를 보였다. 또 49,000원의 공모가로 상장했던 SK바이오팜은 첫날 공모가의 2배인 98,000원으로 시작해 곧바로 상한가에 도달해 125,600원으로 마감을 했다. 이후 사흘 연속으로 상한가를 기록하면서 큰 화제를 모았다. 공모주 시장에서는 이처럼 극단적인 주가 흐름이 나타날 수 있다.

하지만 상장 초기에 기대감으로 급등했던 종목들의 주가는 시간이 지나면서 제자리를 찾아오는 경우가 많다. 예를 들어, 교촌에프앤비는 '국민 치킨'이라는 높은 인지도 덕분에 공모시장에서도 뜨거운 관심을 받았다. 이러한 기대를 반영하듯, 상장 첫날 주가는 상한가를 기록하며 공모가 대비 2.5배 높은 가격을 찍었다. 그러나 그날 이후 교촌의 주가는 첫날의 기록을 넘지 못한 채 4년째 하락 추세를 이어가고 있다.

출처: Google Finance

출처: Google Finance

출처: Google Finance

　그래서 공모주 투자에도 본인만의 투자 원칙 확립이 중요하다. 내게 공모주 투자를 알려준 지인은 딱 두 가지 투자 원칙을 철저히 지켰다. 첫 번째는 오를 종목만 청약 신청하며, 두 번째는 무조건 시초가에 매도한다는 것이었다. 그는 이 두 가지 원칙을 최소한의 안정장치로 삼고 공모주 투자를 한 덕분에 상장 당일에 수익을 실현할 수 있었다.

　그의 방식대로 나도 곧바로 공모주 투자를 시작했다. 우리 부부는 보다 효율적인 자산운용을 위해 은행에서 가능한 최대한도의 마이너스통장을 개설하여 레버리지 투자 방식을 접목하기로 했다. 왜냐하면 마이너스통장의 대출이자와 파킹통장에서 발생할 이자 손실을 고려하더라도, 공모주 투자수익이 이를 충분히 메우고도 남을 것이라고 판단했기 때문이다. 그리고 매월 다음 달의 공모주 청약 일정이 공개되면 투자할 대상을 선정하고, 청약에 필요한 자산을 점검했다.

우리는 이런 방식의 공모주 투자를 반복하며 점점 규모를 키워나갔다. 투자 성공이 보장되는 것처럼 느껴졌기 때문이다. 그래서 가용할 수 있는 모든 자산을 끌어오기 시작했다. 모든 현금성자산을 공모주 투자를 위해 파킹통장에 묶어두고, 항상 투자 대기 상태를 유지했다. 2%의 이자만 받으면서도 언제든지 목돈을 인출할 수 있도록 준비한 것이다. 투자 규모가 커질수록 공모주 청약을 통해 배정받는 수량도 증가했다. 당연히 그만큼 투자수익도 높아질 가능성이 컸다. 우리는 매달 안전한 공모주 서너 곳에 꾸준히 투자를 진행했고, 항상 그래왔듯이 당일에 매도했다. 청약하고 매도하는 데 단 10분이면 충분했다. 때때로 2연상, 3연상을 맛보기도 했다. 그 결과, 매달 300만 원에서 500만 원의 투자수익을 올릴 수 있었다. 이렇게 편하고 쉬운 투자가 있다니! 공모주 투자는 마치 리스크 없이 매달 수익을 보장해주는 황금 열쇠처럼 보였다.

공모주 투자에 대한 이해도가 점점 높아지고, 투자 성과까지 검증되면서 나만의 비밀 투자처를 발견한 것만 같았다. 공모 신청을 위한 자금이 많을수록 수익이 커진다는 확신이 생기면서 투자자금 확보를 위해 더욱 저축에 집중하는 긍정적인 효과도 따라왔다. 그렇게 무탈하게 자산을 불려가던 어느 날, 공모주 투자 전략에 예상치 못한 큰 사건이 터졌다. 2019년 겨울, 코로나19 팬데믹 위기가 전 세계적으로 확산되었다. 코로나19 바이러스의 높은 전염성으로 사람들의 이동이 제한되면서 전 세계 경제가 얼어붙기 시작했다. 공모주 청약 시장도 급격히 위축되었다. 상장하기만 하면 무조건 '따상'이 예상되었던 종목들도 수익률이 기대에 미치지 못했다. 심지어 주가가 상승하지 못하는 경우도 늘어났다. 마이너스통장의 대출이자까지 고려하면 손실이 발생하는 상황까지 맞닥뜨리게 되었다.

영원히 안정적일 줄 알았던 이 투자 역시 그렇지 않다는 것을 깨닫기까지 오랜 시간이 걸리지 않았다. 내가 운 좋게 '공모주 천하태평 시절'에 시장에 진입한 것뿐이었다. 지난 3년간의 투자수익은 내 실력이 아니라 철저하게 초심자의 운이 작용했을 뿐이었다는 결론에 도달했다. 또 '안전하다'고 막연하게 생각했던 공모주 시장이 사실은 결코 안전하지 않다는 것도 알게 되었다. (창립 이래 단 한 번도 영업이익을 내본 적 없는 회사들이 그럴싸한 포장과 기대감으로 상장에 성공한 뒤, 결국 투자자의 돈으로 기존 주주들의 배만 불리는 경우도 적지 않았다. 그래서 공모주 투자를 하고 있다면 더욱 철저하게 종목 분석과 리스크 관리가 필요하다.)

▌부동산 투자와 부업의 명과 암

국민연금 조사에 따르면 2인 가구의 적정 생활비는 약 300만 원이다. 즉, 경제적 자유를 달성하려면 매월 300만 원 이상의 안정적인 현금흐름을 확보하는 것이 필수적이다. 그렇다면 은행 이자로 월 300만 원을 벌려면 얼마가 필요할까? 연이율 3%인 예금에 투자한다고 가정했을 때, 세후 이자수익으로 월 300만 원을 받으려면 약 14억 원의 원금이 필요하다. 하지만 14억 원은 50년 동안 매달 235만 원은 모아야 마련할 수 있는 거금이다. 대한민국에서 근로소득만으로 14억 원을 현금으로 모을 수 있는 직장인이 과연 몇이나 될까? 그래서 경제적 자유를 꿈꾸는 많은 사람들이 가장 흔하게 떠올리는 방법이 건물주가 되어 월세 수익을 받는 것이다.

다가구 주택, 오피스텔, 상가 등을 대출을 끼고 매수한 후 부동산 임대수익으로 대출이자를 상환하고 월 300만 원의 현금흐름을 만들면 완벽한 노후가 보장될 것이라고 생각한다. 여기에 부동산 가치 상승과 재개발 호재까지 더해지면 엄청난 시세차익까지 기대할 수 있다. 이렇게만 보면 부동산은 매력적인 투자처럼 보인다. 그러나 부동산 투자는 그렇게 단순하지 않다. 건물이나 상가가 노후화되면 관리 및 수리 비용이 지속적으로 발생한다. 또 부동산 보유세, 양도소득세 등 세금 부담에서도 자유롭지 못하다. 그뿐인가. 임차인이 나가 공실이 발생하면 손실은 더욱 커질 수밖에 없다. 수익이 끊기는 것은 물론, 이자 상환의 부담까지 떠안게 된다.

한번은 파이어족이 된 건물주 청년의 이야기를 인터넷에서 본 적이 있다. 작은 건물을 직접 관리하는 청년의 자동차 트렁크에는 각종 수리 장비가 빼곡하게 들어차 있었다. 임차인의 연락이 오면 즉시 출동해 직접 수리를 한다는 것이었다. 과거에 나도 건물주가 최고라고 생각했던 시절이 있었다. 그러나 꼬마 빌딩의 건물주는 '부동산 관리인' 역할을 감당해야 한다는 사실을 인지하고 건물주의 꿈을 접게 되었다.

한편, 대체 소득원을 만들기 위해 사업 투자를 검토하는 이들도 많다. 그 대안으로 편의점, 무인 아이스크림 가게, 무인 빨래방, 무인 스터디 카페 등이 대표적인 창업 아이템으로 인기를 끌고 있다. 처음에는 추가적인 소득이 생긴 것처럼 느껴질 수 있다. 하지만 기술 장벽이 낮은 업종일수록 경쟁이 치열해질 가능성이 크다. 예를 들어, 매출이 잘 나오는 상권에 무인 아이스크림 가게를 창업했다고 해보자. 그 가게가 잘되기 시작하면 언제든 바로 옆에 더 저렴한 가격으로 아이스크림을 판매하는 경쟁 가게가 생길 수 있다. 결국 치킨게임이 시작되고 최후의 1인이 남을 때까지 몇 개월간 적자 경쟁이 이어질 것이다. 문제는, 그 가격 경쟁 싸움의 승자가 내가 되지 않을 확률이 높다는 거다.

실제로 제2의 소득원을 만들기 위해 무인 아이스크림 가게를 창업한 블로그 이웃이 있었다. 그는 매달 수익을 공개하면서 노력 없이 발생하는 불로소득을 자랑하고 사업을 적극 권장했다. 특히 더운 여름철에는 순수익이 150만 원이 넘는다며 기뻐하는 글도 올렸다. 하지만 언젠가부터 그의 글은 더 이상 올라오지 않았다. 바로 옆 상권에 더 낮은 가격으로 판매하는 더 큰 경쟁 업체가 들어서면서 사업을 접기로 한 것이었다. 단순히 대체 소득원을 만든다는 이유로 뛰어들기에는 리스크가 결코 가볍지 않은 투자였다.

프랜차이즈나 온라인 비즈니스 등 수익성 있는 사업 모델을 선정하여, 직접 운영을 하거나 아르바이트를 고용해 자동으로 돈이 들어오는 시스템을 만들 수도 있다. 프랜차이즈 사업은 이미 검증된 브랜드와 운영 노하우를 갖추고 있어 초기 실패 리스크를 줄일 수 있는 좋은 투자처로 보일 수 있다. 하지만 단지 프랜차이즈 모델이라는 이유만으로 쉽게 운영될 수 있을까? 아무런 노력과 고민, 전문성 없이 자동으로 돈이 들어오는 사업이 가능할까? 그럴 리 없다. 충분한 사전 준비와 운영 전략을 철저히 세웠다면 모를까, 단순한 기대감으로 창업을 했다면 보나마나 높은 확률로 실패할 수밖에 없다.

2023년 기준, 자영업자 98만 6,487명이 폐업 신고를 했다. 이는 전년 대비 13.7% 증가한 수치이며, 신규 창업 대비 폐업률은 무려 79.4%를 기록했다. 과연 평생 한 번도 해본 적 없는 분야에서 나라고 해서 성공할 수 있을지 스스로에게 물어야 한다. 그에 대한 나의 대답은 "불가능하다!"였다. 여기서 생각해볼 게 하나 있다. 2023년 신규 창업 대비 폐업률 79.4%와 우리가 투자하고자 하는 S&P500 지수에 1년간 투자했을 때의 수익 확률 70%를 비교해보라. 어떤 선택이 더 합리적인지, 숫자가 이미 답을 말해주고 있다.

04
왜 미국 주식, 미국 지수일까?

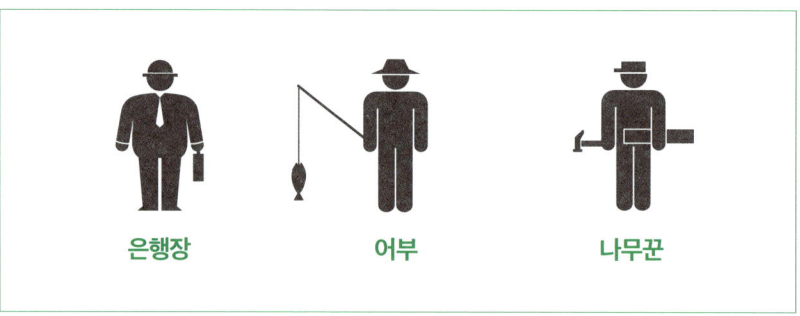

어느 무인도가 있다. 이 섬에는 단 세 명의 사람만 살고 있다. 은행장 한 명, 어부 한 명, 나무꾼 한 명이다. 그리고 이 섬의 전체 통화량은 1만 원이다. 어느 날 어부는 배를 사서 물고기를 잡기로 결심했다. 그러나 배를 살 돈이 없었기에 은행에서 1만 원을 연 5% 이자로 대출받았다. 어부는 즉시 나무꾼에게 1만 원을 주고 배를 구매했다. 이제 나무꾼에게는 1만 원이, 어부에게는 배 한 척이 생겼다.

어부는 1년 동안 열심히 물고기를 잡아 대출을 갚기 위해 은행을 방문했다. 그는 대출 원금(1만 원)과 이자(500원)까지 해서 총 10,500원을 상환해야 했다. 그런데 문제가 있었다. 섬의 전체 통화량은 애초부터 1만 원뿐이었고, 이자를 낼 500원이 섬 어디에도 존재하지 않았다. 즉, 어부는 아무리 열심히 일해도, 물고기를 아무리 많이 잡아도 섬에 없는 500원을 만들어낼 방법이 없었다. 결국 은행은 이 500원을 추가로 공급해야만 했다. 하지만 이 돈을 무작정 발행해 어부에게 지급하면 화폐가치가 하락할 위험이 커진다. 그래서 은행장은 이 자금을 누군가에게 대출을 해준다. 이제 어부는 섬에서 벌 수 있는 모든 돈을 벌어 대출을 완전히 상환할 수 있게 되었다.

그러나 새롭게 발행된 500원 역시 또 다른 이자를 발생시키게 된다. 이 과정이 반복되면서, 섬의 경제는 끊임없이 대출을 통해 돈을 공급해야 하는 구조가 된다. 이처럼 우리의 경제도 빚을 통해 지속적으로 돈이 창출되는 시스템을 갖고 있다. 따라서 경제가 돌아가려면 누군가는 반드시 계속해서 빚을 져야 한다. 그런데 여기서 노동력을 제공하지 않으면서도 절대적인 영향력을 행사하는 한 인물이 있다. 바로 은행장이다. 어부는 물고기를 잡고, 나무꾼은 배를 만들어 각자의 노동력을 제공한 대가로 돈을 얻었다. 하지만 은행장은 아무런 노동력을 제공하지 않고, 단순히 돈을 창출해 대출하는 방식으로 이익을 얻는다. 결국, 은행장은 무에서 유를 창조한 셈이 된다.

이제 이 예시에서 은행장의 역할을 하는 한 국가를 떠올려보자. 바로 미국이다. 미국은 최근 10년간 총통화량(M2)을 크게 증가시켜왔다. (M2란 현금, 요구불예금, 저축성예금까지 포함하는 광의의 통화 공급량을 의미한다.) 2014년에 약 11조 달러였던 M2는 2019년에 약 15조 달러로 증가했다. 2020년에는 팬데믹으로 경기침체가 발생하자 미국은 대규모의 양적완화(QE, Quantitative Easing)를 단행했다. 이에 따라 M2는 급격히 증가하여 2021년에 약 20조 달러를 돌파했다. 이후 경제 회복과 함께 통화 공급 증가율은 다소 둔화되었으나, 2024년 9월 기준으로 M2는 약 21조 달러에 달하고 있다. 결과적으로 2014년 이후 10년 동안 M2는 2배로 증가한 셈이다. 과장해서 말하면, 10년 사이에 달러의 가치가 반토막 났다고 볼 수도 있다. 이처럼 통화량 증가는 경제 성장을 촉진하기도 하지만, 동시에 인플레이션을 유발하며 경기 혼란

출처: tradingeconomics.com

을 초래할 수 있다. 반면, 통화량 증가로 금융시장에 유동성이 공급되면서 주가 상승을 견인할 수도 있다. 즉, 유동성이 풍부한 시기는 주식 투자자들이 높은 수익을 얻을 수 있는 기회가 되기도 한다.

달러는 전 세계에서 가장 널리 사용되는 기축통화이다. 특히 원유를 비롯한 주요 원자재 거래는 대부분 달러로 이루어진다. 전 세계 중앙은행의 외환보유고 중 약 60% 이상이 달러로 구성되어 있다. 이는 글로벌 금융시스템과 국제결제에서 달러가 차지하는 중요성을 보여준다. 미국은 금본위제 폐지 이후 자유롭게 달러의 통화량을 증가시킬 수 있는 유일한 국가이다. 이는 워런 버핏이 미국 시장의 장기 우상향을 확신하는 이유 중 하나이기도 하다. 그는 "미국 경제는 위기 때마다 이를 극복하며 더 강한 시장을 만들어왔다. 경제가 둔화될 경우, 연준은 금리인하 및 유동성 공급을 통해 경기를 부양한다. 미국은 달러를 계속 찍어내도 망하지 않는 경제 시스템을 갖고 있다"라고 말한 바 있다. 국제 경제위기 시 안전자산으로서의 역할을 하는 달러와 세계경제의 중심에서 필요할 때마다 대규모로 유동성을 공급할 수 있는 미국의 능력, 이것만 봐도 미국 주식 투자는 선택이 아니라 필수다.

달러는 어떻게 세계적인 기축통화가 되었나?

미국 주식시장은 1792년 필라델피아 증권거래소 설립을 시작으로 약 230여 년의 역사를 가지고 있다. 초기에는 주로 은행, 철도회사와 같은 운송 관련 주식만 거래되는 소규모 시장이었다. 그런데 19세기 중반 산업혁명과 함께 철도, 석유, 철강 등 신흥산업이 발전하면서 주식시장에도 다량의 기업들이 등장하기 시작했다. 이로 인해 증권거래소의 거래 규모가 급격히 성장하는 계기가 되었다. 그러나 1930년대 대공황과 1940년대 제2차 세계대전을 연달아 통과하며 주식시장은 극심한 변동성을 겪었다. 1950년대 냉전기에 접어들면서 경제 번영과 함께 주식시장도 점차 안정기에 들어섰다. 이후 1980년대에는 정보통신산업이 본격적으로 성장하면서 미국 주식시장은 새로운 성장 동력을 얻게 되었다. 그 후로도 우리가 잘 알고 있는 블랙먼데이, 닷컴버블 붕괴, 글로벌 금융위기, 코로나19 팬데믹 등 수많은 증시 충격을 겪었음에도 불구하고 미국 주식시장은 지금까지 꾸준한 상승세를 이어가고 있다.

이처럼 미국 증시가 지속적으로 성장할 수 있는 핵심 이유는 달러가 세계경제를 지배하는 힘에 있다. 국내 주식에 집중 투자하는 투자자들 중 일부는 미국이 망하면 전 세계 주식이 무너질 테니, 국내 주식에 투자하나 미국 주식에 투자하나 어차피 결과는 다를 것이 없다고 주장한다. 그래서 조금이라도 더 잘 알고, 익숙한 국내 주식 투자를 선택한다. 하지만 이는 전 세계 경제 시스템의 흐름을 제대로 이해하지 못한 판단이다. 미국 증시의 성장에는 경기부양을 위한 유동성 확대, 금리 인하, 그리고 그에 따른 통화량 증가가 결정적인 영향을 미친

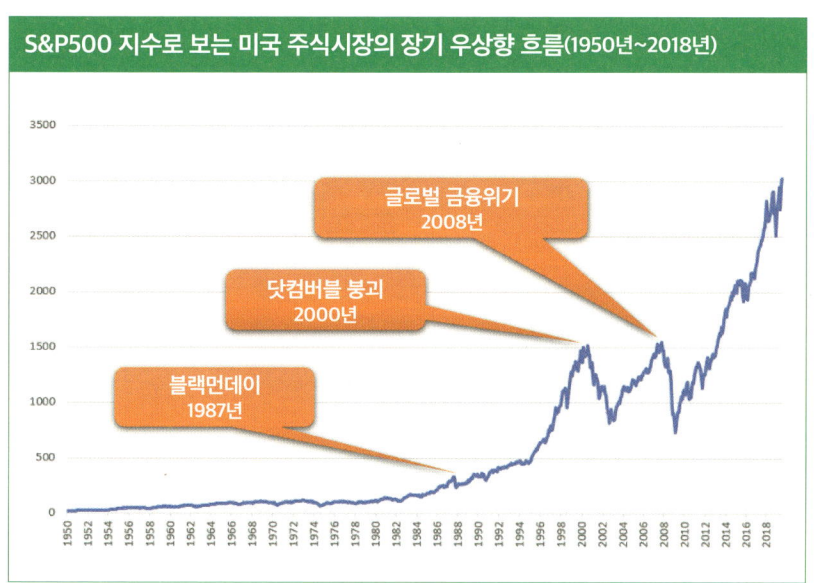

출처: moolanomy.com

다. 예를 들어, 1980년대 초부터 시작된 강세장과 1990년대에 나타난 주식시장의 장기 호황은 모두 통화량 증가가 증시 상승을 견인한 대표적인 사례다. 정부가 양적완화 정책을 통해 시장에 통화를 공급하면 소비가 증가하고 기업의 매출이 늘어나며, 결과적으로 주가 상승으로 이어지는 구조가 형성된다. 즉, 통화량 증가는 일반적으로 기업의 이익 증가를 촉진하고, 이는 주식시장의 장기적인 상승을 뒷받침하는 핵심 요인이 되는 것이다.

미국이라는 강대국은 매년 달러 발행량을 증가시키며 정부부채를 늘리고 있다. 아니, 더 정확히 말하면 부채를 통해 자금을 확보하고 국가를 운영하고 있는 것이다. 그렇게 신규로 발생되는 달러의 양이 증가할수록 전 세계에 퍼져 있는 기존 달러의 가치는 서서히 감소하게 된다. 하지만 미국에게 다행인 점은, 감소하는 달러의 가치를 미국 혼자서 부담하지 않는다는 것이다. 달러가 기축통화이기 때문에 미국이 발행한 부채의 부담은 전 세계가 함께 나눠서 지게 된다. 미국이 찍어낸 돈의 가치 하락을 전 세계 인구가 골고루 분담하고 있는 셈이다. 달러가 기축통화라는 지위를 활용하여 미국이 정치·경제적으로 영향력을 행사한 역사적 사건을 살펴보자.

1960년대 경제위기, 금본위제 폐지로 해결

제2차 세계대전 이후 전 세계는 미국 달러를 기축통화로 사용하는 데 합의했다. 그리고 달러의 가치를 금과 연동하여 안정성을 유지하기 위해 국제적으로 금본위제 규약을 체결했다. 이 제도로 인해 달러는 금과 교환할 수 있는 신뢰성이 보장되고, 글로벌 거래의 중심이 될 수 있었다. 그러나 1960년대 이후 베트남 전쟁으로 막대한 전비가 필요해지면서, 미국은 대규모로 달러를 찍어내야 하는 상황이 되었다. 문제는 금이 한정적이기 때문에 금본위제를 유지하면 무제한으로 달러를 발행할 수 없다는 것이었다. 이에 미국은 1971년 금태환제도의 폐지를 일방적으로 선언했다. 앞으로 달러를 가져와도 금과 더 이상 교환해주지 않겠다는 공식적인 선언이었다. 그 결과, 금과 교환되던 달러의 가치는 한순간에 사라졌고, 통화 시스템은 새로운 국면으로 접어들게 되었다. 금본위제가 폐지되면서 더 이상 달러를 발행하기 위해 금을 보유할 필요가 없어진 것이다. 미국은 이제 원하는 만큼 자유롭게 달러를 찍어낼 수 있는 권한을 갖게 되었다.

1970년대 경제위기, 페트로 달러 협정으로 해결

페트로 달러 협정은 1차 석유 파동이 터진 이듬해인 1974년 미국과 사우디아라비아가 맺은 협정으로, OPEC(석유수출국기구) 국가들이 석유 수출 대금을 달러로만 결제하는 것에 합의한 조약이다. 이 협정으로 인해 석유 수입 국가들은 달러를 확보해야만 석유를 구매할 수 있었기 때문에 달러를 지속적으로 매수할 수밖에 없는 구조가 형성되었다. 그 결과, 국제적으로 달러의 수요가 증가하면서 달러의 가치가 상승했고, 이는 미국이 금융산업을 성장시키고 국제금융의 중심지로 자리를 공고히 하는 계기가 되었다. 또한, 미국의 입장에서 보면 달러가 석유와 교환되는 주요 통화가 됨에 따라 달러 가치가 상승할수록 석유의 상대적인 가치가 낮아지는 효과가 나타났다. 그로 인해 미국의 석유 수입 비용이 절감되었으며, 석유 수입국들이 달러로 석유를 구매하면서 사실상 미국의 부담이 분산되는 효과가 발생했다. 결과적으로 이 체제는 미국의 무역수지 개선에 기여하고, 경제적 안정성과 주식시장 상승을 촉진하는 역할을 했다.

2024년, 사우디아라비아가 50년간 유지해온 미국과의 페트로 달러 협정을 종료했다. 이 결정으로 인해 사우디아라비아는 앞으로 석유 거래에서 달러뿐만 아니라 다양한 통화를 확보할 수 있게 되었다. 중국 위안화, 유로화, 엔화 등 여러 통화를 활용한 거래가 가능해진 것이다. 물론 현재까지 달러를 활용한 글로벌 결제 시스템이 여전히 견고한 상황이라 새로운 거래 방식이 정착될 때까지는 상당한 시간과 시행착오가 예상된다. 그러나 50년간 유지되었던 시스템에 변화가 생긴 만큼, 이는 새로운 경제적 기회를 창출할 가능성이 크다. 다만, 사우디아라비아에 대한 미국의 군사적 지원과 보호가 약화될 가능성이 있어 지정학적 불확실성이 커질 수 있겠다.

1980년대 경제위기, 플라자 합의로 해결

플라자 합의는 1985년 9월 22일, 미국 뉴욕의 플라자 호텔에서 G5 경제 선진국(프랑스, 당시 서독, 일본, 미국, 영국)의 재무장관과 중앙은행 총재들이 모여 미국 달러의 가치를 낮추고, 일본 엔화와 독일 마르크화의 가치를 높이는 데 합의한 것을 가리킨다.

당시 미국은 일본과 독일에 비해 제조업 경쟁력이 뒤처져 있었으며, 대규모 무역적자가 이어지고 있었다. 그런데도 로널드 레이건 행정부는 엄격한 재정긴축정책을 시행하며 고금리를 유지했다. 이로 인해 달러의 가치는 급등했지만, 미국의 무역 불균형 문제는 더욱 악화되었다. 강달러의 영향으로 미국 제품의 가격 경쟁력이 낮아졌고, 일본과 독일 제품은 상대적으로 저렴해지면서 미국 내 수입품 소비가 증가했기 때문이다. 경쟁력에서 밀린 미국 제조업 기업들은 결국 자국 산업 보호를 위해 정부에 무역규제 강화를 요구했다. 그러나 무역장벽을 강화하면 글로벌 경제 침체를 초래할 것을 우려한 선진국들이 개입하여 인위적으로 달러 가치를 조정한 것이 플라자 합의였다.

합의 발표 직후, 엔화의 달러화 환율은 1달러=235엔에서 하루 만에 약 20엔이 하락한 215엔을 기록했다. 이후 1년 만에 달러 가치는 거의 반토막이 나며, 120엔대까지 하락했다. 즉, 합의 이전에는 1달러를 사려면 250엔을 지불해야 했지만, 이후에는 120엔만 지불하면 살 수 있게 된 것이다. 플라자 합의 이후 2년간 엔화와 마르크화는 달러화 대비 각각 65.7%와 57% 절상되었다. 이로 인해 일본 제품의 대외 경쟁력이 약화되기 시작했다. 가격이 갑작스럽게 2배 가까이 상승하면서 해외시장에서 소비자의 선택을 받기가 어려워진 것이다.

반면, 미국 상품의 가격 경쟁력은 높아졌고, 이에 따라 수출이 증가하면서 무역수지 적자폭이 점차 축소되었다. 미국의 무역 상대국 입장에서 보면, 이 합의는 강제적으로 환율을 조정하여 무역 불균형을 초래한 불합리한 협정이었다. 실제로 플라자 합의 이후 1986년부터 1987년까지 2년간 미국 증시는 40% 이상 상승했다. 하지만 일본 경제에 큰 타격을 주어 이후 장기적인 경기 침체, 이른바 '잃어버린 30년'으로 이어지는 계기가 되었다.

역사적으로, 미국은 통화량 증가와 금리인하를 통해 경기부양과 증시 상승을 이끌어왔다. 또한, 페트로 달러 협정과 플라자 합의 같은 국제협약을 통해 달러 가치를 유지하고 수출 경쟁력을 강화했다. 이처럼 미국은 거시경제정책과 국제협력을 주도하며 세계경제를 이끌고,

경제패권을 공고히 하고 있다. 그리고 막강한 군사력이 이를 뒷받침하고 있다.

워런 버핏은 자신의 성공 요인을 묻는 질문에 이런 답을 했다.
"미국에 반대되는 베팅을 하지 마라."
부자가 될 준비가 되었는가? 그렇다면 이 말부터 기억해라.

05
'그때 살걸' '그때 팔걸' 후회하지 않는 투자법

강남 포스코 사거리에 위치한 회사에 다니던 시절, 나는 삼성역에서 하차하는 2호선 지하철을 이용했다. 당시 나는 지하철 문이 열리기 전, 스타벅스 앱을 열어 사일런트 오더로 따뜻한 아메리카노를 미리 주문하곤 했다. 출근 시간을 아끼기 위해 도착 전에 커피를 주문하는 나만의 아침 루틴이었다. 그렇게 지하철 역사를 나와 분주하게 출근 중인 사람들 사이로 코엑스 지하상가를 5분 정도 걷다 보면 스타벅스 별마당 매장이 보인다. 매장에는 출근길에 모닝커피를 주문하기 위해 길게 줄을 늘어선 사람들과 음료가 나오길 기다리는 대기자들로 북적였다. 하지만 나는 미리 앱으로 커피를 주문해둔 덕분에 도착하자마자 바로 픽업해 사무실로 향했다.

직장인에게 스타벅스는 단순한 카페 이상의 의미를 지닌다. 소비자의 신뢰와 충성도를 기반으로 라이프스타일에 깊이 연결되어 있기 때문이다. 스타벅스는 1971년 시애틀에서 첫 번째 매장을 오픈한 이후 현재 전 세계 83개국에서 약 3만여 개의 매장을 운영하고 있다. 전 세계 커피 애호가들의 사랑을 받고 있는 만큼 재무 실적이나 성장세가 안정적인 기업이다. 물론 최근 주가가 크게 흔들리기도 했지만 여전히 안정적인 배당으로 많은 투자자에게 사랑을 받고 있는 기업 중 하나다.

그때 살걸, 스타벅스와 크록스

우리나라 스타벅스 1호점은 1999년 7월 이화여자대학교 앞에 문을 열었다. 이후 5년 만에 100호점을 돌파하며 가히 폭발적인 성장을 했다. 현재 우리나라는 미국과 중국에 이어 매장 수 기준으로 전 세계 3위에 해당할 정도로 스타벅스에 대한 사랑이 깊다. 그렇다면, 만약 당시 향후 스타벅스의 인기를 예측하고 스타벅스 주식에 투자했다면 어떤 결과가 나왔을까?

1999년 8월 1주당 3.7달러(약 5,400원)였던 스타벅스 주가는 2024년 9월 기준, 97.21달러(약 142,000원)이다. 즉, 25년 동안 무려 2,527% 상승한 결과이며, 연평균 수익률로 환산하면 매년 약 14%씩 기록한 셈이다. 만약 1999년에 1000만 원을 투자했다면, 현재 주식

출처: Investing.com

평가금액은 약 2억 6200만 원이다. 물론 이 수치는 매년 지급된 배당금과 환율 변동은 고려하지 않고 단순 주가상승률만 반영한 것이다.

우리 일상과 친밀한 또 다른 기업, 크록스는 어떨까. 언젠가부터 크록스 한 켤레 없는 집이 없을 정도로, 우리나라에서는 그야말로 '국민 신발'로 자리 잡은 브랜드다. 2002년에 설립된 크록스는 2006년 주당 13.28달러(약 19,000원)의 가격으로 미국 증시에 상장되었다. 크록스는 폴리우레탄 합성수지를 활용해 제작된 0.17kg의 가벼운 무게감과 유연한 착화감으로 푹신하면서도 편안함을 제공한다. 특히 오래 서서 일하는 사람들에게 대체 불가능한 신발이 되면서 독보적인 브랜드 입지를 구축했다. 한때 파산 위기를 겪기도 했으나 제품군을 축소하고, 신소재를 활용한 더욱 가볍고 부드러운 제품을 출시하며 브랜드를 성공적으로 재정비했다. 그 결과, 2021년에는 미국 10대가 선호하는 브랜드 7위에까지 오를 정도로 성장했다.

크록스가 한국 시장에 진출한 2006년에 1000만 원을 투자했다면 어떻게 되었을까? 크록스의 주가는 최초 상장 이후 꾸준히 상승하여 현재 1주당 140달러(약 20만 원)에 도달했다. 18년 동안 954%가 상승해 연평균 수익률로 환산하면 약 14%씩 오른 결과다. 즉, 2006년에 1000만 원을 투자했다면 현재 당신의 자산은 약 1억 540만 원으로 증가했을 것이다.

하지만 당신은 그때 이 주식을 사지 못했다. 개인 투자자가 고성장 기업이나 저평가된 종목을 발굴하고, 적절한 타이밍에 매수하여 성과를 내는 것은 결코 쉬운 일이 아니다. 수많은 종목들 속에서 트렌드를 객관적으로 분석하고, 기업의 미래 전망성을 예측하며, 주가의 상승

출처: Investing.com

과 하락을 판단하는 일은 상당한 전문성을 필요로 한다. 더군다나 설령 전문성을 갖추었다고 하더라도 주가는 경제 상황, 금리 변동, 기업 실적, 정책 변화 등 다양한 외부 요인들이 복합적으로 작용하면서 움직이기 때문에 모든 변수를 완벽하게 예측하는 것은 불가능하다. 그렇기 때문에 우리가 과거에 스타벅스나 크록스 같은 종목을 발견하지 못했다고 해서 실망할 필요는 없다.

그때 팔걸, 지금은 사라진 IT 기업들

반대의 경우를 살펴보자. 2000년대 초반, 모바일 기술의 발전과 함께 등장한 스마트폰은 IT 시장의 판도를 완전히 뒤바꿔 놓았다. 기존의 휴대전화에 인터넷 접속 기술과 멀티미디어 기능을 결합한 스마트폰은 단순한 통신수단을 넘어 각각의 개별 기기에서나 가능했던 기능을 하나의 기기에서 구현할 수 있게 만들었다. 특히 MP3 플레이어와 디지털카메라 시장은 스마트폰의 등장으로 직격탄을 맞았다.

2000년대 중반까지 MP3 플레이어 시장은 전성기를 구가했다. 당시 MP3 플레이어 시장을 주도한 시장점유율 1등 기업은 한국 기업인 아이리버(구 레인콤)였다.

그러나 스마트폰에 음악 재생 기능이 탑재되면서 별도의 MP3 플레이어에 대한 수요는 급격히 감소하기 시작했다. 2007년 애플의 아이폰 출시 이후, MP3 플레이어 시장은 2008년에 급격한 하락세에 접어들었다. 2008년 3월 8일, 아이리버의 주가는 전 고점 대비 98%의 하락률을 보이며 주가가 2,130원까지 떨어졌다. 시장 흐름이 바뀌자 마이크로소프트는 2012년에 MP3 사업을 중단했고, 소니는 2014년에 워크맨 사업에서 철수했다. 아이리버는 보급형 플레이어에 집중하면서 생존 전략을 모색했지만, 결국 2014년에 SK텔레콤에 인수되었다.

만약 MP3 플레이어 시장이 성장하던 2005년에 아이리버(현 드림어스컴퍼니) 주식에 1000만 원을 투자했다면 어떻게 되었을까? 아이폰 출시 이후 주가는 -81.9% 하락하게 된다. 따라서 투자 원금 1000만 원은 190만 원만 남는 결과를 맞이하게 된다.

출처: Google Finance

디지털카메라 시장은 MP3 플레이어 시장보다 더 치열한 싸움이 벌어진 곳이었다. 전통적인 필름 카메라 시대부터 강자로 군림했던 캐논, 니콘, 올림푸스 등은 디지털카메라 시장에서도 강한 영향력을 유지했다. 한편, 소니, 삼성, 카시오와 같은 디지털 기술을 앞세운 신생 카메라 기업들이 빠르게 시장에 진입하며 더욱 치열한 경쟁이 펼쳐졌다. 당시 디지털카메라 시장에는 메이저 브랜드 10개 이상이 공존했으며, 중소기업 브랜드까지 포함하면 수십 개의 업체가 각축전을 벌였다.

스마트폰 시대 초창기에만 해도, 디지털카메라 시장은 MP3 플레이어 시장보다 상대적으로 안정적인 분위기였다. 카메라는 렌즈라는 물리적인 성능이 핵심 요소이기 때문에, 초기 스마트폰의 작은 카메라 렌즈만으로는 전문 카메라 시장을 위협하기에는 무리가 있었다. 그래서 2010년까지 디지털카메라 시장은 가파른 성장을 이어갔다. 2007년, 전 세계 디지털카메라 시장 규모는 약 300억 달러였고, 2011년에는 490억 달러까지 확대되었다. 이는 고가 제품 중심이었던 디지털카메라 시장에 저렴한 보급형 제품이 등장하면서 소비자층이 넓어진 덕분이었다.

그러나 스마트폰 카메라의 화질과 렌즈 성능이 개선되면서 점점 일반 소비자들의 눈높이를 맞추기 시작했다. 특히 애플과 삼성 등 스마트폰 선도 업체들이 화질 향상과 광학 및 디지털 줌 기능 추가 등으로 스마트폰 카메라 성능을 대폭 끌어올리자 디지털카메라의 입지는 점점 좁아졌다. 소비자들은 더 이상 무겁고 부피가 큰 디지털카메라를 별도로 구매할 필요성을 느끼지 않게 되었고, 이에 따라 디지털카메라 시장은 급격한 축소를 겪었다. 디지털카메라 판매량은 매년 20% 이상 감소하며, 시장 규모 자체가 눈에 띄게 위축되었다. 특히 보급형 컴팩트 카메라 시장은 직격탄을 맞으며 많은 업체들이 시장에서 철수하기도 했다.

캐논은 2019년 영업이익이 전년 대비 35% 감소했고, 니콘은 같은 해 영업이익이 59% 급감했다. 소니는 2020년 컴팩트 카메라 사업에서 완전히 손을 떼기로 결정했다. 삼성전자 역시 2015년에 NX500을 마지막으로 디지털카메라 사업에서 철수했다. 디지털카메라 시장의 침체를 인정하고, 대신 스마트폰 카메라 모듈과 이미지 센서 개발에 집중하기로 한 것이다. 반면, 캐논과 니콘 같은 전통적인 카메라 제조사들은 기술력을 앞세워 프리미엄 DSLR 시장에 집중하는 전략을 선택했다.

한때 혁신적인 기술로 시장을 지배했던 기업들도 시간이 지나면 기술 격차가 좁혀져 쇠퇴하기 마련이다. 결국 모든 첨단기술은 범용기술이 되며, 더 혁신적인 기술이 나오면 지금의 강자는 뒤처지게 된다. 그렇기 때문에 현재 시장을 주도하는 기업이라고 하더라도, 미래가 반드시 보장된 것은 아니다.

기업의 흥망성쇠를 미리 점칠 수 있는 사람이 얼마나 있겠는가. '그때 살걸' '그때 팔걸' 하는 뒤늦은 후회를 피할 길은 없다. 하지만 한 가지 개인 투자자가 시장을 이기는 방법이 있다. 바로 ETF(상장지수펀드) 투자다. 지수 투자는 마치 시험을 보기 위해 직접 모든 내용을 공부하는 대신, 누군가 대신 정리해준 페이퍼를 받아 오픈북 시험을 보는 것과 같다. 전설적인 투자자 워런 버핏이 괜히 특정 종목이 아닌 S&P500 ETF에 투자하라고 유언장에 남겨놨겠는가.

06
개별 종목이 아닌 ETF에 투자해야 하는 이유

ETF가 무엇인지부터 간단히 알아보자. ETF(Exchange Traded Fund)란 증권거래소에서 주식처럼 거래되는 펀드를 의미한다. 특정 지수를 추종하는 인덱스펀드(Index Fund)를 거래소에 상장시켜 투자자들이 자유롭게 사고팔 수 있도록 만든 금융상품이다.

ETF란	거래소(Exchange)에 상장되어 거래(Traded)되는 펀드(Fund)의 약자로, 상장지수펀드라고 한다.

상장	지수	펀드
거래소에서 주식처럼 매매할 수 있는	전체 업종의 평균값 변동에 가격이 연동되는	주식이나 채권 등의 묶음

1976년, 존 보글(John Bogle, 미국의 자산운용사 뱅가드 그룹의 창시자)이 세계 최초의 인덱스펀드를 출시했다. 그리고 1993년, 네이트 모스트(Nate Most, 미국 증권거래소 AMEX의 파생상품 총괄)가 ETF 개념을 고안하며, 본격적으로 투자상품으로 자리 잡았다. 그가 개발한 최초의 ETF는 'SPDR S&P500 Trust ETF(티커: SPY)'로, 현재 전 세계에서 시가총액이 가장 큰 ETF다. SPY는 미국 500대 기업의 주식을 일정 비율로 포함하는 펀드로, 1주를 사는 것만으로도 애플, 엔비디아, 마이크로소프트, 테슬라 등 세계적 기업들에 분산 투자하는 효과를 얻을 수 있다. 또 나스닥100 지수를 추종하는 'Invesco QQQ Trust(티커: QQQ)'는 나스닥(NASQAQ) 거래소에 상장된 기술 중심 대형주 100종목에 투자하는 상품이다. S&P500이나 나스닥100에 포함된 기업들의 주가가 상승하면, ETF의 가격도 함께 상승하게 된다.

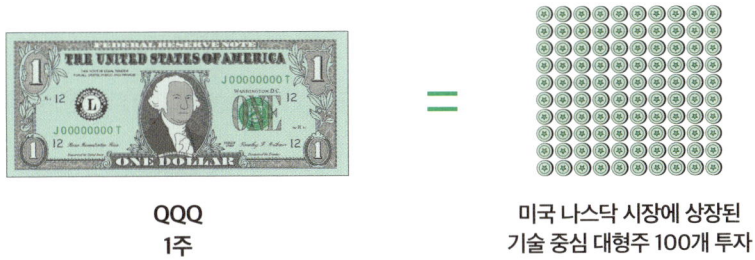

QQQ
1주

미국 나스닥 시장에 상장된
기술 중심 대형주 100개 투자

미국에서 인덱스펀드가 등장하기 전까지는 펀드매니저의 전략에 따라 운용되는 액티브펀드(Active Fund)가 전부였다. 그러나 지수를 그대로 따라가는 패시브펀드(Passive Fund)가 탄생하면서, 시장 평균을 추종하는 새로운 투자 방식이 가능해졌다. 그리고 시간이 지나면서 인덱스펀드의 진가가 발휘되기 시작했다. 단순히 지수만 따라갈 뿐인데도, 많은 액티브펀드보다 더 높은 수익률을 기록한다는 사실이 점차 증명된 것이다.

강점1 시장 변동성에 대응하는 리밸런싱의 힘

지수 투자 중심의 ETF는 여러모로 강점이 많은 투자 전략이다. 앞서 언급한 스타벅스와 크록스 같은 개별 종목의 미래 성장세를 매번 100% 확신할 수 있는 투자자가 얼마나 될까? 더군다나 주식시장은 본질적으로 변동성을 가지고 있다. 기업들의 주가는 다양한 요인에 의해 지속적으로 흔들릴 수밖에 없다. 예를 들어, 스마트폰 시장을 떠올려보자. 한때 노키아라는 압도적인 1등 기업과 삼성, LG, 모토로라가 치열한 시장 다툼을 벌이던 시절이 있었다. 그러나 2007년 애플의 아이폰이 등장하면서 우리의 일상뿐만 아니라 IT 업계 전반의 판도가 완전히 바뀌었다. 전통적인 휴대폰 강자였던 노키아, 모토로라는 급격한 실적 악화를 겪었고, 반면 애플, HTC, 블랙베리 같은 신생 스마트폰 제조업체들이 시장을 주도하게 되었다.

이처럼 기술 트렌드 변화에 따라 단순히 기업의 실적뿐 아니라 기업 자체가 사라질 수 있는 것이 자본주의 시장의 냉혹한 현실이다. 지난 20년 동안 미국 주식시장에서 시가총액 Top10을 유지한 기업은 에너지 기업을 제외하면 마이크로소프트와 애플이 유일하다. 즉, 주식시장에서 영원한 강자는 없다는 것이다. 이러한 주식시장에서 개별 종목에 올인하는 투자 전략은 높은 리스크를 동반할 수밖에 없다. 그러나 미국을 대표하는 500대 기업에 투자하는 SPY는 다르다. 시가총액, 거래량 등 정량적인 요소를 평가해 정기적으로 리밸런싱이 진행되며, 시장 상황에 자동으로 대응하는 구조를 갖추고 있다. 개인 투자자가 직접 시장을 분석할 필요 없이 연 0.09%의 운용 수수료만으로 효과적으로 포트폴리오를 유지할 수 있는 것이다. (S&P500 지수를 추종

구분	2024년	2014년	2004년
1위	애플	애플	제너럴 일렉트릭
2위	엔비디아	엑슨모빌	마이크로소프트
3위	마이크로소프트	마이크로소프트	엑슨모빌
4위	알파벳	버크셔 해서웨이	화이자
5위	아마존	구글	시티그룹
6위	메타	페트로차이나	월마트
7위	테슬라	존슨앤존슨	아메리칸 인터내셔널 그룹
8위	브로드컴	웰스파고	인텔
9위	TSMC	월마트	BP
10위	버크셔 해서웨이	ICBC	HSBC

출처: 파이낸셜 타임즈에 기재된 해당 연도 4분기 기준

하는 다양한 ETF에 대해서는 3장에서 다시 설명하겠다.)

실제로 1964년 S&P500에 편입되었던 미국의 대표적인 전통 대기업 제너럴 일렉트릭과 제너럴 모터스는 2018년 S&P500에서 제외되었다. 그리고 이를 대신해 아마존, 페이스북(현 메타), 넷플릭스, 비자 등 신생 IT 기업들이 새롭게 포함되었다. 이처럼 시장 환경 변화에 따라 주도 기업이 바뀌는 것은 자연스러운 흐름이다. 과거 대량생산을 기반으로 성장했던 미국 제조업 기업들의 생산 시설이 중국, 베트남과 같은 신흥국으로 이전되었고, IT 기술 중심의 플랫폼 산업이 세계 경제의 주인공으로 자리 잡았다. 그러나 관련 업계 종사자나 실시간으로 뉴스를 접할 수 있는 전문가가 아닌 개인 투자자가 이러한 시장 변화를 완벽히 포착하기란 매우 어렵다. 그만큼 잘못된 판단을 내릴 가능성도 높다.

2008년 글로벌 금융위기 당시, 제너럴 모터스와 크라이슬러를 비롯한 많은 자동차 기업들이 대규모 구조조정을 단행하면서 주가가 엄청나게 폭락했다. 제너럴 모터스와 크라이슬러의 부진을 암시하는 신호들은 2000년대 중반부터 점진적으로 나타났지만, 실제 구조조정 시점과 주가 폭락의 타이밍을 정확히 예측하는 것은 거의 불가능했다.

내가 스스로 '게으른 투자자'라고 하는 이유가 여기에 있다. 지수 투자 전략은 매우 간단하면서도 효과적이고, 무엇보다 편리하다. 개별 종목 투자를 하려면 지속적인 시장 모니터링과 종목 분석이 필요하지만, 지수 투자는 단순히 지수를 추종하기만 하면 된다. 이 덕분에 투자에 들이는 시간과 종목 분석에 소비하는 노력을 크게 줄일 수 있다. 내가 아무리 주식 공부를 열심히 한다 한들 월가의 전문 투자자들보다 더 뛰어난 분석력과 통찰력을 가질 리 만무하다. 그럴 바에야 지수 투자에 집중하고, 매일 친절하게 시황을 분석해주는 전문가들의 설명을 편하게 받아보는 게 더 현명한 선택이 아닐까.

물론 개별 종목의 투자수익이 지수 투자의 수익률을 앞서는 경우도 많이 있다. 1~2년 단기투자 성과를 기대한다면, 미국 지수 투자는 결코 최적의 투자 대상이 아닐 수도 있다. 주식시장은 매년 주도하는 산업 섹터가 바뀌고, 특정 종목을 중심으로 급등과 급락을 반복한다. 그에 반해 지수는 전체 시장의 평균수익률에 수렴하기 때문에, 언제나 최고 수익률을 보장하지는 않는다. 실제로 S&P500과 개별 섹터의 연간 수익률을 비교하면, S&P500은 한 번도 수익률 3위권 내에 진입해 본 적이 없다. 그러나 한 번도 하위권으로 추락한 적도 없다. 그만큼 어떤 시기에서도 시장의 평균수익률을 안정적으로 기록해왔다.

10년, 20년의 장기투자 관점에서 보면, 지수 투자는 시장 변화나 개별 기업의 실적에 크게 영향을 받지 않는다. 시간이 지날수록 단기 변동성의 영향은 점점 줄어들고, 결국 미국 주식시장의 장기적인 상승세를 무임승차하는 효과적인 투자 방법이 된다. 과거 10년 동안 S&P500 지수의 연평균 수익률은 약 12%를 상회하며, 과거 150년의 기록을 살펴봐도 연평균 약 10%씩 상승한 결과를 보여주었다. S&P500 지수가 이처럼 장기적으로 좋은 성과를 내고 있음에

S&P500의 섹터 퍼포먼스(2009년~2023년)

S&P 500 Sector Performance

도, 우리의 투자수익률은 과연 어떠했는지 솔직히 되돌아볼 필요가 있다.

대다수의 개인 투자자가 미국 지수 대비 높은 투자수익률을 거두지 못하는 이유는 무엇일까. 우수한 개별 종목을 지속적으로 선별하는 것이 어렵기 때문이다. 그래서 개미 투자자 입장에서 가장 높은 수익을 거둘 방법은, 단연 지수 투자라고 확신한다. 나는 ISA계좌를 통해 매년 2000만 원씩 납입하면서 꾸준히 S&P500과 나스닥100, 그리고 미국배당다우존스100 지수를 추종하는 ETF를 모으고 있다.

6000만 원이 납입된 포메뽀꼬의 ISA계좌 현황

종목명 / 구분	평가손익 / 수익률	잔고수량 / 평가금액	매입가 / 현재가
ACE 미국S&P500	2,048,395	695	19,142
현금	15.39%	15,352,550	22,090
ACE 미국나스닥100	1,311,550	400	20,746
현금	15.80%	9,610,000	24,025
TIGER 미국배당다우존스	4,784,395	2,320	10,702
현금	19.26%	29,614,800	12,765
KODEX 머니마켓액티브	46,230	138	101,620
현금	0.32%	14,069,790	101,955

강점 2 이익은 지키고 위험은 줄이는 분산 투자의 힘

　내가 지수 투자를 강조하는 또 다른 이유는, 바로 '위험 분산 효과'에 있다. 인덱스 지수 투자는 시장 전체에 투자하는 방식이므로 특정 기업의 주가 급등락에 덜 영향을 받으며, 더 안정적인 투자 환경을 제공한다. 과거 S&P500의 기록을 살펴보면 개별 종목보다 훨씬 낮은 변동성을 보이며, 장기적으로 안정적인 수익률을 기대할 수 있음을 확인할 수 있다. 그렇다면 분산 투자가 실제로 리스크를 얼마나 줄여줄 수 있는지 구체적으로 살펴보자.

가령 A주식에 10만 원을 투자했는데 주가가 50% 하락했다면, 5만 원의 손실이 발생한다. 하지만 A주식과 B주식을 각각 5만 원씩 분산 투자했다면, A주가가 50% 하락하더라도 B주식의 가격변동에 따라 전체 손실 규모가 달라진다. 예를 들어 B주식이 20% 상승했다면, B주식에서 1만 원의 이익이 발생하여 전체 손실은 15,000원에 그치게 된다. 이처럼 미국을 대표하는 시장 전체에 투자하는 지수 투자 방식은 개별 종목의 가격 변동 위험을 극도로 낮출 수 있는 효과적인 전략이다.

변동성이 큰 시장에서 지수 투자는 위험을 분산하고 장기적으로 안정적인 수익을 기대할 수 있는 현명한 선택이다. 단기적인 고수익을 쫓는 투자에는 항상 큰 손실 위험이 따르지만, 안정적인 투자 전략을 취하면 리스크 또한 최소화할 수 있다. 일확천금을 노리며 급등주만 쫓아다니는 '불나방 투자'로는 결코 우리가 꿈꾸는 재정적 목표에 도달할 수 없다. 투자 성과는 노후생활의 질에 중대한 영향을 미친다는 것을 명심하라. 주식투자에서 반드시 최고 수익률을 기록해야만 성공하는 것도 아니고, 2등을 했다고 해서 수익을 얻지 못하는 것도 아니다. 오히려, 신경을 덜 쓰면서도 안정적으로 성장할 수 있는 4등 정도를 목표로 한다면 어떨까? 진정한 부를 쌓기 위해서는 장기적인 시각을 갖고, 시장의 성장에 올라타는 안정적인 투자 전략이 필요하다.

앞에서 A 바이오 기업에 투자했던 이 과장이 2017년에 당시 A 대신 S&P500에 투자했다면 어땠을까? 만약 이 과장이 2017년에

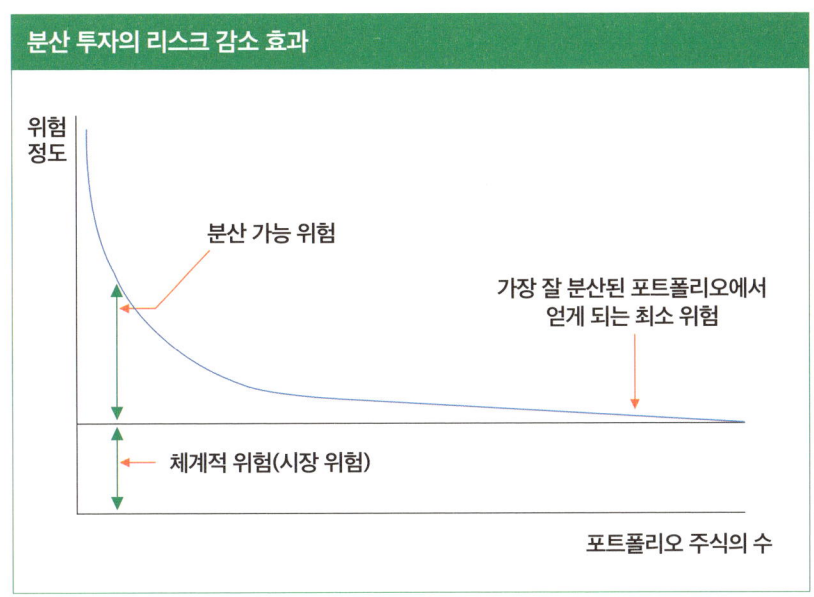

잘 분산된 포트폴리오는 개별 투자 상품의 리스크(비체계적 위험)는 '0'에 수렴하게 되고 오직 시장 위험(체계적 위험)만 남게 된다.

S&P500 지수를 추종하는 SPY에 3억 원을 투자했다면 주가는 7년 동안 137% 상승하면서, 그의 투자자산은 약 7억 원으로 불어났을 것이다. A주식의 초기 급등 구간과 비교하면, 단기 성과는 미비해 보일 수 있다. 그러나 장기적인 관점에서 본다면 어떤 개별 종목보다 우수한 수익률이다.

이 과장처럼 당신도 혹시 오르기만을 기도하며 마음 졸이는 '투기'를 하고 있지는 않는가. 그렇다면 안정적으로 자산을 증가시킬 수 없을 것이다. 나는 이 책을 읽고 있는 당신에게 묻고 싶다. 당신이 지금 하고 있는 투자가 주식을 사고 있는 것인지, 아니면 복권을 사고 있는

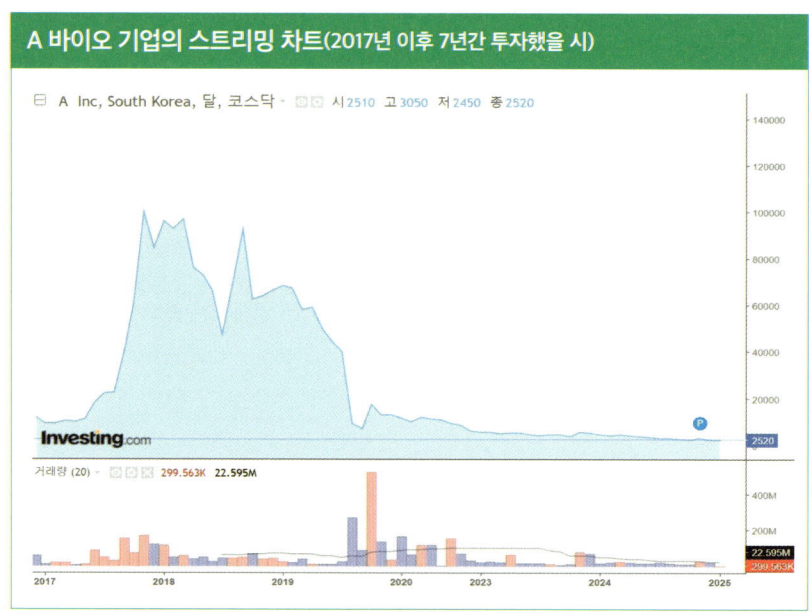

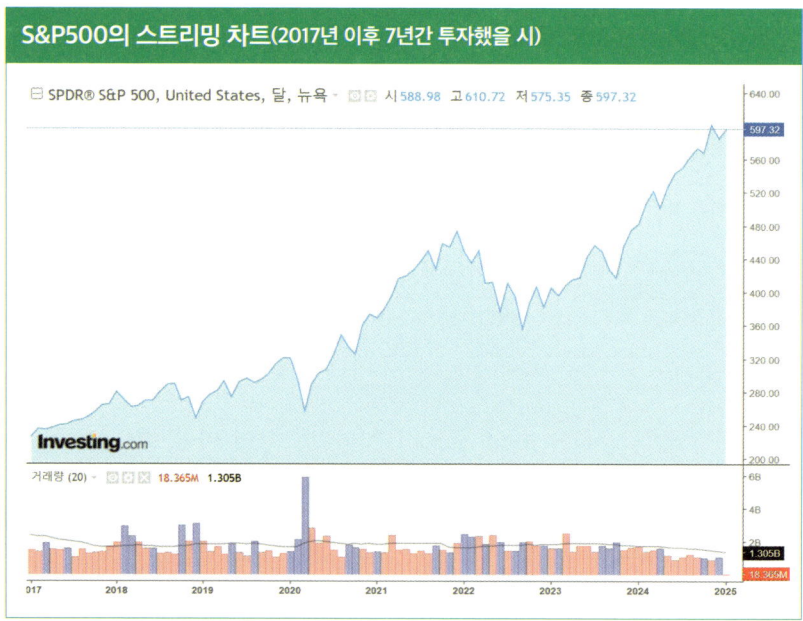

출처: Investing.com

것인지 말이다. 그리고 투자가 아닌 투기를 하는 지인 중에서 정말 돈을 벌었다는 사람이 있는지도 묻고 싶다.

   나는 위험을 극도로 두려워하고, 오랜 시간 노력해 모은 자산을 허무하게 잃는 것을 싫어하는 안전 지향적인 투자를 추구한다. 그래서 미국 지수 투자를 선택했고, 이 방법으로 천천히 부자가 되는 길을 걸어왔다. 그리고 그 길이 사실상 가장 빨리 부자가 되는 길이라는 것을 깨달았다.

07
투자에 앞서 정비해야 할 3가지 마인드셋

첫 번째, 주식투자는 위험하다?

우리는 일상 속에서 끊임없이 선택을 하며 살아간다. 그리고 시간이 지나고 나서야 어떤 선택이 정답이었고, 어떤 선택이 오답이었는지를 깨닫게 된다.

한때 은행예금보다 높은 수익률을 제공하면서 주식보다 안전한 중위험·중수익 상품으로 알려진 ELS에 집중적으로 투자한 적이 있다. 나 역시 ELS가 주식시장에 닷컴버블 붕괴나 IMF 같은 대형 경제위기가 발생하지 않는 한, 안정적인 수익을 누릴 수 있는 투자처라고 생각했다. 초보 투자자의 입장에서 그런 대공황급 위기는 평생 한 번 올까 말까 한 일이었기에 투자 결정을 쉽게 내릴 수 있다.

그러나 2년간 투자하며 직접 경험해본 바, ELS는 '중수익·고위험 상품'이라는 사실을 깨닫게 되었다. 수익 구조를 살펴보면, 내가 얻을 수 있는 최대 수익은 일정 수준에서 제한되지만, 손실 가능성은 100% 열려 있는 구조였다. 상품 판매 안내서에는 '닷컴버블 붕괴와 같은 사태만 피하면 손실 위험이 없다'거나 '리먼 사태만 아니면 된다'는 식으로 투자자들을 안심시키는 뉘앙스가 담겨 있었다. 하지만 지금 돌아보면, 얼마나 허술한 논리인지! 주식시장은 예측 불가능한 변수로 끊임없이 움직이며, 절대 안전한 투자라는 것은 존재하지 않는다. 실제로 아무도 예상하지 못했던 코로나19 팬데믹이 터지면서 전 세계 증시가 순식간에 무너지지 않았나.

다행히 나는 ELS에 투자한 목돈을 운 좋게 큰 손실 없이 회수할 수 있었지만, 지인에게 추천했던 ELS 상품은 -1000만 원의 손실을 안겨주었다. 결과적으로, 내 선택은 결코 현명하지 않았다. 이 경험을 통해 투자에서 '평생 한 번 올까 말까 한 위기'라는 표현을 쉽게 믿어서는 안 된다는 점을 뼈저리게 깨달았다.

이처럼 우리는 크고 작은 선택을 하며 살아가지만, 항상 옳은 선택만 하는 것은 불가능하다. 사소한 결정이든 투자든 실수를 피할 수 없는 것이 인생이다. 그래서 혹여 투자 실패로 괴로워하고 있는 사람이 이 책을 읽고 있다면, 위로를 건네고 싶다. 실패하지 않는 인생은 없다. 다만, 나는 뒤늦게 후회하는 선택을 더는 하고 싶지 않았다. 그래서 스스로 '인생 오답 노트'를 쓰기 시작했다.

어느 누구도 우리의 인생에 정답을 알려주지 않는다. 그것을 찾아 나가는 것, 오답을 줄이는 방법을 알아내는 것, 모두 온전히 내 몫이다. 그렇기에 나는 어떤 일이든 일단 실행해보는 편이다. 새로운 투자 종목이나 금융상품은 일단 직접 경험해본다. 1~2년 동안 테스트해보며 내가 이해한 대로 진행되고 있는지, 미처 알지 못했던 함정이 있는지를 살핀다. 그리고 투자 기록을 남긴다. 투자 당시 어떤 이유로 매수했는지 어떤 기대를 가졌는지 기록해야 시간이 지난 후 내 판단이 왜 틀렸고 왜 맞았는지를 배울 수 있기 때문이다.

이러한 투자 기록 습관은 재테크뿐만 아니라 삶 전반에도 영향을 미쳤다. 나의 실수를 복기하며 시행착오를 줄이고, 올바른 방향으로 나아가려는 노력은 결국 인생 전반을 바꾸는 중요한 습관이 되었다. 이 책은 그렇게 해서 얻어낸, 나의 지나온 투자 기록 중에서 정답에 가까웠다고 생각되는 것들만 모았다.

주변에서 주식은 위험하다고 들어 멀리해왔다면, 한두 번의 투자 실패로 자책감을 느끼고 있다면, 혹은 이미 늦었다고 생각해 패배감을 안고 있다면, 이제 이 책과 함께 다시 인생의 문제를 제대로 풀어 나가자. 오답 노트는 이미 충분히 썼다. 이제는 정답을 향해 나아갈 시간이다. 당신이 이 책을 손에 쥔 이상, 시장 상승률이라는 도로를 달리는 '자산 증가행 버스'에 올라탄 셈이다. 혹여 지금 당장은 수익적인 면에서 정답이 아닌 것처럼 느껴질 수도 있다. 하지만 시간이 지나고, 복리의 마법이 발현되면 내가 왜 이 말을 하는지 알게 될 것이다. 주식투자는 결코 위험하지 않다. 당신이 '잘못된 선택'만 하지 않는다면 말이다.

두 번째, 내가 사면 떨어지고 팔면 오르는 이유는 뭘까?

우리는 주식을 매수하는 순간부터 주가가 상승하기를 기대한다. 자산을 불리기 위한 선택인 만큼, 모든 투자자가 같은 심리를 가지고 있을 것이다. 그래서 오늘 매수한 종목이 내일 오르면 기분이 좋아지고, 반대로 떨어지면 실망감을 느낀다. 그러나 주가 상승을 기대하는 순간부터 우리의 이성적인 판단은 흐려지기 시작한다. 시장에는 수많은 정보가 존재하지만, 우리는 본능적으로 자신이 듣고 싶은 정보만 선택적으로 받아들이게 된다. 매수한 종목에 대해 유리한 방향으로만 의미를 부여하고, 불리한 정보는 무시하려는 심리가 작용하는 것이다.

주식투자의 수익률을 결정짓는 요소에는 타이밍, 종목 선정, 거시경제 상황 등이 있지만, 그보다 더 중요한 것이 있다. 바로 '투자 심리'다.

혹시 이런 경험이 있는가? "내가 주식을 사면 떨어지고, 내가 팔면 오른다." 마치 누군가 내 계좌를 들여다보고 있다가 내가 매수하는 순간 기다렸다는 듯이 주가를 떨어뜨리는 것 같은 느낌. 그 느낌은 결코 우연이 아니다. 스스로 그런 결정을 했기 때문이다. 이제, 그 이유를 제대로 이해하고 대응하는 법을 배워야 한다.

당신이 주식을 사면 곧바로 하락하고, 팔면 바로 오르는 이유는 단순하다. 소문으로 들은 종목을 망설이다가 결국 고점에서 매수했고, 저점에서 더 빠질 것 같은 공포감에 순간적인 손실 회피를 위해 매도했기 때문이다. 주식 가격은 기업의 실적, 수익, 가치에 아무런 변화가 없어도 매일 변동한다. 이러한 변동 속에서 투자자는 심리적인 영향을 받아 감정적 매수와 매도 결정을 내리기 쉽다. 결국, 주가는 실제 가치보다 고평가되거나 저평가된 상태에서 거래될 가능성이 높아진다. 시장에 대한 과도한 탐욕이 형성될 때 고점에서 매수하게 되고, 극단적인 공포가 시장을 지배할 때 저점에서 매도하게 되는 것이다. 이를 투자 심리와 연관 지어 지표화한 것이 공포·탐욕지수(Fear & Greed Index)다.

공포·탐욕지수는 CNN 머니(CNN Money)에서 만든 지수로, 투자자들의 시장심리를 측정하는 데 사용된다. 이 지수는 시장 모멘텀, 주가 변동성, 주가 강도 등 7가지 지표를 종합하여 수치화한 것이다. 개인 투자자가 각각의 지표를 일일이 분석하는 것은 현실적으로 어렵고, 그럴 필요도 없다. 공포·탐욕지수가 이러한 요소들을 반영해 '0'에서 '100' 사이의 값으로 알기 쉽게 전달해주기 때문이다. '0'에 가까울수록 극단적인 공포, '100'에 가까울수록 극단적인 탐욕을 의미한다. 이를 활용하면 현재 시장이 과열 상태인지, 혹은 비관적인 분위기가 우세한지를 보다 쉽게 파악할 수 있다.

공포·탐욕지수 표

76-100	극단적 탐욕. 고점에 시장 이탈 가능성이 높아 기관들은 매도하는 구간이다.
56-75	탐욕. 단기적 고점 형성 가능성이 높아 매도에 신중해야 한다.
46-55	중립. 향후 가격 움직임에 있어 중요 결정 구간이다.
25-45	공포. 단기적 저점 형성 가능성이 높아 매수에 신중해야 한다.
0-24	극단적 공포. 저점에 시장 진입 가능성이 높아 기관들은 매수하는 구간이다.

공포·탐욕지수 읽는 법

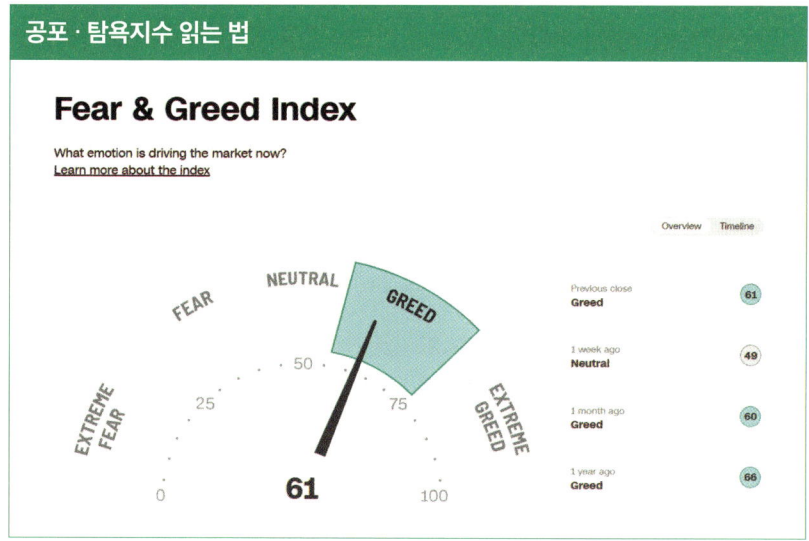

가운데 위치한 61점이라는 숫자가 가장 최근에 계산된 공포·탐욕지수이다. 해당 시점에 수치는 탐욕(Greed)에 가까운 상태다. 1주 전과 1달 전, 그리고 1년 전의 지수도 확인할 수 있는데 각각 49점(중립), 60점(탐욕), 66점(탐욕)임을 알 수 있다.

이제 지수의 값에 따라 시장에서 어떤 현상이 발생하는지 살펴보자. 지수가 낮을 경우, 투자자들이 실제 시장 상황보다 과도하게 비관적인 심리를 갖고 있다는 뜻이며, 시장이 '공포' 또는 '극단적 공포' 상태에 있음을 시사한다. 이러한 시기에는 주식을 급하게 처분하는 패닉셀(Panic Sell) 현상이 발생할 가능성이 높으며, 이를 활용하면 좋은 기업의 주식을 저렴한 가격에 매수할 기회를 잡을 수도 있다. 반대로, 지수값이 높을 경우 '탐욕' 또는 '극단적 탐욕' 상태로 해석된다. 이때는 투자자들의 집단적인 낙관론이 시장을 지배하며, 주가가 지나치게 고평가될 가능성이 크다. 이러한 상황에서는 비싼 가격에 무리하게 따라 사는 패닉바이(Panic Buy) 현상이 나타날 수 있으며, 이 시기를 활용하면 보유 중인 주식을 높은 가격에 매도해 수익을 실현할 수도 있다.

사례를 살펴보자. 2024년 3월, S&P500의 공포·탐욕지수가 79포인트로 극한 탐욕 구간에 머물던 시기, 많은 투자자들은 장미빛 미래를 기대하며 추격 매수에 나섰다. 이후 S&P500 지수는 역사적 신고점을 지속적으로 경신하며 3월 28일 5,254포인트를 기록했다. 하지만 시장은 기대와 달리 3주 연속 하락세를 보였고, 전고점 대비 5% 이상 하락하며 4,967포인트까지 떨어졌다. 이 과정에서 공포·탐욕지수는 28포인트까지 하락하면서 탐욕 구간에서 공포 구간으로 추락하게 된다. 이 사례만 보더라도, 주식시장에서 투자자의 심리가 얼마나 큰 영향을 미치는지 알 수 있다.

우리나라에는 "사촌이 땅을 사면 배가 아프다"라는 속담이 있다. 현대 투자시장에서는 이러한 심리를 'FOMO(Fear of Missing Out)'라는 용어로 설명한다. FOMO는 "다들 수익을 내는데 나만 뒤처지는 거 아닌가?" 하는 두려움을 의미한다. 남들이 쉽게 돈을 벌고 있을 때 가만히 있으면 '벼락 거지'가 된 것 같은 심리가 그것이다. 2017년도 대한민국 부동산 광풍, 2021년도 비트코인 폭등, 2023년 미국 나스닥 시장의 급등 시기에는 FOMO 심리가 더욱 강하게 나타났다. 그때 군중심리에 의해 투자한 이들 중 상당수가 손실을 경험했다.

또한 개인 투자자들은 특정 기업에 대한 뉴스에 쉽게 흥분하여 '전향적 선호 편향(Projection Bias)'을 보이기도 한다. 최근 테슬라와 엔비디아의 급등락에는 이런 심리가 작용했다고 볼 수 있다. 투자자들은 이슈가 되는 기업을 추종하게 되고, 한정된 정보 속에서 특정 종목을 과대평가하며 감정적인 매매를 하게 된다. 이는 결국 비합리적인 투자 판단으로 이어질 가능성이 높다.

기업의 본질을 보고 투자하지 않는다면, 당신은 계속해서 시장의 먹잇감이 될 것이다. 이제는 내가 사면 떨어지고 내가 팔면 오르는 악순환을 끊어야 하지 않겠는가? 앞으로는 투자 심리 지표를 적극 활용하자. 증시가 폭락할 때는 두려움에 휩싸이는 대신, '지금은 주식 세일 기간'임을 인지하고 할인된 가격으로 좋은 주식을 매수해 향후 상승장을 대비하면 된다. 반대로, 버블이 형성된 탐욕 시장에서는 조급하게 뛰어들지 않고 기다릴 수 있는 여유를 가질 수 있다. 1년에 한 번 올까 말까 한 '극한 공포' 구간에서 매수할 수 있는 용기가 생긴다면, 당신은 이미 주식 고수의 반열에 오른 것이다.

세 번째, 지수 투자만으로 은퇴가 가능할까?

나는 대부분의 금융자산을 미국 지수에 투자하고 있으며, 자산의 20~30% 정도만 현금성자산으로 보유하고 있다. 주식투자에서 예수금 관리는 필수다. 시황에 따라 유동적으로 대응하려면 언제든지 투입할 수 있는 예비 투자금이 준비되어 있어야 하기 때문이다. 이처럼 하락장에 대비해 예수금을 확보하면서 지수 투자만을 유지하는 방식 덕분에, 나는 주식투자를 하면서 한 번도 위험하다고 느낀 적이 없다.

워런 버핏은 주식투자를 "스트라이크 아웃이 없는 야구"에 비유하며, 신중함과 인내심이 핵심이라는 점을 강조했다. 일반적인 야구 경기에서는 타자가 투수가 던지는 공을 세 번 놓치면 삼진 아웃이 된다. 하지만 버핏이 말하는 주식시장의 야구에서는 그런 제약이 없다. 그렇기 때문에 성급하게 아무 종목이나 매수하는 것이 아니라 확실한 투자처와 최적의 매수 타이밍이 왔을 때 망설이지 말고 강하게 스윙을 하면 된다. 그러면 수익률은 자연히 따라오게 되어있다.

현재 나는 S&P500의 연평균 수익률이 12%가 지속되기를 기대하면서 수익과 안정의 균형을 맞춘 포트폴리오를 유지하고 있다. 종종

"성장 가능성이 높은 개별종목 하나를 발굴해 단기간에 50%, 100% 수익을 낸다면, 12%의 수익률을 기대하며 장기투자하는 것보다 성공 현실성이 높지 않느냐"는 질문을 받기도 한다. 하지만 이 12%의 수익이 10년간 지속되면 최종 수익률은 210%, 즉 투자금이 3배 이상 증가하게 된다. 그리고 20년간 꾸준히 투자한다면 최종 수익률은 864%, 즉 투자금이 10배 가까이 성장한다는 의미다. 1억 원을 투자해 10억 원의 자산을 만들 수 있는 가장 쉽고 안전한 투자 방법인 것이다.

시드가 작을 때는 주식 상한가 30%를 쉽게 생각하고, 상한가 두세 번이면 자산을 2배로 만들 수 있다는 착각에 빠지기 쉽다. 그래서 귀동냥으로 들은 위험한 도박적 투자를 시도하게 된다. '잃어도 그만'이라는 생각이 있어서다. 그러나 수십억 원의 자산을 운용한다고 가정해보자. 변동성과 수익의 상관관계를 무시한 채 50%, 100%의 고수익을 추구하는 투자는 절대 불가능하다. 100만 원을 투자할 때, 1억 원을 투자할 때, 그리고 10억 원을 투자할 때 당신의 투자 마인드는 달라질 수밖에 없다.

그래서 나는 유행하는 투자법을 좇기보다, 최적의 타이밍을 기다리며 지수 투자를 하는 것이 결국 가장 높은 수익을 가져다주는 전략이라고 생각한다.

코로나19 팬데믹 당시, 레이 달리오(Ray Dalio)의 '올웨더(All Weather) 투자 전략'이 칭송받았다. 올웨더 포트폴리오는 미국 주식 및 지수(SPY)에 30%, 미국 장기채권(TLT)에 40%, 미국 중기채권(IEF)에

15%, 금(GLD)에 7.5%, 원자재(DBC)에 7.5%를 배분하는 방식으로 눈이 오나, 비가 오나, 태풍이 불더라도 변동성에 흔들리지 않고 꾸준한 성과를 내도록 설계된 투자 전략이다. 즉, 경기 상황과 무관하게 안정적인 수익을 목표로 하는 포트폴리오 투자법이다.

그 후, 한국에서 '돈나무 언니'라는 애칭으로 불리는 미국 투자가 캐시 우드(Catherine D. Wood)가 이끄는 아크 인베스트(ARK Invest)의 전략이 새로운 투자 트렌드로 떠올랐다. 테슬라, 로보틱스, 인공지능 등 미래 기술 성장주에 집중 투자하며 공격적인 투자 전략을 펼쳤고, 실제로 팬데믹 시기에 아크 인베스트의 ETF는 S&P500의 16% 상승률을 크게 웃도는 250%의 성장을 기록하기도 했다. 그렇다면 지금, 올웨더 투자법, 아크 인베스트의 공격적 성장 전략, S&P500 지수 투자의 성과는 어떤 결과를 보여주고 있을까?

아크 인베스트는 코로나19 팬데믹 이후 기대에 미치지 못하는 성과를 보이고 있다. 주력 ETF인 ARKK(ARK Innovation ETF)는 2021년 고점 대비 약 70% 하락하며 한때 뜨거웠던 인기가 시들해졌다. 2024년 ARKK의 연평균 수익률은 약 12%인 반면, 같은 기간 S&P500은 약 25% 상승하며 극명한 차이를 보였다. 특히 ARKK가 보유한 상위 10개 종목 중 6개 종목이 손실을 기록하고 있기도 하다. 한때는 '파괴적 혁신'을 내세운 공격적인 성장 투자 전략이 시장에서 통했지만, 현재는 그 전략이 제대로 작동하지 않는 모습이다. 올웨더 포트폴리오 역시 장기적인 수익률 측면에서는 S&P500의 성과에 미치

RPAR ETF는 올웨더 포트폴리오의 리스크 패리티 전략을 적용한 상품이다. 실제 수익률에 차이는 있지만 비교를 위해 편의상 대체했다.

출처: Google Finance

지 못했다.

각 시기마다 시장을 이기려는 다양한 투자 전략이 등장하고, 유행을 탄다. 그러나 장기적으로 보면, S&P500 지수가 과거 인기 있었던 여러 투자 전략을 지속적으로 뛰어넘는 성과를 보여왔다. 물론, 특정 시기에는 액티브 ETF들이 더 높은 수익률을 기록할 수도 있지만, 10년, 20년이 지나고 나면 대다수의 액티브 ETF가 미국 지수를 능가하지 못한다.

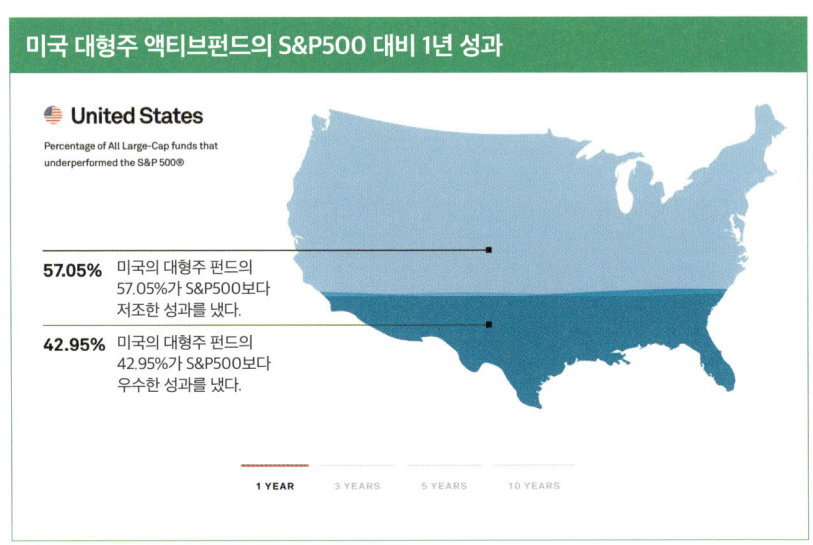

출처: Schultz Collins Investment Counsel

2008년 워런 버핏은 헤지펀드 운용사 프로티지 파트너스와 100만 달러짜리 투자 내기를 했다. 워런 버핏은 S&P500 지수를 추종하는 ETF인 VOO(Vanguard S&P500 ETF)에 투자했고, 프로티지 파트너스는 5개의 액티브펀드를 선정해 투자했다. 10년 후 결과는 워런 버핏이 85.4%의 수익률을 기록한 반면, 헤지펀드는 평균 22%에 그쳐 워런 버핏의 압승으로 끝났다.

1년 단기수익률을 보면 42.95%의 대형주 펀드가 S&P500보다 우수한 성과를 냈지만, 10년 이상으로 보면 S&P500보다 높은 수익을 낸 펀드는 15.29%에 불과하다. 그리고 20년간 보유한다면, 지수 투자자는 최상위 1%의 투자 성과를 거둘 가능성이 높아진다.

"지수 투자로만 은퇴가 가능할까?"

이 질문에 대한 답이 됐으리라 생각한다.

그렇다면 이제부터 은퇴를 위한 포트폴리오와 자산관리 파이프라인을 구축하는 법을 살펴보자.

2장

은퇴 계획은 이렇게 세워라

01
나만의 경제적 자유 기준을 세워라

파이어(FIRE)는 '경제적 독립(Financial Independence)'과 '조기 은퇴(Retire Early)'의 합성어로, 1990년대 미국에서 시작되어 2008년 글로벌 금융위기 이후 전 세계로 확산되었다. 초기에는 극단적인 절약과 높은 저축률(수입의 80% 이상)을 통해 조기 은퇴를 추구했으나, 현재는 은퇴자산을 적극적으로 축적하며 다양한 투자 방법을 모색하는 방향으로 변화하고 있다. 우리나라에서는 '경제적 자유'라는 표현으로도 쓰이며, 이는 시간과 자원을 자신이 원하는 대로 활용할 수 있는 상태를 의미한다. 단순한 금전적 부유함을 넘어 정신적 자유까지 포함된 개념으로 받아들여지고 있다.

경제적 자유를 이루기 위해서는 구체적인 목표 설정과 체계적인 준비가 필수적이다. 현재 자신의 재정 상태를 점검하고, 필요한 은퇴자금을 산출한 뒤 현실적인 계획을 세워야 한다. 이제 나와 함께 그 첫걸음을 내디뎌보자.

1단계 물가상승률까지 고려해 은퇴자금을 구체적으로 산출하라

경제적 자유를 달성하기 위해서는 필요한 은퇴자금을 정확히 계산하는 것이 중요하다. 이를 위해 현재 생활비를 기준으로 연간 노후 생활비를 산정하고, 예상되는 노후 기간을 반영해 총 필요 자금을 산출하면 된다. 그리고 여기에 경제활동과 재테크를 통한 자산 증가분을 차감해 마련해야 할 목표 자금을 구할 수 있다.

특히 노후 생활비를 산정할 때는 고정 지출뿐 아니라 차량 교체, 가전제품 구입, 의료비 등 예상치 못한 가변 지출 비용까지도 포함하는 것이 바람직하다. 이를 철저히 반영할수록 재무 계획의 정확성이 높아지고, 경제적 불안 요소가 줄어든다. 또한 인플레이션도 반드시 반영해야 한다. 2024년 2월에 발표된 OECD 경제전망에 따르면, 대한민국의 2025년 소비자물가상승률(G20 기준)은 3.8%로 예상된다. 이를 바탕으로 10년 후인 2034년의 물가를 계산하면 현재 대비 약 142%로 증가한다. 즉, 지금 1만 원짜리 순대국이 10년 뒤에는 14,200원이 된다는 의미다. 따라서 미래 물가를 반영한 재무 계획을 세우지 않는다면, 실질구매력이 감소해 계획했던 수준의 생활에 미치지 못할 수 있다.

이에 맞게 연간 생활비를 산출했다면 이제 그 금액에 25배를 하

라. 그러면 대략적인 은퇴 목표 자금을 구할 수 있다. 예를 들어, 은퇴 후 매달 300만 원의 생활비가 필요하다면, 연간 생활비 3600만 원의 25배인 9억 원이 노후자금으로 필요하다는 계산이 나온다. 이는 4% 인출률을 적용했을 때, 안정적으로 자산을 운용하며 생활할 수 있는 투자 금액과 유사한 값이 된다. 즉, 보유한 은퇴자금에서 매년 4%를 인출하면서 나머지 자산을 운용하면, 원금이 보존되는 것은 물론이고 마르지 않는 생활비를 확보할 수 있는 구조가 가능해지는 것이다.

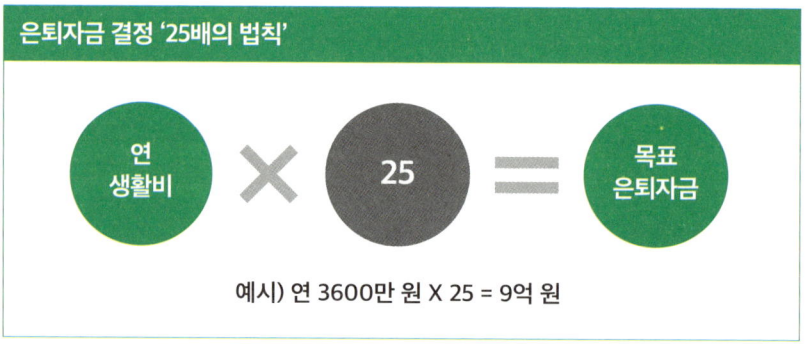

2단계 더 적은 돈으로 목표 자금을 만드는 계획을 세워라

은퇴자금으로 상당한 금액이 필요하다는 사실에 암담한가? 하지만 이는 절대 불가능한 목표가 아니다. 시간과 복리의 힘을 활용하면, 은퇴는 충분히 계획 가능한 목표가 된다. 3억 원을 연 10% 성장하는 미국 지수에 투자하면 약 12년 후 9억 원에 도달할 수 있다. 미국 지수가 최근 10년과 같이 연평균 12% 성장을 이어간다면, 목표 달성 기간

은 10년으로 단축될 수도 있다. 즉, 3억 원만으로 은퇴자금 9억 원이 만들어지는 것이다.

하지만 반대로, 고위험·고성장 종목에만 투자한다면 높은 수익을 기대할 수 있지만, 그만큼 손실 위험도 커질 수밖에 없다. 꾸준히 성장하던 시장이 당신이 은퇴를 앞둔 시점에 폭락할 가능성도 염두해야 한다. 그래서 안전성과 성장성을 적절히 분배하는 전략이 중요한 것이다.

우리는 앞으로 안전 지향 투자와 성장 지향 투자를 균형 있게 활용하여 그 재원을 마련할 것이다. 누구에게나 공평하게 주어진 시간이라는 자원을 활용하여, 복리의 힘이 돈을 불려주는 시스템을 구축해 더 적은 돈으로 목표 자금을 만드는 데 중점을 두는 전략이다. 그래서 시간과 노력, 인내와 꾸준함이 요구되는 과정이 될 것이다. 하지만 쉽고 확실하게 부자가 되는 길이다. 오늘의 투자 성과는 당장 내일이나 내년을 위한 것이 아니라, 10년, 20년 후의 미래를 위한 투자라는 것을 잊지 마라. 어떤 투자 방식을 선택하느냐에 따라, 경제적 자유는 절대 이룰 수 없는 목표가 될 수도 있고, 혹은 생각보다 그날이 빨리 찾아올 수도 있다.

3단계 라이프스타일에 맞는 파이어를 꿈꿔라

부부는 서로 닮아간다고 한다. 오랜 시간을 함께하다 보면 취향이 비슷해지고, 선호하는 생활 패턴이 유사해지는 것은 어쩌면 자연스러운 일이다. 우리 부부는 해외여행 가는 것을 좋아한다. 반복되는 일상에서 잠시 벗어나 이국적인 풍경을 눈에 담고, 다양한 식문화를 경험하며, 좋은 호텔에서 편안하게 쉬는 '호캉스' 여행을 즐긴다. 한번은 여섯 시간 비행기를 타고 도착한 여행지에서 호텔에서만 머물다가 돌아온 적도 있다.

이렇게 1년에 한 번씩 해외여행을 다녀오면 묵은 스트레스가 다 풀리는 듯했다. 그래서 우리는 여행에서 돌아오자마자 곧바로 다음 여행 계획을 세웠다. 미리 준비하면 저렴한 항공권과 호텔을 선점할 수 있는 이점이 많았기 때문이다. 그러다 보니, 문득 이렇게 좋아하는 일을 1년에 한 번밖에 하지 못하는 게 아쉽다는 생각이 들었다. 그래서 욕심을 조금씩 내보기로 했다. 1년에 두 번 해외여행을 가면 비용이 얼마나 필요할까? 계산을 해보기 시작했다. 그러다가 문득 이런 생각이 들었다. "그 비용이 합리적이라면, 세 번, 네 번도 못 갈 이유가 없지 않을까?"

그렇게 우리 부부는 매년 해외여행의 빈도를 늘려갔고, 최근에는 연간 여섯 번까지 즐길 수 있는 단계에 이르렀다. 더 정확히 말하면, 하고 싶은 것을 마음껏 하면서도 비용을 걱정하지 않는 수준에 도달했다. 이제는 여행 경비가 생활비에 영향을 미칠까 고민하지 않고 좋아하는 여행을 자유롭게 계획할 수 있게 되었다. 지금 생각해보면, 이게 바로 우리가 상상했던 경제적 자유가 아닐까 싶다.

누구나 자신이 꿈꾸는 삶이 있고, 그 꿈을 실현하기 위해 필요한 비용이 있다. 그리고 많은 사람들이 이 꿈을 이루기 위해 하기 싫은 일도 참아가며 살아가고 있다. 그래서 파이어를 단순한 재정적 독립이 아니라, 어디에도 얽매이지 않는 정신적 자유에 방점을 두는 듯하다.

결코 회사를 다닌 것이 싫었던 게 아니다. 월급밖에 없는 삶이 싫었던 것이다. 월급만 있는 삶과 월급도 있는 삶은 그야말로 천지 차이라는 것을 깨달아야 한다. 그래서 나는 내가 원하는 삶을 유지하는 데 필요한 비용을 근로소득이 아닌 금융소득으로 해결할 수 있도록 부단히 노력해왔다. 그리고 결국, 꿈은 현실이 되었다. 제로에서 시작했던 평범한 직장인 투자자가 해낸 만큼, 당신도 할 수 있다.

02
은퇴자금이 결코 마르지 않는 4% 인출률의 과학

앞서 은퇴자금을 연 생활비의 25배로 산출해보았다. 월 300만 원의 생활비를 위해 은퇴자금은 9억 원이 필요하다. 9억 원을 주식이나 금융상품 등에 투자해 연평균 5~6%의 수익을 창출한다면 매년 4% 정도를 생활비로 인출해도 남은 자금이 증가하는 구조가 되기 때문이다. 즉, 물가상승과 금융시장의 변동성을 감안하더라도, 원금을 갉아먹지 않고 지속적으로 생활비를 마련할 수 있는 '마르지 않는 샘'이 되는 셈이다. 이 방식은 투자를 통해 자산을 불려가면서 경제적 자유를 유지하는 전략이라고 할 수 있다.

4% 인출률, 어떻게 검증되었을까

은퇴자금 인출의 정석으로 알려진 4% 인출률은 1990년대 사업가이자 재무설계사였던 윌리엄 벤겐(William Bengen)에 의해 구체화되었다. 그는 은퇴자가 주식과 채권에 '50 : 50' 비율로 투자한다면, 매년 4%씩 인출하더라도 자금이 최소 30년 동안 고갈되지 않는다는 이론을 제시했다. 더 놀라운 것은, 매년 인출 금액에 인플레이션을 반영해 3%씩 증가했음에도 불구하고 자산이 예상보다 더 오래 유지되었다는 점이다. 이후 재무설계사 마이클 키츠(Michael Kitces)가 4% 인출률을 분석한 결과, 30년 후에도 원금이 유지될 뿐만 아니라 오히려 초기 자금의 5배 이상으로 증가한 경우가 더 많다는 게 밝혀졌다. 이러한 연구 결과는 4% 인출률에 대한 관심을 더욱 높였고, 다양한 추가 검증이 이루어졌다.

트리니티대학교 경제학과 교수 세 명은 1926년부터 1995년까지 70년 동안 다양한 인출 비율과 포트폴리오 배분 전략에 따른 자산 유지 가능성을 분석했다. 그 결과, 주식과 채권에 '7.5 : 2.5' 비율로 투자한 자금을 은퇴 첫해에 4% 인출하고, 이후 매년 물가상승률을 반영해 인출 금액을 조정하더라도, 30년간 자산이 줄지 않을 확률이 무려 98%에 달했다. 즉, 미국 인덱스 지수와 채권에 분산 투자한다면, 매년 투자자산의 4%를 인출하더라도 실패할 확률은 2% 미만이라는 것이다. 이는 인플레이션이 자산의 가치를 감소시키더라도, 주식의 성장률을 통해 자산을 안전하게 방어할 수 있음을 보여준다. 더 나아가 주식과 채권의 비율이 다르더라도, 4% 인출률을 적용하면 자산이 안전하게 유지된다는 것이 확인되었다. 즉, 올바른 투자 전략이 뒷받침된다면, 은퇴 후에도 자산을 안정적으로 유지하면서 경제적 자유를 지속할 수 있다는 강력한 근거가 마련된 것이다. 이러한 연구 결과를 바탕으로 안전 인출률 4% 규칙이 탄생하게 되었다.

인플레이션을 고려한 4% 인출 전략의 성공률 (30년 동안)

인출율(%)	3%	4%	5%	6%	7%	8%	9%	10%
100% 주식	100	95	85	68	59	41	34	34
75% 주식 / 25% 채권	100	98	83	68	49	34	22	7
50% 주식 / 50% 채권	100	95	76	51	17	5	0	0
25% 주식 / 75% 채권	100	71	27	20	5	0	0	0
100% 채권	80	20	17	12	0	0	0	0

물가상승률을 반영해 인출 금액을 조정하는 방법은 다음과 같다. 예를 들어, 미국 지수 투자로 9억 원을 운용하면서 매년 생활비를 인출하기로 결정했다고 가정해보자. 첫해에는 4% 인출률을 적용해 9억 원의 4%인 3600만 원을 인출한다. 그리고 이듬해부터는 물가상승률을

반영해 인출 금액을 조정하는 것이다. 만약 물가가 2%가 상승했다면, 2차년도에 3672만 원을 인출하면 된다. 이 과정은 인플레이션으로 인한 화폐가치 하락으로 실질구매력이 감소하는 것을 반영한 것이다.

인출 비율을 더 늘리는 방법

그런데 연 생활비의 25배는 결코 만만한 자금이 아니다. 어쩌면 앞으로 들어오는 모든 월급을 한 푼도 쓰지 않고 모으더라도 마련하지 못할 수도 있다. 하지만 주식시장의 변동성에 따라 월 300만 원을 확보하기 위해, 꼭 9억 원이 필요한 것은 아니다. 예를 들어, 연평균 투자수익률이 최소 5.5% 이상 유지된다면 6억 5000만 원의 자산으로도 월 300만 원씩 인출할 수 있다. 반대로, 인출률을 더 보수적으로 접근해 3.5%로 낮추거나, 시장 상황을 고려해 유동적으로 조정한다면 자산을 보다 오래 유지하며 안전하게 관리할 수도 있다. 개인의 재정 상태, 경제적 환경, 기대 수명 등을 고려해 인출 비율을 탄력적으로 조절해나간다면 보다 적은 금액으로도 평온한 은퇴생활을 즐길 수 있는 것이다.

만약 당신이 5억 원의 은퇴자산을 보유하고 있고, 매년 5000만 원씩 생활비로 사용한다고 가정해보자. 이 자금을 은행에 거치해두고 꺼내 쓰는 방식으로 운용한다면, 10년 후 원금이 고갈되고, 11년 차에는 이자까지 포함해 모든 자산이 사라지게 된다.

하지만 10년 동안 은행예금이 아닌 미국 전체 주식시장을 추종하는 VTI(Vanguard Total Stock Market ETF)에 투자했다면 어떨까. 2012년에 5억 원을 매수했다면 10년간 매년 5000만 원씩 인출했음에도 자산은 약 9억 원으로 불어나 있게 된다. 2012년부터 2022년까지의 실제 데

2012년 VTI에 5억 원 투자 후 10년간의 자산 변화 추이

연도	VTI 주가 / 배당			자산가치($)		연 배당금 ($)	주식 매도 수량
	연초 주가 ($)	배당금 (4)	배당률	평가 금액	주식 수량		
2012	65.4	0.81	1.2%	384,615	5,880	4,763	452
2013	74.5	0.94	1.3%	404,543	5,428	5,091	348
2014	95.8	1.05	1.1%	486,408	5,079	5,318	311
2015	106.5	1.15	1.1%	507,766	4,768	5,467	322
2016	102.6	1.26	1.2%	456,128	4,447	5,594	282
2017	116.5	1.35	1.2%	485,201	4,164	5,604	239
2018	137.8	1.44	1.0%	540,797	3,926	5,651	261
2019	125.8	1.72	1.4%	460,874	3,665	6,319	195
2020	164.7	2.03	1.2%	571,411	3,470	7,038	161
2021	195.4	2.25	1.2%	646,546	3,309	7,442	128
2022	242.4	2.56	1.1%	771,149	3,181	8,148	125

(환율 1,300원 기준)

이터를 바탕으로 보면, 4% 인출이 아닌 10%를 인출해도 자산이 유지되는 것은 물론 증가까지 한 것을 알 수 있다. 주식 수량은 5,880주에서 3,181주로 절반 가까이 줄어들었지만, 주가 상승으로 인해 평가금액은 투자 원금의 2배로 증가했다. 물론, 해당 시뮬레이션에서는 환율 상승분은 반영하지 않았다. 만약 달러 가치의 장기적인 우상향 흐름

2014년 SPY에 5억 원 투자 후 10년간의 자산 변화 추이

연도	평가금액(원)	연간 인출 금액(원)	연간 수익률(%)
2014	500,000,000	20,000,000	13.48
2015	544,700,000	21,790,000	1.25
2016	529,450,000	21,180,000	12.00
2017	569,270,000	22,770,000	19.42
2018	664,860,000	26,660,000	-6.24
2019	624,070,000	24,270,000	28.88
2020	804,380,000	32,190,000	16.26
2021	915,380,000	36,610,000	28.71
2022	1,176,480,000	47,060,000	-18.11
2023	964,490,000	38,580,000	14.36
2024	1,045,690,000	41,830,000	7.00

자산 2배 / 인출 가능 금액 2배 증가

까지 고려한다면, 은퇴자산은 더욱 풍요로워질 것이다.

이번에는 다른 기간으로 SPY에 투자했을 때 데이터를 좀 더 간단하게 검증해보자. 2014년부터 2024년 4월까지의 기간을 기준으로 4% 인출률을 적용해 시뮬레이션을 진행했다. 이 기간에는 2020년과 2022년의 대폭락이 포함되어 있으며, 2024년 4월은 중동의 지정학적 영향으로 인해 주가가 급락한 시점이다.

초기 투자금 5억 원을 기준으로, 매년 평가금액의 4%를 인출해보았다. 1년 차에는 2000만 원만 인출이 가능했지만, 10년 차에는 약 4000만 원을 인출할 수 있게 되었다. 이는 10년간 SPY가 연평균 10% 이상 성장해 초기 투자금이 2배 넘게 증가한 덕분이다. 4% 인출률의 가장 큰 장점은 주가 상승분만큼 매년 인출 가능 금액도 증가한다는 점이다. 이제 매년 5000만 원을 고정적으로 인출할지, 평가금액의 4%를 인출할지 행복한 고민을 하게 될 것이다.

03
남들보다 적은 투자금으로 은퇴하는 법

한국은행이 발표한 자료에 따르면, 2023년 기준 대한민국 가구의 평균 자산은 5억 2727만 원이다. 그러나 4.1억 원의 부동산 실물자산을 제외하면 금융자산은 1.2억 원에 불과하다. 이 데이터는 대부분의 자산이 유동성이 낮은 실물자산에 묶여 있어, 은퇴 이후 안정적인 현금흐름을 만들기 어려운 구조라는 점을 보여준다. 그렇다면 어떻게 해야 금융자산을 실물자산 이상으로 늘릴 수 있을까?

이제부터 남들보다 적은 돈으로 은퇴할 수 있는 자산관리 방법을 알아볼 것이다. 그리고 계획보다 더 빨리 은퇴할 수 있는 방법도 살펴보자.

이때 가장 중요한 필수 조건은 '시간'이다. 투자 기간은 길수록 좋다. 즉, 2030세대라면 '파이어 경쟁'에서 더욱 유리한 출발선 위에 서

연령대별 자산 유형별 보유액(2023년)

구분	자산	금융자산	실물자산
39세 이하	3.3억	1.3억	2.0억
40~49세	5.6억	1.4억	4.2억
50~59세	6.0억	1.4억	4.6억
60세 이상	5.4억	1.0억	4.4억

출처: 한국은행

있다고 볼 수 있다. 왜냐하면 복리라는 마법이 적은 투자자산을 목표치에 도달하도록 도와줄 것이기 때문이다. 반면, 시간이 부족한 4050세대는 동일한 효과를 내기 위해 투자금을 더 많이 투입하면 된다.

세 명의 은퇴 시나리오를 통해 이 두 가지 경우를 비교해보자.

Case 1

남들보다 적은 돈으로 은퇴하기 위해서는 시간이 필요하다. 즉, 남들보다 먼저 투자를 시작하면 된다. A의 부모는 아이가 다섯 살 때부터 주식계좌를 개설해, 아이가 받은 용돈을 매월 5만 원씩 대신 투자해주기로 했다. 이 돈은 연평균 10% 성장하는 미국 지수에 투자되었으며, 아이가 성인이 된 후에는 본인이 직접 매달 5만 원씩 투자를 이어갔다.

시간이 흘러, 55세가 된 A는 조금 이른 은퇴를 결심하고 주식계좌의 자산을 확인해보았다. 그동안 투자를 위해 납입한 총금액은 단

3000만 원에 불과했다. 하지만 계좌에 찍힌 총자산은 무려 약 7억 7400만 원이었다. 우리에게 필요한 은퇴자금 6억 5000만 원을 훌쩍 뛰어넘는 규모다. 적은 돈을 오랜 시간 동안 꾸준히 투자하는 것만으로도, 경제적 자유를 실현할 수 있다는 것을 보여주는 사례다.

Case 2

25세에 직장 생활을 시작한 신입 사원 B양은 월급을 모아 미국 지수 투자를 결심했다. 우선 인센티브로 받은 목돈 200만 원을 거치식으로 투자하고, 이후에는 매달 30만 원씩 적립식으로 S&P500에 투자했다. 매년 약 360만 원을 투자한 셈이다. 신입 사원 시절에는 조금 부담되는 액수였지만, 5년 후 대리로 승진하면서 연봉도 제법 올라 월 투자금 30만 원은 크게 부담되지 않는 금액이 되었다. 이런 투자 습관이 자연스럽게 자리를 잡으면서 30년 동안 꾸준히 적립식 투자를 무리 없이 할 수 있었다.

세월이 흘러 55세에 퇴직을 결심한 B는 주식계좌를 열어 보고 깜짝 놀랐다. 그동안 투자한 총원금 1억 800만 원이 약 6억 8600만 원으로 불어나 있었던 것이다. 큰돈을 한 번에 투자하지 않고도, 장기적인 투자 습관만으로 원하는 은퇴자금을 마련할 수 있음을 보여주는 경우다.

Case 3

동기들보다 늦게 투자를 시작했지만, 남들보다 빠른 은퇴를 준비 중인 C차장이 있다. C는 시작이 늦은 만큼, 초기 투자금으로 1억 원을 미국 지수에 투자하기로 결심했다. 그리고 매월 200만 원씩 적립식으로 추가 투자를 이어갔다. 1억 원의 거치식 투자와 10년 동안 2억 4000만 원의 적립식 투자를 진행한 것이다. 그 결과, 10년 후 C차장의 투자자산은 약 6억 8000만 원으로 증가했다. 비록 늦게 투자를 시작했지만, 더 큰 초기 자본과 적극적인 추가 투자를 통해 빠르게 목표 자산을 달성할 수 있었다.

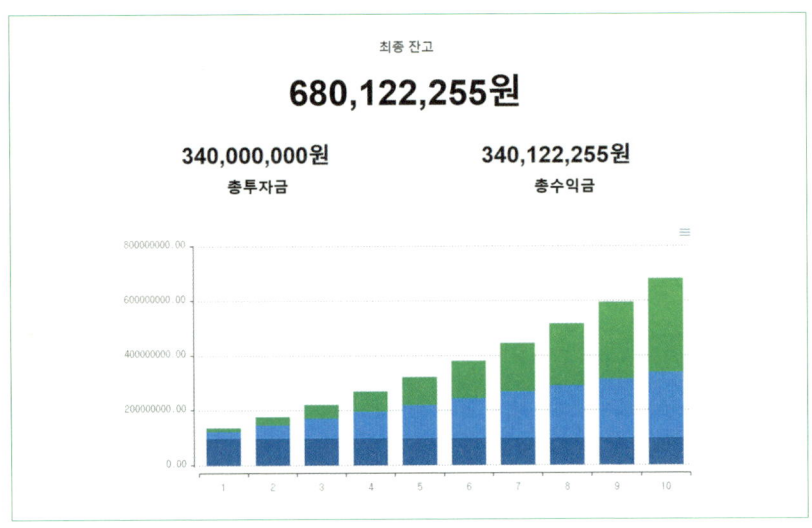

세 사람 모두 앞서 설계한 6억 5000만 원의 은퇴자금 이상을 확보할 수 있었다. 하지만 투자 기간에 따라 투자수익의 차이가 엄청나다는 점을 확인할 수 있다. A는 단 3000만 원을 투자해 약 7억 7400만 원을 만들었다. B는 1억 800만 원을 투자해 약 6억 8600만 원을 만들었다. 가장 늦게 투자를 시작한 C는 3억 4000만 원을 투자해 은퇴자금 약 6억 8000만 원을 마련할 수 있었다.

이 세 가지 케이스는 시간이 투자에 미치는 영향을 극명하게 보여준다. 지금 자신의 나이를 고려해, 얼마를 투자해야 목표를 달성할 수 있을지 직접 계산해보자. 그리고 현재 저축과 투자가 충분한지 스스로 점검 및 반성을 해보는 시간을 가져보라.

미국 지수 투자는 장기적인 관점에서 지속적으로 우상향하고 있기 때문에, 인내심이 강한 투자자에게 언제나 많은 이익을 안겨준다. 장기적인 우상향이 복리의 마법과 만나면, 그 결과는 더욱 놀라운 수준에 이른다. 그래서 워런 버핏은 주식시장을 "성급한 사람의 돈을 차분한 사람에게로 옮겨주는 장치"라고 비유했다. 복리는 투자 기간이 길수록, 투자 금액이 클수록 수익이 기하급수적으로 증가하는 구조다.

하지만 이것을 이론적으로만 이해할 것이 아니라, 실천을 통해 자신의 투자에 접목해야 한다. 그렇게만 한다면, 시간이 돈을 벌어주는 자산 증가의 마법은 반드시 실현될 것이다. 그러니 부디 오늘의 투자를 내일로 미루지 말자.

어떤 종목의 수수료가 더 저렴한지, 어떤 증권사의 환율 우대율이 더 좋은지 고민하는 것보다, 먼저 투자하는 것이 몇 배 더 큰 효과를 가져올 수 있다. 투자수익을 결정짓는 가장 중요한 요소는 '남들보다 많은 돈을 투자하는 것'이 아니라, '남들보다 먼저 투자하는 것'임을 잊지 마라. 그리고 시간이 부족하다면 투자금을 더 많이 투입하는 것으로 충분히 대응할 수 있다. 이렇게 시간과 돈의 균형을 맞추고, 꾸준히 투자한다면 우리 모두 부자가 될 수 있다.

04
5가지 자산관리 파이프라인

나의 사회 초년생 시절도 여느 회사 동기들과 크게 다르지 않았다. 입사 후 회사 근처 원룸을 구해 자취 생활을 시작했다. 부모님과 함께 지낼 때는 발생하지 않았던 월세, 식비, 생필품 지출이 큰 부담으로 다가왔다. 무엇보다 월세로 나가는 돈이 아까웠다. 당시, 전세를 월세로 전환할 때, 일반적으로 전세보증금의 10%를 월세로 계산했다. (2003년 기준이다. 최근에는 약 4% 전월세전환율 적용이 일반적이다.) 즉, 1억 원짜리 전세 집이라면 월세로는 약 100만 원이 필요했다. 이를 은행이율로 계산하면 무려 10%의 이자율에 해당했다. 나는 이 시스템을 이해한 후, 은행의 직장인 신용대출(금리 5%)을 활용해 전세로 전환하면 즉시 5%의 지출을 절감할 수 있다고 생각했다. 그래서 열심히 월급을 모아, 경기도 성남시 분당에 위치한 2000만 원짜리 작은 전세 오피스텔을 구했다. 내 생애 첫 전세방이었다.

그렇게 시작해 1~2년마다 이사를 하면서 거주지의 퀄리티를 점차 높여갔다. 2000만 원짜리 원룸 오피스텔에서 4000만 원짜리 1.5룸 오피스텔, 6000만 원짜리 24평 복층 오피스텔로 옮겨갔다. 매년 모은 돈은 전부 다음 이사를 위한 전세 자금으로 사용되었다. 생활환경이 나아지는 것도 좋았지만, 무엇보다 '전세금 = 전 재산'이라는 개념이 생기면서 자산이 불어나는 것에서 오는 성취감이 더 컸다.

그리고 마지막 복층 오피스텔에서 생활하던 중, 삼성그룹 연수 동기였던 아내와 결혼을 하게 되었다. 입사 후 딱 5년이 지난 시점이었다.

내 집 마련 이후의 대출 상환과 투자 방법

결혼 전 혼자 자취 생활을 했던 5년 동안 나는 총 6000만 원의 전세금과 현금 2000만 원을 모았다. 신혼집을 마련하기에는 턱없이 부족한 금액이었다. 그럼에도 전세로 시작하고 싶지 않았던 우리는 주택담보대출을 받아 아파트를 매수하기로 결정했다. 당시 매매가 2억 8000만 원이었던 용인의 20년 된 아파트를 1억 4000만 원의 대출을 받아 마련했다. 그때까지만 해도 부동산이 최고의 자산운용 전략이라고 믿던 시기였다. 우리는 수도권 외곽에서 시작해, 차근차근 서울로 입성한다는 막연한 청사진을 품고 신혼 생활을 시작했다.

아내와 나는 먼저 주택담보대출을 최대한 빨리 상환하기로 했다. 그때부터 다양한 펀드에 분산 투자를 하기 시작했다. 당시는 미국 주식에 직접 투자하는 것이 흔치 않던 시절이었기 때문에, 은행에서 운용하는 미국 주식형 펀드를 중심으로 투자상품을 선택했다. 우리는 매월 20~30만 원씩 납입하는 펀드를 대여섯 개를 운영하면서, 펀드 평가금액이 500만 원 이상이 되고, 주택담보대출 이율보다 높은 수익이 발생하면 기계적으로 해당 펀드를 매도했다. 그렇게 마련한 목돈은 즉시 주택담보대출을 상환하는 데 사용되었다. 물론 투자 도중 마이너스를 겪는 기간도 있었지만, 꾸준히 적립식 투자를 하다 보면 어느새 플러스 수익 구간으로 진입해 있었다.

이런 방식으로 자산을 운용하며, 대출을 줄여나가는 전략을 실천하자 결혼 후 4년 만에 대출금을 전부 상환할 수 있었다. 하지만 영원히 우상향할 것이라고 믿었던 아파트 가격은 정권이 바뀌고 지속적으로 하락했다. 부동산 자산은 우리의 전 재산에 해당하는 만큼, 5~10%의 하락만으로도 큰 손실을 입은 듯한 기분이 들었다. 하지만 재산세는 부동산 가격 하락을 전혀 반영해주지 않았다. 전세에서는 발생하지 않는 비용이었기에, 보유 자산의 가치가 떨어지더라도 세금을 내야 한다는 점이 불합리하게 느껴졌다. 그래서 용인의 부동산을 매도하고, 대신 더 나은 위치의 분당 지역 전세 아파트로 거처를 옮기기로 결정했다. 지금 돌이켜보면, 그때가 내가 사회생활을 시작한 이후 대한민국 부동산 가격이 가장 바닥을 찍었던 시기였다.

여러 부동산을 둘러보았지만 마음에 드는 집을 찾기가 쉽지 않았다. 그러던 중 지금 살고 있는 판교 신도시 아파트 매물이 눈에 들어왔다. 당시 판교는 신축 아파트가 들어서고 계획도시로 발전해 누구나 살고 싶어 하던 지역이었다.

부동산 가격이 역대 최저점을 기록하던 시기였기에 판교 지역의 부동산도 예외는 아니었다. 그런데 문제는, 눈에 들어온 매물이 전세가 아닌 매매 물건이었다는 점이었다. 자산을 방어하기 위해 부동산을 매도하고 전세로 전환하려던 계획과는 전혀 다른 선택이었던 터라 고민이 깊어졌다. 게다가 지금 집을 팔고 새 집으로 갈아타기 위해서는 큰 대출이 필요했다. 당시 나와 아내가 결혼 전 5년, 그리고 결혼 후 5년 동안 모은 총자산은 용인 아파트 1채와 현금 1억 원 정도였다. 즉, 전 재산보다 많은 대출이 필요한 상황이었다. 단순 계산만 해도 앞으로 또다시 10년은 대출 상환에 매달려야 할 것 같아 망설여졌다.

하지만 결혼 후 꾸준히 기록해온 자산 흐름을 살펴보니, 예상보다 빠른 속도로 자산이 증가하고 있었다. 사회 초년생 때보다 월급이 많이 올랐고, 혼자가 아닌 두 사람이 함께 저축을 하다 보니, 저축 가능 금액이 눈에 띄게 늘어난 상태였다. 결혼 전에는 1년에 2000만 원씩 저축했지만, 결혼 후에는 매년 5000만 원씩 자산이 증가하고 있었다. 그리고 그 증가 속도는 가속화되고 있었고, 이를 반영하면 대출 상환에 필요한 기간이 10년이 아니라 7년 이내라는 판단이 들었다. 우리는 결국 그 집을 매수하기로 결정을 내렸다. 그리고 자산 증가 속도의 가속화 덕분에 예상보다 더 빠르게 대출을 상환할 수 있었다. 결과적으로, 5년 만에 전부 상환을 완료했다.

'결혼 전 5년 + 결혼 후 5년 + 이사 후 5년' 총 15년은 결혼과 부동산 매매라는 두 번의 큰 자산 변화가 생겨난 시기였다. 이 15년 동안은 사실상 부동산에 자산을 올인한 시기라고 볼 수 있다. 그러나 판교 아파트의 주택담보대출을 전부 상환했을 당시, 내 자산은 0원이 아니라 3억 원이라는 별도의 자산이 축적되어 있었다. 보통의 케이스라면 직장인 15년 차에 주택담보대출 상환을 마친다면, 현금성자산은 0원인 경우가 일반적이다. 내가 3억 원을 모을 수 있었던 비결은 사회 초년생 때부터 자산의 70%만 대출 상환에 쓰고, 나머지 30%는 장기투자를 꾸준히 유지해온 덕분이었다. 그 습관의 결과, 주택담보대출 상환이라는 인생 숙제를 마친 순간에도 투자할 수 있는 여유자금을 손에 쥘 수 있었다. 그래서 목돈을 보유한 상태에서 거치식 투자로 본격적인 자산 증식을 시작할 수 있었다. 나는 출발선이 유리한 시작점에서 은퇴 준비라는 경주에 뛰어든 셈이었다.

내가 사회 초년생 때부터 지금까지 운용하고 있는 5가지 자산관리 파이프라인을 소개하고자 한다. 이 파이프라인은 단지 돈을 모으는 것을 넘어 자산을 지속적으로 증식시키기 위한 전략적인 운용 방식이다. 각각의 파이프라인이 어떤 역할을 하며, 어떻게 내 자산을 성장시켜왔는지 알아보자.

포메뽀꼬의 5가지 자산관리 파이프라인

구분	비중	유지 기간	투자 대상(예시)	포트폴리오 목표
초단기자금	10%	6개월	현금자산	긴급 비상금, 인생 비상사태 대비
단기자금	0%	1~3년	QQQ	6개월마다 미사용 초단기자금 이전하여 투자자산 형성
중기자금	60%	5년~7년	안전자산 S&P500 SCHD	결혼자금, 주택담보대출 상환 등의 목적자금이므로 안전자산으로 운영
장기자금	20%	10년	S&P500	장기 우상향 자산 + 복리 효과 기대
초장기자금	10%	20년	S&P500 SCHD	노후연금 자산

❶ 가장 먼저 초단기자금 통장을 만들어두자

이 통장은 6개월~12개월 이내로 관리하는 자금으로, 예상치 못한 지출을 대비하는 비상금 역할을 한다. 여기서 말하는 비상금이란 단순히 교통사고나 응급 상황 같은 큰 사건만을 의미하지 않는다. 새로 나온 아이폰이 너무 갖고 싶을 때, 친구들과 갑작스럽게 여행을 가고 싶을 때처럼 예고 없이 찾아오는 사소한 이벤트 비용까지 포함된다. 매월 월급의 10% 정도를 따로 떼어 초단기자금을 마련하는 것이 좋다. 이때 CMA통장 또는 금리가 높은 저축은행 파킹통장을 활용하자. 이렇게 언제든지 원하는 것을 할 수 있는 나만의 '비상금 주머니'

가 마련되면, 재정적으로 더 여유로운 삶을 살 수 있다. 쓸데없이 신용카드 할부를 긁는 일이 줄어든다.

❷ 초단기자금이 충분히 모였다면, 단기자금 통장으로 이전하자

사회생활을 하다 보면 초단기자금을 사용할 만큼의 비상사태는 생각보다 자주 발생하지 않는다. (만약 초단기자금을 빈번하게 사용하고 있다면, 비상금을 모으는 목적 자체가 소비에 맞춰져 있는 것은 아닌지 점검해볼 필요가 있다.) 이제 어느 정도 모아진 비상금을 단기자금 통장으로 이전할 차례다. 6~12개월 동안 모아둔 자금이 이동되면서, 최소 한 달 치 월급 정도의 목돈이 생겨 있을 것이다. 나는 이 목돈을 미국 주식과 지수 투자에 활용했다. 여기서 핵심은, 초단기자금 계좌에서 단기자금으로 목돈이 이전되는 시스템을 구축한 뒤, 이 시스템을 통해 지속적인 적립식 투자를 이어가는 거다. 이렇게 약 3년 정도 운영하면, 어느 정도 목돈이 마련될 것이다. 그리고 그다음 단계로, 단기자금을 중기자금으로 이전할 차례다.

❸ 단기자금이 목돈이 되었다면, 중기자금 통장으로 이전하자

중기자금 통장은 자산운용의 중심이 되는 메인 계좌다. 이 계좌는 직장인이라면 누구나 가장 많은 비중으로 돈을 모아야 하는 통장이며, 단기자금에서 이전된 금액뿐만 아니라 월급의 최소 50% 이상을 모아야 한다.

중기자금 통장의 목적은 사회 초년생이라면 결혼자금이나 전세금 마련, 신혼부부라면 주택 마련 자금, 40대 직장인이라면 부동산 갈아타기나 노후자금 등 인생의 중대한 이벤트에 쓰일 마중물을 만드는 것이다.

따라서 자금을 활용할 시점이 3년 이내라면 안전한 현금성자산으로 운영하는 것이 좋다. 결혼을 앞두고 상견례까지 마쳤는데, 주가가 폭락했다는 이유로 결혼을 미룰 수는 없지 않은가. 자금을 활용할 시점이 3년 후라면 적극적으로 미국 지수 투자를 유지하는 것이 가장 효율적이다. 특히 은퇴자금 용도라면 S&P500과 SCHD(미국배당다우존스100 지수 추종 ETF, Schwab U.S. Dividend Equity ETF)를 꾸준히 모아가면 좋다. 미국 지수만큼 안정적이면서도 확실한 수익률을 보장하는 투자상품을 찾기 어렵기 때문이다.

또한, 3년 이상 시간이 있다면 증시가 하락하더라도 충분히 회복할 수 있다. 3~4년 단위로 투자 대상을 명확히 구분하여 자산을 관리하면, 주식시장의 필연적인 변동성에도 대비할 수 있다. 이 전략을 바탕으로 안정적으로 중기자금을 불려나가보자.

❹ 장기자금 통장으로 미래의 필수 이벤트에 대비하라

장기자금 통장은 먼 미래에 예정된 인생 이벤트를 준비하는 용도다. 자녀 결혼, 자녀 유학 자금, 병원비 등과 같이 언젠가는 반드시 발생할 수밖에 없는 큰 지출을 대비하기 위한 자금이다. 이러한 이벤트들은 항상 큰 목돈이 필요하기 때문에, 월급의 약 20%를 최소 10~20년 뒤를 위한 자금으로 운영해오고 있다. 별도의 계좌를 만들어 적립식 투자를 진행하는 방식으로 말이다. 예를 들어, 주식계좌를 하나 더 만들어 자녀 결혼자금이나 병원비를 대비하는 식이다. (내 경우, 결혼도 하기 전에 자녀 유학 자금 통장을 만들어 운영했다.)

장기자금을 따로 운용하는 이유는 무얼까. 대부분의 직장인들은 이런 인생 이벤트가 닥쳤을 때, 기존에 모아둔 자금을 올인하는 방식으로 대처한다. 투자 중이던 주식을 매도해 자금을 마련하기도 한다. 만약 매도 시점이 증시 고점이라면 문제가 없겠지만, 증시가 폭락하는 중인데 어쩔 수 없이 매도해야 한다면? 이 경우, 지금까지 쌓아온 복리의 마법이 한순간에 깨지고 만다.

그래서 인생의 중요한 이벤트에 대비할 '별도의 바구니'가 필요한 거다. 이 계좌를 통해, 미래의 필수적인 지출을 미리 준비하면서도 장기적인 투자수익을 지켜낼 수 있다. 잊지 마라. 장기자금 계좌는 '복리를 지키는 바구니'다.

❺ 초장기자금, 미래의 나를 위한 투자!

초장기자금 통장은 오직 '미래의 나'를 위한 자금을 모으는 통장이다. 은퇴하기 전까지 절대 꺼내지 않을 자금으로, 최소 30년 이상 장기투자를 목표로 삼아야 한다. 월급의 최소 10% 이상은 온전히 내 미래를 위해 모아가는 것을 추천한다. 많은 사람들이 연금저축계좌를

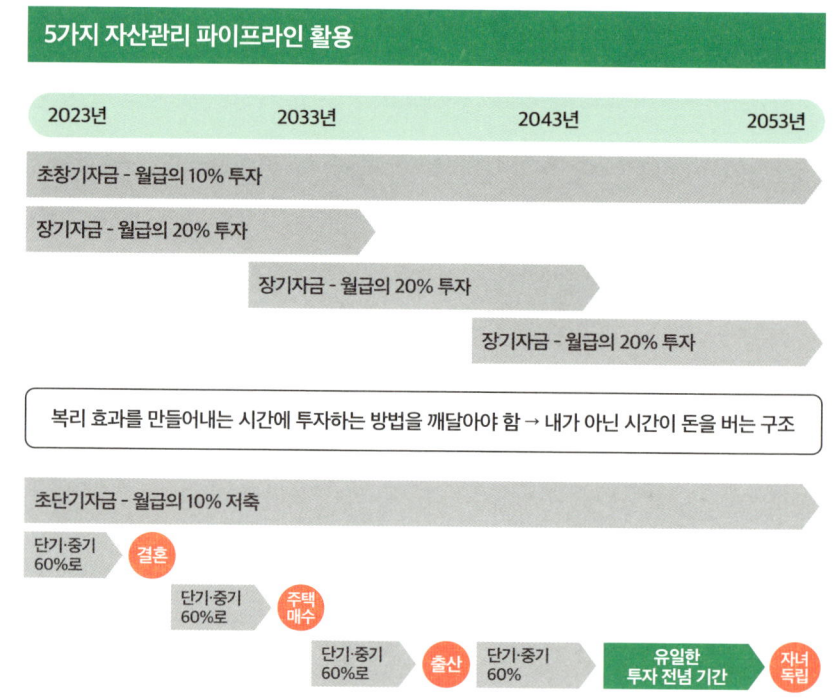

떠올릴 수 있지만, 초장기투자 계좌는 별도로 관리해야 한다. 직장 생활을 하면서 연말정산 시 세금 혜택을 받기 위해 납입하는 연금과는 완전히 다른 개념이다. 첫 월급을 받는 순간부터 근로소득이 발생하는 동안, 평생 월급의 10%를 따로 떼어 관리하며 '없는 돈'이라고 생각하는 게 포인트다. 목돈이 필요하면 장기자금을 활용하면 되니, 초장기자금은 미국 지수에 직접 투자해 복리의 효과를 최대로 누릴 수 있도록 해야 한다.

이렇게 목적에 따라 5가지 자산관리 파이프라인을 운영하면 인생 이벤트가 발생해도 투자된 자산을 매도하지 않아도 돼 꾸준히 투자를 이어갈 수 있다. 2030세대라면 지금부터 당장 실천해라. 5060세대라면, 자녀에게 '포메뽀꼬의 자산관리 방법'을 교육해주자. 비록 시간이 부족한 나에게는 복리의 마법이 완벽하게 작동하지 않아도 자녀에게는 '무조건' 발휘될 것이다.

05
단 3개의 미국 ETF로 구축한 나의 트라이앵글 포트폴리오

현재 나는 약 15억 원의 금융자산을 운용하고 있다. 포트폴리오의 68%를 차지하는 주식투자와 연금 투자는 주로 미국 지수 투자에 집중되어 있다. 발행어음은 자산 보호와 투자 유동성 확보를 위해 22%의 비중으로 운용 중이다.

나의 라이프스타일을 반영한 여행 투자는 발행어음과 같은 안전자산 중심으로 운용되며, 여기에 항공 마일리지를 활용해 보다 적은 비용으로 연간 6회 여행을 다닐 수 있도록 설계했다. 반면, 위험자산인 비트코인은 전체 포트폴리오에서 가장 적은 비중을 차지하며, 리스크를 최소화하는 방향으로 투자하고 있다.

이처럼 포트폴리오는 투자 목적과 자산군에 따라 다양한 방식으로 설계될 수 있다. 특히 주식 투자에서는 어떤 전략을 취하느냐에 따라

포메뽀꼬 전체 포트폴리오				
주식투자	연금 투자	여행 투자	발행어음	비트코인
6억 3489만 원	3억 8299만 원	1억 2000만 원	3억 2456만 원	3453만 원
총합: 14억 9697만 원				

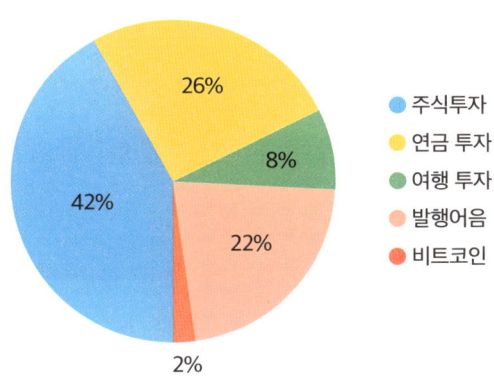

안정적인 수익을 추구할 수도 있고, 더 높은 성장 가능성을 노릴 수도 있다. 배당주 투자를 통해 꾸준한 현금흐름을 확보하거나 빅테크 성장주 투자를 통해 시세차익을 극대화하듯이 말이다.

나는 안정성과 시세차익이라는 두 마리 토끼를 다 잡고 싶었다. 기술주나 배당주에 치우치지 않고, 균형 잡힌 자산 배분을 통해 상승장에서 'FOMO'를 느끼지 않으며, 하락장에서도 안정적인 배당을 받으며 견딜 수 있도록 포트폴리오를 설계했다. 단 3개의 ETF를 중심으로 구성된, 시장 변동성에 흔들리지 않는 나만의 완벽한 '올웨더(All-Weather) 투자 전략'이다.

- **S&P500 ETF(SPY 등)** → 미국 대형주 500개로 구성된 S&P500 추종 ETF

- **QQQ** → 기술주 중심의 고성장 기업 100개로 구성된 나스닥100 추종 ETF

- **SCHD** → 미국배당다우존스100 지수를 추종하는 배당 성장 ETF

그 외

- **미국 지수 추종 고배당 커버드콜 ETF** → 배당 수익을 극대화한 ETF

이 포트폴리오를 기반으로 현재 월 350만 원 이상의 현금흐름을 만들었다. (현재는 직장인의 종합소득세 과세를 피하기 위해 부부 합산 연 4000만 원의 배당금으로 세팅해두었다.) 배당금 외에도 주가가 성장해 투자자산도 많이 불어났다. 하지만 이 금액은 시간이 지날수록 복리 효과에 의해 점점 더 증가해 지금이 가장 적은 자산을 보유하고 있는 시점일 것이다.

2019년부터 본격적으로 미국 지수 투자를 시작한 나는, S&P500 ETF에 2억 원, QQQ에 2억 원, SCHD에 3억 원을 모으겠다는 목표를 세웠다. 그리고 이 목표를 6년 만에 달성했다. 현재는 3종 포트폴리오에서 월 배당을 더욱 늘리기 위해 고배당 커버드콜 투자를 추가했다. 그 결과, 4종 투자 포트폴리오에서만 약 9억 6000만 원의 자산을 형성했다. 이 자산은 10년 뒤 약 300% 이상 증가해, 약 28억 원이 될 것으로 예상하고 있다. (이는 개인적인 전망일 뿐, 투자 판단은 개인의 몫임을 밝

포메뽀꼬의 현 금융자산 및 향후 투자수익 전망

구분	SCHD(배당)	QQQ(기술주)	S&P500 (시장 대표)	커버드콜 (고배당)
목표	3억 원	2억 원	2억 원	2억 원
현재	318,321,230원	250,546,352원	200,521,482원	191,348,616원
10년 후 예상	약 5억 원	약 12억 원	약 6억 원	약 4억 원

(그 외 현금성자산과 발행어음에 투자된 자산은 제외하였다.)

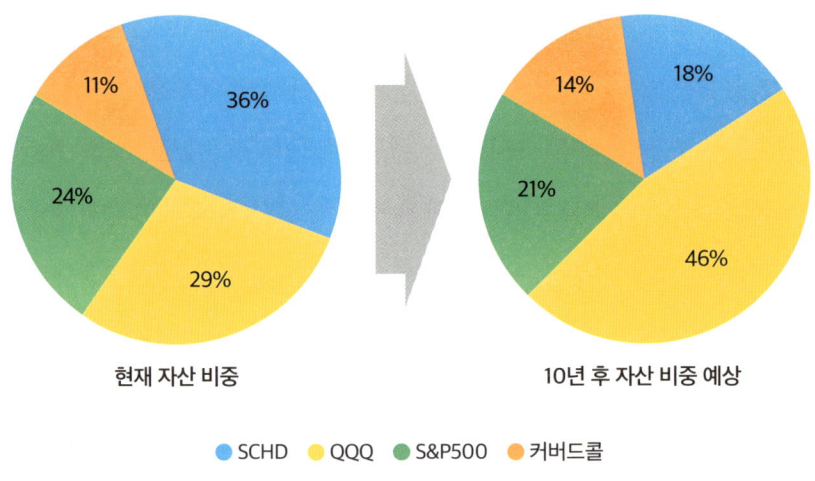

● SCHD ● QQQ ● S&P500 ● 커버드콜

한다.)

S&P500 ETF와 나스닥100 ETF인 QQQ, 배당성장 ETF인 SCHD에 '1 : 1 : 1.5' 비율로 투자하는 포트폴리오는 현재 은퇴를 계획 중인 나의 상황과 성향에 맞춰 설계된 전략이다. 이 비율은 각자의 투자 기간과 목적에 따라 달라질 수 있다.

▌SCHD와 커버드콜 ETF

나는 4050세대로 이제 은퇴를 준비하는 단계다. 그래서 단기적인 투자수익률에 신경 쓰기보다 심리적으로 안정적인 투자를 유지하려고 한다. 또한, 금융소득이 근로소득을 큰 격차로 추월하는 꿈을 이루기 위해 SCHD의 비중을 더 높게 가져가고 있다.

배당주 투자는 안정적인 현금흐름을 창출할 수 있다는 큰 장점이 있다. 정기적으로 들어오는 배당금으로 생활비를 확보하고, 재투자 재원까지 마련할 수 있다. 배당금은 은퇴 후에도 지속적인 현금흐름을 만들어주는 강력한 자산관리 도구가 된다. 현재 매월 350만 원의 배당금이 발생하고 있지만, 10년, 20년 뒤에는 배당금과 인출 가능한 금액이 계속 불어나 시간이 지날수록 더 풍족한 삶이 가능해진다. 이를 가능하게 만드는 핵심 투자상품이 바로 SCHD다.

SCHD는 10년 평균 배당성장률이 약 11%에 달하는 대표적인 배당성장 ETF다. 안정적인 배당수익을 원하는 투자자들에게 많은 인기를 얻고 있다. SCHD는 2013년 기준, 분기 배당으로 1주당 0.3013달러의 배당금을 지급했으며, 당시 배당률은 현재와 비슷한 3.47% 수준이었다. 그로부터 10년이 지난 2024년에는 1주당 배당금이 0.99달러까지 증가했으며, 이는 배당금이 10년 동안 무려 약 230% 상승한 결과다.

만약 지금 SCHD에 3억 원을 투자하면, 연간 약 1000만 원의 배당금을 기대할 수 있다. 하지만 배당금이 연평균 11%씩 성장한다면, 10년 후에는 배당금이 현재의 3배 수준으로 증가해 연간 3400만 원에 달하게 된다. 2024년 기준 1주당 0.99달러인 배당금이 2034년에는 3달러까지 상승할 것이라는 의미다. 그뿐인가. 그 기간 동안 투자자산 자체도 성장해, 현재 3억 원인 투자금은 10년 후에는 2배인 6억 원에 이를 것으로 예상된다. 여기에 배당금 재투자까지 더해지면 투자 원금은 3배 이상까지 불어날 수 있다.

그래서 SCHD에 4% 인출률을 적용하면 연간 최소 2400만 원의 추가적인 현금흐름을 확보할 수 있다. 결과적으로, 배당금과 4% 인출금을 합하면 매년 약 5800만 원을 사용할 수 있는 안정적인 은퇴자산이 형성된다. 즉, SCHD 3억 원 투자 목표를 달성하면, 10년 뒤 은퇴 계획은 완벽하게 마무리되는 것이다.

SCHD의 배당성장률을 보여주는 지표

SCHD Dividend Grade	Grade	SCHD	Median (All ETFs)	% Diff. to Median
Dividend Yield (TTM)	B-	3.61%	2.80%	28.64%
Dividend Growth Rate (TTM)	B-	12.23%	7.67%	59.45%
Dividend Growth Rate 3Y (CAGR)	🔒	9.87%	9.46%	4.33%
Dividend Growth Rate 5Y (CAGR)	🔒	11.59%	4.87%	138.14%
Dividend Growth Rate 10Y (CAGR)	🔒	11.04%	6.15%	79.39%
Consecutive Years of Dividend Growth	🔒	13 Years	1 Year	1,200.00%
Consecutive Years of Dividend Payments	🔒	13 Years	2 Years	550.00%

SCHD는 지난 10년간 11.04% 성장을 기록했으며, 연속 배당 증가 연수 13년, 연속 배당금 지급 연수 13년이라는 안정적인 성과를 보여주었다. 장기투자 관점에서 꾸준한 배당수익과 자본 성장을 동시에 기대할 수 있는 ETF다.

하지만 SCHD의 배당금은 6~8%대 배당금을 지급해주는 고배당 종목과 비교해보면 상대적으로 많이 부족한 게 사실이다. 이에 따라, 더 높은 배당수익을 확보하기 위해 고배당 주식 및 커버드콜 ETF에 투자하는 '고배당주 2억 원 모으기'를 추가로 진행 중이다. 근로소득이 발생하는 동안에는 추가적인 현금흐름을 만드는 것이 충분히 가능하기 때문에 보다 공격적인 목표를 설정한 것이다.

현재 나는 '고배당주 2억 원 모으기' 프로젝트를 통해 연 8% 이상의 배당수익을 세팅하고 있다. 미국 고배당 커버드콜 ETF인 JEPI (JPMorgan Equity Premium Income ETF), JEPQ(JPMorgan Nasdaq Equity Premium Income ETF)와 국내 상장 ETF인 'TIGER 미국테크TOP10타겟커버드콜', 'TIGER 미국S&P500타겟데일리커버드콜'에 집중적으로 투자하고 있다. 현재까지 1억 원을 투자하여 매달 70만 원의 배당금을 수령하고 있으며, 향후 '2억 원 모으기'가 완성되면 매달 140만 원의 배당금이 추가로 발생할 예정이다.

S&P500 ETF

S&P500 지수를 추종하는 ETF에 2억 원을 투자하는 이유는 역사적으로 검증된 유일한 투자자산이기 때문이다. 인덱스펀드를 개발한 존

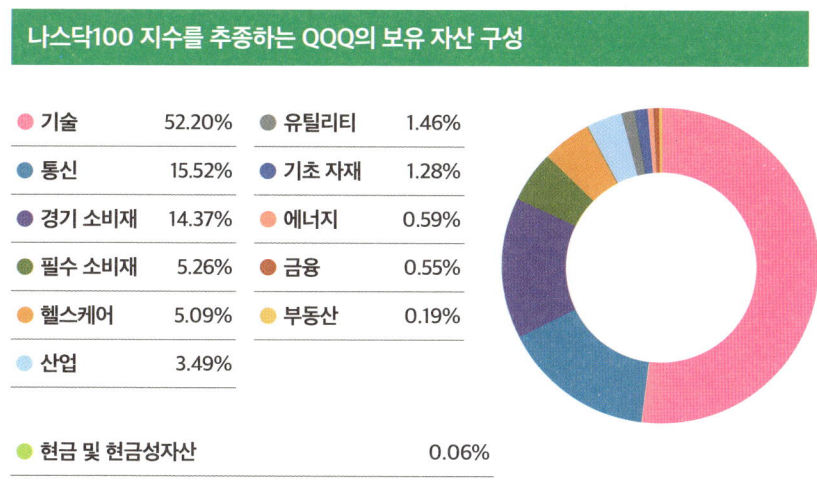

나스닥100 지수를 추종하는 QQQ의 보유 자산 구성

S&P500 지수를 추종하는 VOO의 보유 자산 구성

- 기술　　　33.74%
- 금융　　　13.15%
- 경기 소비재　11.42%
- 헬스케어　　10.11%
- 통신　　　9.38%
- 산업　　　7.25%

- 필수 소비재　5.52%
- 에너지　　3.17%
- 유틸리티　2.51%
- 부동산　　2.09%
- 기초 자재　1.67%

- 현금 및 현금성자산　0.10%

보글은 미국 시장을 대표하는 가장 이상적인 지수는 S&P500이라고 주장한 바 있다. 나스닥 종합지수(Nasdaq Composite)와 다우존스 산업평균지수(DJIA)가 특정 섹터에 집중된 반면, S&P500은 미국 시장의 시가총액 80%를 차지하는 상위 500개 기업으로 구성되어 있기 때문이다. 미국 주식시장을 가장 잘 반영하는 지수인 만큼 미국 경제가 성장하는 한, 당연히 S&P500도 함께 성장할 것이다.

S&P500의 최근 10년간 연평균 수익률이 약 12%를 기록했다. 그렇다고 S&P500이 매년 10% 이상 꾸준히 상승한 것은 아니다. 2023년과 2024년에는 각각 약 26%, 약 25%의 높은 수익률을 기록했지만, 2022년에는 -18% 손실을 보기도 했다.

한편, 나스닥100은 지난 10년간 연평균 약 18% 상승을 기록하며 S&P500보다 더 높은 성장세를 보였다. 특히 2023년에는 무려

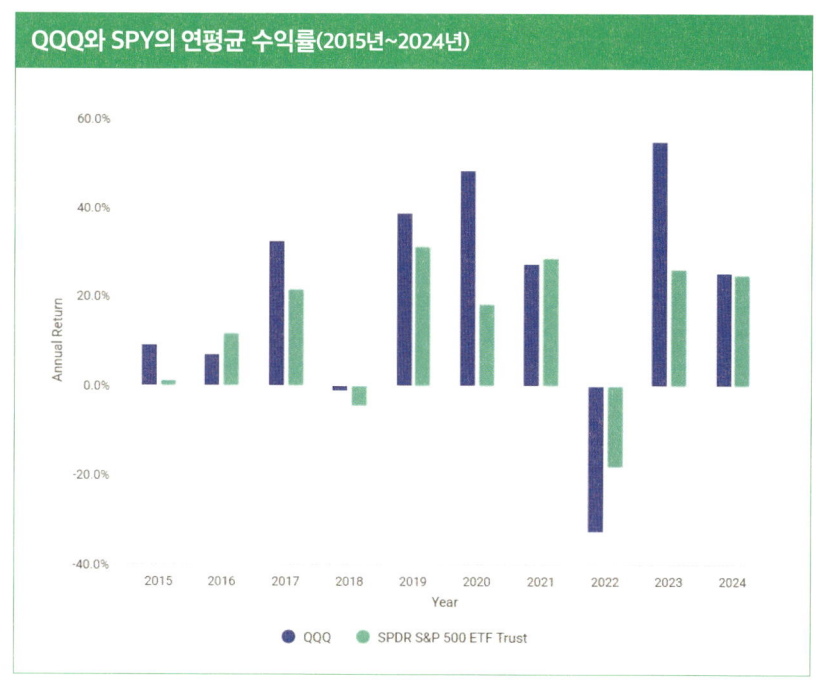

54.85%의 급등을 기록하기도 했다. 이런 과거의 데이터를 알고 투자할 수 있다면 나스닥100 지수를 선택하는 것이 최선일 것이다.

하지만 S&P500과 QQQ의 전 고점 대비 최대 하락률(MDD, Maximum Drawdown)을 살펴보면 꼭 그렇지만은 않다. 닷컴버블 시기 QQQ가 약 -80% 수준까지 하락했을 때, S&P500은 대략 -50% 수준의 하락을 보였다. 이는 나스닥100이 상대적으로 적은 수의 기업으로 구성되어 있고, 기술주 비중이 높아 시장 변동성에 더 취약하기 때문이다. 대표적인 예로, 닷컴버블 붕괴 이후 나스닥100은 전 고점을 다시 돌파하는 데 무려 15년여의 시간이 걸렸다. QQQ의 성장세를 감

안하더라도, 실제 투자에서 80% 가까운 자산이 한순간에 사라지는데, 과연 누가 평온하게 버틸 수 있을까?

반면, S&P500 역시 닷컴버블 이후 전 고점을 회복하는 데 7년이 걸렸지만, 하락장에서 꾸준히 매수한 투자자들은 단 3년 만에 손실 구간을 벗어날 수 있었다. 이는 S&P500이 비교적 낮은 변동성과 강한 회복력을 갖춘 지수임을 보여준다. 따라서 은퇴자금을 마련할 때 S&P500을 가장 우선적으로 투자하고, 포트폴리오의 중심 종목으로 삼아야 한다.

QQQ

'QQQ 2억 원 모으기'는 미국 기술주의 장기적인 우상향과 고수익을 기대하고 투자하고 있는 자산이다. 나스닥100의 지난 5년 평균수익률은 약 20%를 기록하고 있다. 과거 30년의 기록을 보더라도 단 일곱 번의 마이너스 수익률을 기록했을 뿐, 나머지 23년은 모

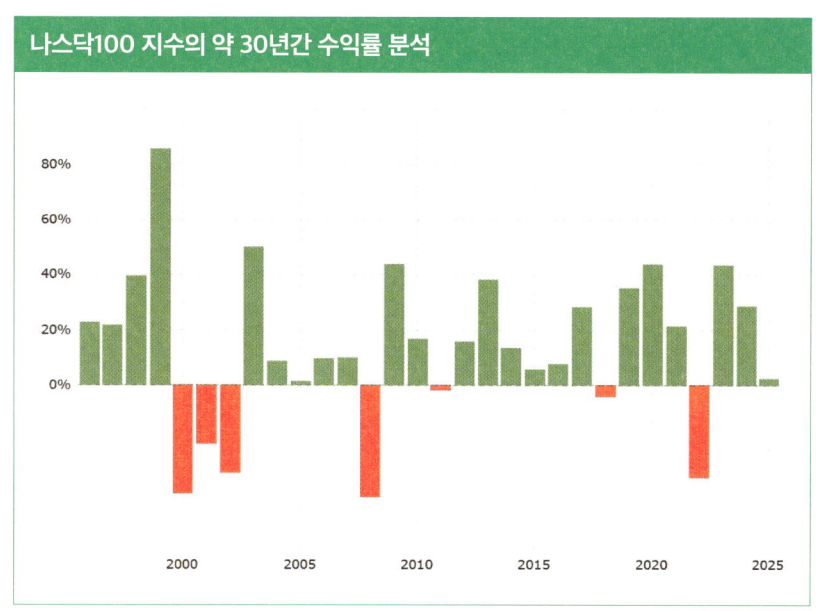

두 플러스 수익률을 보였다. 그러나 나스닥100에 올인하는 투자 전략을 선택하지 않는 이유는 닷컴버블과 같은 하락 시기와 내가 은퇴하는 시점이 중첩될 수 있는 만에 하나의 가능성 때문이다. 은퇴 이후 갑자기 큰 자금이 필요한 순간과 증시 폭락의 타이밍이 일치할 수 있는 확률을 배제하고 투자해서는 안 된다. 그래서 이를 보완하기 위해 SCHD, S&P500 ETF 투자를 병행하며 포트폴리오를 구축하고 있는 것이다.

1억 원을 QQQ에 투자하고 매년 20%씩 성장한다고 가정하면, 10년 후에는 약 6억 1900만 원이 된다. 이후 4% 인출률을 적용하면, 매년 약 2470만 원을 인출하더라도 투자자산은 줄어들지 않는다. 즉,

'QQQ 2억 원 모으기'가 완성되면 10년 뒤에는 총 약 12억 3800만 원의 자산이 형성되며, 이를 통해 매년 약 4950만 원의 현금흐름을 만들 수 있다. 아무것도 하지 않아도 연간 4950만 원의 안정적인 현금흐름이 유지된다고 상상해보라. 든든하지 않은가? 물론, 이 계산은 지난 5년 평균상승률을 기준으로 한 만큼 어느 정도의 행복회로가 포함된 값이다.

QQQ의 높은 성장성은 실제 S&P500과 SCHD의 연평균 수익률에 대입해 10년 후를 시뮬레이션 해봐도 월등하다. S&P500이 연평균 12% 상승한다고 가정하면, 10년 후 1억 원은 약 3억 1050만 원이 된다. 그리고 SCHD의 주가가 6%로 상승하고, 연평균 11%씩 배당이 성장한다면(배당률 3.64%), 예상 자산이 2억 7000만 원이 되는 것과 비교해보라.

이렇게 SCHD, S&P500 ETF, QQQ를 함께 투자하면 배당수익, 시장 성장, 기술혁신이라는 세 가지 핵심 요소를 모두 포함한 균형 잡힌

QQQ, S&P500 ETF, SCHD의 10년 후 예상 자산 예측(1억 원 투자 시)

투자자산(상승률)	10년 후 예상 자산	4% 인출 시 연간 현금흐름
QQQ(20%)	약 6억 1900만 원	약 2470만 원
S&P500(12%)	약 3억 1050만 원	약 1240만 원
SCHD(6%) (배당률 3.64%, 배당성장률 11%)	약 2억 7000만 원	약 1080만 원

포트폴리오가 된다. 배당을 통한 안정적인 현금흐름을 유지하면서, 미국 경제의 성장을 기반으로 꾸준한 자본 증가를 기대할 수 있으며, 나스닥100을 통해 추가적인 고성장을 추구할 수 있다. 무엇보다 이 세 종목은 상관관계가 낮아 한 자산의 변동이 다른 자산에 미치는 영향이 크지 않다. 경제적 자유를 이루는 데 최적의 조합이라 할 수 있다.

✓ **S&P500, QQQ, SCHD간 구성 종목 중복 정도**
- S&P500과 QQQ = 중복률 47%
- QQQ와 SCHD = 중복률 6%
- SCHD와 S&P500 = 중복률 7%

만약 3종의 포트폴리오가 기대만큼 성장해준다면 가장 이상적인 은퇴 생활이 가능할 것이다. 그렇다면 최고의 시나리오가 될 것이다. 하지만 이 중에서 하나만 성공해도 안정적인 은퇴가 가능하다. 나는 지금 절대 실패할 수 없는 은퇴 준비를 하고 있는 중이다.

06
투자의 첫 단계, 시드머니 만드는 법

앞에서 열거한 은퇴 포트폴리오(SCHD, S&P500 ETF, QQQ, 고배당 커버드콜 ETF)에서 빠진 것이 하나 있다. 바로 투자를 위한 안정적 현금흐름을 만드는 첫 단계, 시드를 모으는 방법이다. 투자 초기에는 투자 성과를 통한 수익보다 절약과 시드머니 증식이 더 강력하게 작동하는 시기다. 의미 있는 투자 성과를 내려면 반드시 충분한 시드가 필요하며, 이는 노동 수익을 자본 수익으로 치환하는 필수적인 과정이기도 하다. 100만 원으로 100% 수익을 내는 도박적인 투자보다는 1000만 원으로 10%의 안정적인 수익을 내기 위함이다.

나는 지금까지도 발행어음을 활용한 풍차 돌리기를 통해 안정적인 투자 시드를 모으고 있으며, 동시에 현금흐름을 만들어가고 있다. 벌써 5년째 유지 중인 '발행어음 풍차 돌리기'는 매달 100만 원씩 꾸준한 이자를 창출해주고 있다. 이를 통해 매달 SCHD 25주(1주에 28.00달러 / 약 40,000원)를 공짜로 매수하는 구조가 완성되었다. 이렇게 1년이 지나면 SCHD 300주를 추가로 확보할 수 있어 약 40만 원의 배당금이 새롭게 발생한다. 이 배당금으로 다시 SCHD 10주를 추가 매수할 수 있어 배당과 재투자가 반복되는 선순환 구조가 만들어진다. 원금이 보존되는 무위험 투자를 하면서도 주식 수량은 복리의 법칙에 따라 성실하게 증가하는 시스템이 완성된 것이다.

발행어음 풍차 돌리기란?

발행어음은 증권사가 투자자금을 조달하기 위해 약정수익율을 지급하는 만기 1년 이내의 단기금융상품이다. 자기자본이 4조 원 이상인 초대형 투자은행(IB)으로 선정된 증권사에서만 발행이 가능하다. 이는 증권사 자체 신용을 바탕으로 자기자본 200% 내에서만 발행할 수 있다. 이러한 구조로 인해 예금자보호 적용 대상은 아니지만, 발행사가 파산하지 않는 한 손실 가능성이 없어 저위험 투자상품으로 평가된다. 현재 발행어음을 발행할 수 있는 증권사는 미래에셋증권, NH투자증권, KB증권, 한국투자증권 단 네 곳뿐이다.

발행어음 풍차 돌리기란 매달 새로운 발행어음 상품에 가입하여 12개월 동안 12개의 상품을 나누어 가입하고, 13개월 차부터는 순차적으로 만기가 돌아오는 방식이다. 만기가 되면 또 새로 가입하여 쉬지 않고 굴리는 구조로, 이자가 풍차처럼 끊임없이 돌아간다고 해서

 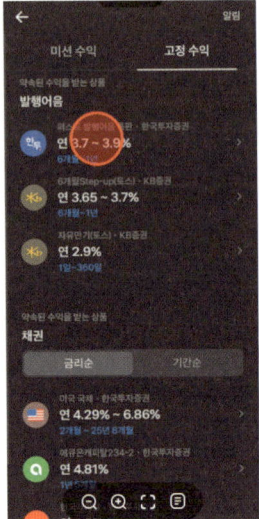 

붙여진 별칭이다. 이 방법을 사용하면 일정 금액을 지속적으로 굴릴 수 있어, 자산을 안정적으로 증식하면서 매월 발생하는 이자를 새로운 투자에 활용할 수 있다.

물론 은행의 예적금 상품으로도 풍차 돌리기가 가능하지만, 은행권의 예적금보다 증권사의 발행어음을 선택하는 것이 훨씬 유리하다. 금리가 더 높은 데다가 별다른 가입 조건 없이 손쉽게 가입이 가능하다. 또 은행권 고금리 상품은 대개 월 납입 한도가 수십만 원으로 제한되지만 발행어음은 거치식의 경우 월 100만 이상, 적립식의 경우 월 10만 원부터 투자할 수 있다. 그래서 목돈을 안정적으로 굴리고 싶은 투자자에게 적합하다.

▌실전, 발행어음 풍차 돌리기

매월 발행어음 이자를 지급받기 위해서는 12개의 발행어음 매수가 필요하다. 현재 시중에서 판매되는 발행어음 중 가장 높은 이율을 제공하는 상품은 한국투자증권의 발행어음이다. 2024년 11월 기준으로 이율을 살펴보면, 6개월 만기 상품은 연이율이 3.7%이고, 12개월 만기 상품은 연이율이 3.9%다. 과거에는 토스를 통해 가입하면 추가적인 금리를 지급하는 혜택이 있었지만, 현재는 토스에서 가입하든 한국투자증권에서 직접 가입하든 금리가 동일하다. 따라서 본인이 사용하기 편한 증권사를 통해 운영하면 된다.

그렇다면, 당신에게 투자 가능한 예산이 1200만 원이 있다고 가정해보자. 대부분의 사람들은 이 금액을 전부 예금에 예치하는 방법을 떠올리곤 한다. 하지만 발행어음 풍차 돌리기 전략을 활용하면 훨씬 더 효율적으로 자산을 증식시킬 수 있다. 6개월 만기 상품과 12개월 만기 상품에 각각 100만 원씩 나누어 투자하고, 이 과정을 매월 반복한다. 7개월 차부터는 첫 번째 만기가 돌아오면서 재투자할 자금이 확보된다. 그 이후에는 매달 만기된 원금과 이자를 활용하여 동일한 방식으로 재투자를 반복하면 된다. 그러면 풍차가 계속 돌아간다.

이 과정을 더욱 효과적으로 운영하려면 월급에서 저축하는 금액을 기존의 정기예금에 넣는 것이 아닌 발행어음 풍차 계좌로 통합하는 것이 좋다. 이를 통해 발행어음 풍차의 날개를 키워 더 높은 수익을 기대할 수 있기 때문이다. 만약 매달 100만 원씩 추가 저축을 한다면, 2년 차부터는 매월 200만 원짜리 발행어음이 만기되며, 3.9% 이율을 기준으로 SCHD 2주를 매수할 수 있는 이자가 발생하게 된다. 이를 지속적으로 반복하면 10년 차에는 매달 1000만 원짜리 풍차가 완성된다. 이제 매달 SCHD 10주씩 공짜로 살 수 있는 구조가 만들어졌다. 그때에 당신의 계좌에는 538주의 공짜 SCHD가 쌓여 있을 것이다.

3장

트라이앵글
포트폴리오 I

경제적 자유로 가는 투자의 초석,
S&P500 ETF

01
S&P500에
가장 먼저 투자해야 하는 이유

미국 지수 투자를 결심하고 내가 처음으로 투자한 종목은 S&P500 ETF였다. S&P500은 경제 뉴스에서 항상 가장 먼저 언급되는 나스닥 지수, 다우 지수와 함께 미국을 대표하는 3대 지수 중 하나다. 이 지수는 미국의 신용평가 회사인 스탠더드 앤 푸어스(Standard & Poor's)에서 기업 규모, 유동성, 산업 대표성, 시가총액 등을 고려해 선정한 주요 500개 기업의 주가를 바탕으로 산출된다. 이들 기업은 시가총액 기준으로 미국 전체 주식시장의 80% 이상을 차지하고 있어, S&P500은 미국 증시의 성과를 나타내는 바로미터로 여겨진다. 그렇다 보니 투자자들이 특정 주식이나 포트폴리오의 성과를 평가할 때, 단순히 절대 수익률만 보는 것이 아니라 S&P500과 비교한 상대적 성과를 기준으로 투자 결과를 판단한다. S&P500은 글로벌 투자시장에서 가장 널리 사용되는 표준 벤치마크(기준점)인 셈이다. 자, 그럼 이제 자신의 포트폴리오 수익률과 S&P500의 수익률을 비교해보라.

솔직히 나는 미국 주식을 시작하기 전까지 한 번도 S&P500의 수익률을 이겨본 적이 없었다. 만약 내가 그동안 시장을 이기기 위해 수많은 정보를 분석하며 고군분투하는 대신, 그냥 '묻지 마, 미국 지수 투자'를 했다면 어땠을까? 최소한 지수와 동등한 수익, 즉 시장 수익률만큼은 거둘 수 있었을 것이다.

만약 엔비디아가 망한다면?

S&P500에 투자하는 것만으로 시장 평균 이상의 성과를 기대할 수 있는 이유는 이 지수가 가진 선정 기준과 구성 방식, 그리고 작동 원리에 있다. S&P500에 포함되기 위해서는 다음과 같은 까다로운 조건을 충족해야 하며, 편입된 이후에도 지속적으로 성장해야만 자리를 지킬 수 있다.

- **S&P500에 포함되기 위한 기준**

1) 미국 기업이어야 함

2) 시가총액 146억 달러 이상(2024년 기준)

3) 최근 4분기 연속 흑자 유지

4) 일일 거래량 및 주식 유동성

5) 섹터 및 산업군 분포

즉, 아무 기업이나 S&P500에 포함될 수 있는 것이 아니다. 또한, S&P500은 고정된 종목으로 구성된 것이 아니라 정기적인 리밸런싱을 통해 교체가 이루어진다. 조정위원회는 기업의 실적과 시장 변화를 고려해 분기별로 구성을 조정한다. 예를 들어, 실적 악화로 인해 시가총액이 급격히 감소하거나 파산한 기업은 S&P500에서 제외될 수 있으며, 반대로 급성장한 기업은 새롭게 추가될 수도 있다. 테슬라 역시 엄격한 선정 기준을 충족한 후, 2020년에야 S&P500에 포함될 수 있었다.

지금 우리는 AI 시대에서 가장 유망한 기업 중 하나인 엔비디아를 주목하고 있다. 하지만 만약이라는 가정을 통해 미래를 상상해보자. 2026년, 기술혁신이 더욱 가속화되면서 기존 시장 질서를 완전히 뒤흔드는 변화가 찾아왔다. GPU 중심의 컴퓨팅 환경이 양자컴퓨터 기반의 새로운 패러다임으로 전환되었다.

양자컴퓨터는 기존의 고전적인 컴퓨터가 처리할 수 없는 복잡한 계산을 초고속으로 해결할 수 있는 가능성을 가진 기술이다. 특히 머신러닝, 약물 개발, 금융 모델링, 암호해독 등의 분야에서 획기적인 혁신을 가져올 것으로 예상된다. 이러한 기술이 시장을 지배하게 되면서, CPU와 GPU 중심의 제조사들은 기존 비즈니스 모델만으로는 시장에서 살아남기 어려워졌다. 그래서, 엔비디아의 주가가 -90% 폭락했고, 결국 S&P500에서 퇴출되었다고 상상해보자.

그 영향으로 S&P500 지수도 엔비디아와 함께 곤두박질치게 될까? 아니다. S&P500은 시장의 변화를 자동으로 반영하는 시스템을 가지고 있다. 만약 엔비디아가 양자컴퓨터 기술의 부상으로 인해 시장점유율을 상실한다면, S&P500은 자연스럽게 엔비디아를 퇴출하고 새로운 양자컴퓨터 기업을 편입할 것이다. 결과적으로, 2024년 4분기 기준 시가총액 2위인 엔비디아와 같은 거대 기업이 몰락할 수는 있지만, S&P500 지수는 절대 망하지 않는다. 지난 데이터를 보면, 이러한 기업 교체는 S&P500이 출범된 이래 수없이 반복되었다. (이 가정은 S&P500 지수 구조에 대한 설명을 위한 예시일 뿐, 엔비디아 주가에 대한 예측이 아님을 밝힌다.)

이처럼 S&P500은 강한 기업들로만 구성되는 특성 덕분에 장기적으로 안정적인 성과를 보여왔다. 이러한 구조적 강점은 S&P500을 단순한 주가지수가 아닌, 투자자들에게 가장 신뢰받는 장기투자 대상으로 만들었다. 그렇기 때문에 S&P500을 추종하는 ETF들은 글로벌 ETF 시장에서도 가장 높은 순자산 규모를 기록하고 있다. 현재 순자산 기준으로 1~3위를 차지하는 SPY, VOO, IVV(iShares Core S&P500 ETF)는 운용사와 수수료만 다를 뿐, 모두 동일하게 S&P500 지수를 추종하는 상품이다.

미국 ETF 시가총액 Top10(2025년 3월 6일 기준)

NO	자산운용사	ETF	추적 지수	시가총액 (백만 달러)
1	SPDR	SPY	S&P500	$613,164
2	뱅가드 그룹	VOO	S&P500	$610,784
3	블랙록	IVV	S&P500	$583,129
4	뱅가드 그룹	VTI	미국 전체	$458,873
5	인베스코	QQQ	나스닥100	$317,420
6	뱅가드 그룹	VUG	미국 대형 성장주	$152,930
7	뱅가드 그룹	VEA	미국 제외 선진국	$147,670
8	뱅가드 그룹	VTV	미국 대형 가치주	$134,538
9	아이셰어즈	IEFA	북미 제외 선진국	$130,855
10	뱅가드 그룹	BND	미국 채권	$126,387

SPY, VOO, IVV에 이어 시가총액 4위인 VTI는 미국 전체 주식시장에 투자하는 ETF이지만, 실제 성과는 S&P500과 90% 이상 유사하다.

장기 투자자들은 왜 S&P500을 선택할까?

물론, 단순히 규모가 크다고 해서 인기 있는 것이 아니다. 투자자들이 S&P500을 선택하는 가장 큰 이유는 결국 꾸준한 수익률에 있다. S&P500은 1957년 출범 이후 2024년까지 약 연평균 10%의 수익

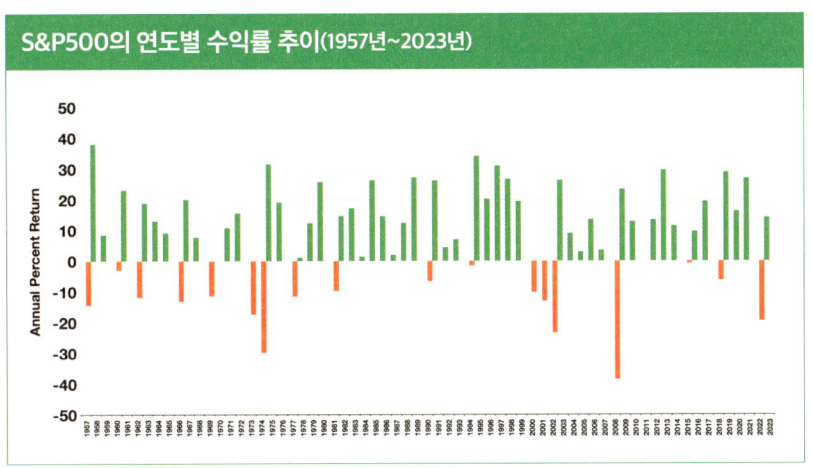

률(배당금 포함)을 기록해왔다. 더욱 주목할 점은 출범 이후 2년 이상 연속으로 하락한 경우가 단 두 번뿐이라는 사실이다. 첫 번째 사례는 1973년과 1974년이다. 당시 오일쇼크, 경제통제 정책, 워터게이트 사건 등의 악재가 겹치면서 S&P500은 각각 -17.37%, -29.72%의 연속적인 하락을 기록했다. 두 번째로는 2000년 닷컴버블이 붕괴하면서 긴 하락이 이어졌다. S&P500은 2000년 -10.14%, 2001년 -13.04%, 2002년 -23.37%을 기록하며 유일하게 3년 연속 하락을 보였다. 이 두 번의 경우를 제외하면, S&P500은 연속으로 하락한 적이 없다. 이 데이터를 통해, 역사적으로 미국 경제는 하락 기간이 짧고, 상승 주기는 길다는 사실을 확인할 수 있다.

하지만 개별 투자자가 1957년부터 S&P500 지수에 투자를 할 수 있었던 것은 아니었다. 1976년, 존 보글이 뱅가드를 통해 최초의 인덱스펀드(Vanguard 500 Index Fund, VFINX)를 출시하면서 S&P500에 간접적으로 투자할 수 있는 길이 열렸지만, 시장의 주목을 크게 받지는 못했다. 인덱스펀드는 ETF처럼 실시간 매매가 불가능하고, 하루에 한 번만 거래가 가능한 치명적인 단점이 있었다. 즉, 당일 시장 상황을 반영한 가격에 즉시 사고팔 수 없었고, 신청 후 하루가 지나야 거래가 완료되는 시스템이었다. 또, 당시 금융업계에서는 '수동적으로 시장을 따라가는 것이 아니라 개별 종목을 선별해서 투자해야 한다'는 인식이 강했던 탓에 자금 유입이 많지 않았다.

그러다 1993년, 미국의 대표 자산운용사인 스테이트 스트리트 글로벌 어드바이저(State Street Global Advisors)가 운용하는 'SPDR S&P 500 Trust ETF', 티커명 SPY가 도입되면서 누구나 쉽게 S&P500에 직접 투자할 수 있는 길이 열렸다. SPY는 인덱스펀드의 단점을 보완해 당시 기준으로 수수료가 낮고 실시간 거래가 가능했지만, 출시 초기에는 시장에서 크게 주목을 받지 못했다. 닷컴버블 이후 SPY와 같은 패시브 ETF 투자가 유리하다는 인식이 커졌고, 2008년 글로벌 금융위기 이후 다시 한번 액티브펀드에 대한 투자자의 불신이 커지면서 지수 투자가 폭발적 성장을 하게 되었다.

실제로 닷컴버블 기간(2000~2002년) 동안 액티브펀드는 평균적으로 대략 -10%, -13%, -23%의 손실을 기록했다. 반면, SPY는 상대적으로 더 나은 약 -9%, -11%, -21%의 수익률을 보이며 액티브펀드보다 덜 하락하는 모습을 보였다. 이러한 흐름 속에서 SPY는 2010년,

글로벌 ETF 시장에서 시가총액 1위에 오르게 되었다. SPY뿐만 아니라 2000년에 블랙록이 출시한 IVV, 2010년에 뱅가드 그룹이 출시한 VOO 등 S&P500을 추종하는 ETF의 성공은 S&P500이 가진 장기적인 안정성과 성장성을 투자자들이 인정한 결과였다.

02
거치식 투자가 좋을까, 적립식 투자가 좋을까?

S&P500 대표 ETF인 VOO 종목에 은퇴자산 2억 원을 거치식으로 투자했다고 가정해보자. 그리고 연평균 12% 성장에, 1.2% 지급되는 배당금은 재투자하는 기준으로 미래 성과를 점검해보겠다. 10년 뒤 평가금액은 약 6억 9100만 원이 된다. 초기 투자금의 3배 이상 증가한 값이다. 20년 뒤에는 약 23억 8800만 원으로 더욱 증가한다. 처음에는 충분하지 않을 것만 같았던 은퇴자산이 시간이라는 마법과 만나 복리의 힘이 극대화된 결과다.

"복리는 수학이 만든 가장 위대한 발명품이다."

아인슈타인의 이 말처럼, S&P500에 장기투자할 때 가장 큰 장점이 바로 복리의 작용이다.

하지만 2억 원을 한꺼번에 투자할 수 있는 직장인은 흔치 않다. 보다 현실적으로 매월 100만 원씩 10년간 적립식으로 투자해보겠다. 동일하게 연평균 12% 수익률과 배당금(1.2%) 재투자를 적용한 결과, 투자 원금인 1억 2000만 원은 10년 후 약 2억 2400만 원이 된다. 10년 동안 꾸준히 투자했을 뿐인데, 원금이 2배 가까이 증가한 것이다. 이제 10년 동안 적립식으로 모은 이 금융자산을 거치식으로 10년만 더 투자해보자. 10년 동안 열심히 저축한 자신에 대한 보상으로 이제부터는 추가 투자 없이 월급을 전부 사용해도 좋다. 10년 후, 2억 2400만 원은 약 7억 7400만 원이 된다. 30대에 적립식 투자와 거치식 투자를 한 것만으로 20년 만에 은퇴할 수 있는 8억 원 가까이의 자산이 만들어졌다. 돈 자동 사냥 시스템이 알아서 돈을 열심히 사냥해와서 인생을 레벨 업 시켜준 것이다.

많은 사람들이 "나는 목돈이 없어서 투자할 수 없다"라고 말하지만, 실제로는 매월 1주씩이라도 적립하는 것이 중요하다. 미키 마우스의 아버지, 월트 디즈니는 이렇게 말했다.

"시작하는 방법은, 말하는 것을 멈추고 바로 행동으로 옮기는 거다."

아무리 효율적인 투자 전략, 수수료 절감 방법, 절세 노하우를 고민해도, 실제로 투자하지 않으면 그저 시간만 흘러갈 뿐이다. 과감한 도전이 두렵다면, 정찰병을 먼저 보내라. 소액부터 투자하면서 시장의 흐름을 경험하는 것이 중요하다. 결국, 먼저 한 걸음을 내딛는 것이 경제적 자유로 가는 가장 확실한 방법이다.

조금 더 일찍 파이어를 결심하고 20대 초반부터 투자했다면 결과는 어떻게 달라질까? 투자금이 부족한 나이임을 감안해 용돈과 아르바이트로 모을 수 있는 금액인 30만 원을 30년간 S&P500 ETF에 적립식으로 투자해보겠다. 같은 조건을 대입했을 때, 30년 후 예상 자산은 약 13억 원이 된다. 1억 800만 원이었던 투자 원금이 30년 동안 10배 이상 증가한 것이다. 놀랍지 않은가.

이러한 성과는 바로 복리의 힘 덕분이다. 소액이지만 꾸준히 적립식 투자와 배당 재투자를 하면 복리가 극대화되면서 우리가 원하는 결과를 얻을 수 있게 된다. 더 중요한 점은, 시장의 성장 속도가 점점 빨라지고 있다는 사실이다. 과거 다우 지수가 2,500포인트에서 5,000포인트로 오르는 데 8.3년이 걸렸지만, 5,000포인트에서 10,000포인트로 상승하는 데는 불과 3.5년밖에 걸리지 않았다. 이는 통화량 증가와 경제성장으로 인해 주식시장이 점점 더 빠르게 상승하고 있음을 의미한다. 즉, 장기투자와 복리의 효과를 누릴 수 있는 환경이 과거보다 더욱 유리해졌다는 뜻이다.

지난 10년간 실제 수익률을 적용한 투자 성과

가상의 수익률이 아닌, 2015년부터 2024년까지 실제 수익률을 적용해 2억 원을 거치식 투자했을 경우와 매월 100만 원씩 적립식 투자를 했을 경우, 각각의 수익률과 최종 평가금액을 한번 살펴보겠다.

S&P500의 연간 수익률(배당 포함)

연도	2015	2016	2017	2018	2019
수익률	1.38%	11.96%	21.83%	-4.38%	31.49%

연도	2020	2021	2022	2023	2024
수익률	18.40%	28.71%	-18.11%	26.29%	25.02%

S&P500 거치식 투자 결과
(2015년부터 2024년까지 2억 원 투자했을 경우)

투자 기간	투자수익률	최종 평가금액
3년 (2015년~2017년)	38%	약 2억 7600만 원
5년 (2015년~2019년)	74%	약 3억 4700만 원
10년 (2015년~2024년)	242%	약 6억 8500만 원

S&P500 적립식 투자 결과
(2015년부터 2024년까지 매월 100만 원씩 투자했을 경우)

투자 기간	투자수익률	최종 평가금액
3년 (2015년~2017년)	26%	약 4500만 원 (투자 원금 3600만 원)
5년 (2015년~2019년)	44%	약 8600만 원 (투자 원금 6000만 원)
10년 (2015년~2024년)	115%	약 2억 5700만 원 (투자 원금 1억 2000만 원)

실제로 10년 동안 장기투자했을 경우, 거치식 투자는 242% 상승하며 초기 투자금 대비 약 3.4배 성장했다. 그리고 적립식 투자는 126% 상승하여 투자 원금 대비 2배 이상의 수익률을 거두었다. 하지만, 3년과 5년 투자에서는 상대적으로 낮은 수익률을 보였다. 이는 단기적인 시장 변동성이 투자 성과에 더 큰 영향을 미쳤을 뿐 아니라, 복리의 효과가 충분히 발휘되지 못했기 때문이다.

주식시장에서 변동성은 피할 수 없다. 기업의 인수·합병, 신규 사업 발표, 실적 발표와 같이 호재나 악재는 주가를 급격히 변동시킬 수 있다. 경기 침체기에는 투자 심리 위축으로 인해 주가가 크게 하락할 수 있으며, 무역분쟁이나 전쟁과 같은 지정학적 위험, 정치적 불확실성도 시장에 큰 영향을 미친다. 이 밖에도 정부 규제, 기술 발전, 팬데믹 등 우리가 예측하기 어려운 요인들이 언제 어떤 방식으로 작용할지 알 수 없다. 당연히 미국 지수라고 해서 예외는 아니다. 그럼에도 위의 두 결과값은 S&P500에 10년 이상 장기투자할 경우, 안정적인 수익률을 기록했다는 점을 여실히 보여준다. 인내심을 가진 자는 결국 시장의 성장이 가져다주는 열매를 얻게 될 것이다.

03
최악의 타이밍에 매수했더라도 출구는 있다

하지만 미국 지수 장기투자에도 위험 요인은 존재한다. 예를 들어, 가상의 두 사람이 각각 1999년 7월 1일부터 10년간과 2011년 11월 1일부터 10년간 SPY에 거치식 투자를 했다고 가정해보자. 1999년 7월 1일에 투자한 경우, 10년 후 수익률은 약 -39%로, 심각한 손실을 입었다. 반면, 2011년 11월 1일에 투자한 경우, 10년 후 수익률은 약 274%에 달했다. 두 투자자의 결과는 극명하게 차이를 보였다.

  가장 큰 차이를 만든 요소는 1999년에 투자한 경우, 닷컴버블 붕괴(2000년)와 글로벌 금융위기(2008년)라는 두 차례 대형 하락장을 겪었다는 점이다. 반면 2011년 이후 투자한 경우, 금융위기 이후의 강한 반등장을 경험하며 훨씬 높은 수익률을 기록했다. 과거 데이터를 분석할 때 이 기간을 어떻게 포함시키느냐에 따라 결과값은 이렇듯 매

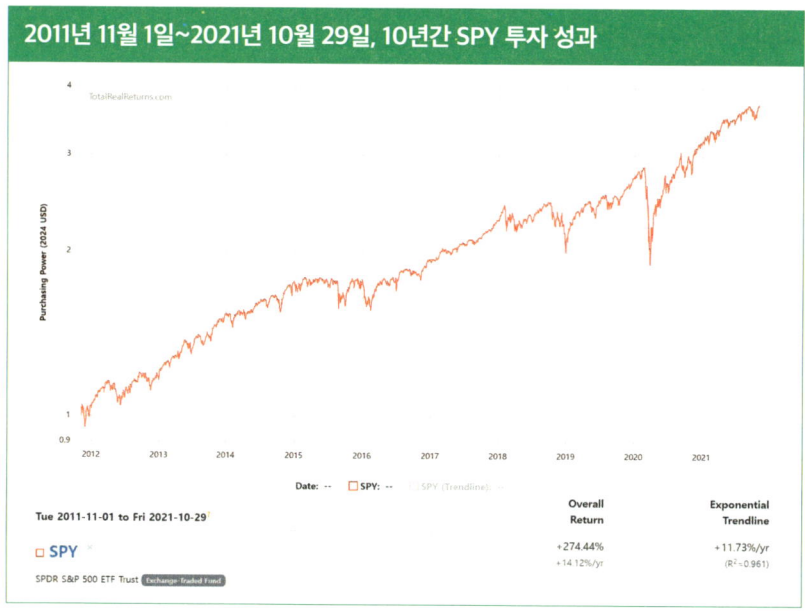

출처: TotalRealReturns.com

우 달라진다. 이는 거치식 투자를 하더라도 투자 시점에 따라 10년 후 손실이 발생할 수도 있음을 보여준다.

또 다른 예로, 코로나가 발발한 2019년과 팬데믹 안정기에 접어든 2022년에 투자를 시작했을 때의 차이를 비교해보자. 2019년 1월부터 2024년 12월까지 투자했다면, 약 159%의 총수익률을 기록하게 된다. 반면, 2022년 1월부터 2024년 12월까지 투자한 경우에는 총수익률이 약 29%에 불과하다. 이러한 차이가 발생한 주요 원인은 2022년에 발생한 약 -18%의 하락이다. 초기 투자 손실이 컸기 때문에, 이후 2023년과 2024년의 반등에도 불구하고 손실을 완전히 회복하는 데 시간이 걸렸다.

1. 2019년 1월부터 2024년 12월까지의 수익률

- 2019년: 31.49% 상승
- 2020년: 18.40% 상승
- 2021년: 28.71% 상승
- 2022년: 18.11% 하락
- 2023년: 26.29% 상승
- 2024년: 25.02% 상승
- ➡ 이 기간 동안의 총수익률은 약 159%이다.

2. 2022년 1월부터 2024년 12월까지의 수익률

- **2022년: 18.11% 하락**
- **2023년: 26.29% 상승**
- **2024년: 25.02% 상승**
➡ **이 기간 동안의 총수익률은 약 29%이다.**

만약 하락 시기에 불안감에 매도를 했다면 손실을 방어할 수 있었을까? 잠시 손실을 방어하는 듯 보일 수 있겠지만, 결과적으로는 장기적인 상승 흐름에서 벗어나 가장 중요한 회복 구간과 상승 기회를 놓치게 된다. 2020년 코로나 팬데믹 당시, 단 한 달 만에 주가가 -33.9% 폭락했을 때 나 역시 -30% 가까운 투자 손실을 입었다. 자산이 -30%가 줄어든 상황에서 걱정되지 않았다면 거짓말일 것이다.

하지만 내 전략은 달랐다. 나는 역사적으로 S&P500이 2년 연속 하락한 적은 단 두 번뿐이며, 급락 이후에는 강한 반등을 보여왔다는 사실을 떠올렸다. 1987년 블랙먼데이 때는 최대 -33.5% 하락하였지만, 이후 저점 대비 228% 반등했다. 또 2000년 닷컴버블 때는 2년 반 동안 -49.1% 하락했지만 이후 102% 상승했다. 그리고 2008년 글로벌 금융위기 때는 -56.8% 폭락 이후 176% 반등하지 않았던가. 그리고 하락장에서 기회를 포착한 투자자들은 반등장에서 큰 수익을 얻었다.

나는 이 데이터를 믿고 2022년 하락장에서 매우 공격적으로 주식 수량을 늘려나갔다. 2023년에는 반드시 강한 반등이 나올 것이라고 확신했고, 그 상승의 폭도 클 것이라 판단했다. 물론 과거의 기록만으로 미래를 100% 예측할 수 없기에 확신할 수는 없었다. 그러나, 한 가지는 확실했다. 만약 2023년에도 추가적인 하락이 나온다면, 이는 일생일대의 기회가 될 것이라는 점이었다. S&P500 역사상 세 번째 연속 하락이 나오는 시점이 지금이라면 미국 증시의 최저점에서 매수할 수 있는 절호의 기회라고 생각했다.

그리고 하락장에서 꾸준히 수량을 늘려나간 전략은 적중했다. -18% 하락 이후 연달아 연평균 26%, 25% 상승이 찾아왔다. 2023년과 2024년의 대세 상승장은, 내 지루한 기다림에 대한 충분한 보상이 되었다. 심지어 S&P500은 2024년 한 해 동안, 무려 57회나 사상 최고치를 기록하는 저력을 보여주기까지 했다. 주가가 떨어질 때는 감정적 매도 대신 과감한 저점 매수를 통해 장기투자의 장점인 코스트 에버리징(Cost Averaging, 평균매입단가를 낮추는 투자 전략) 효과를 극대화하는 것이 이렇게 중요하다. 장기적 관점에서 본다면, 단기적 변동성은 결국 여러 시간대에 걸쳐 분산될 뿐이다.

투자 타이밍보다 중요한 것

내가 투자한 시점이 최악의 시점이 아닐까 하는 불안감은 누구나 떨치기 어렵다. 특히, 2024년에 S&P500이 사상 최고치를 연이어 경신해 지금이 고점일지도 모른다는 걱정으로 투자를 망설이는 이들이 많았다. 실제로, 작년에 내가 가장 많이 받은 질문 중 하나가 바로 이것이었다.

"지금이 고점인 것 같은데 투자해도 될까요?"

그래서 나는 그 질문에 대한 직접적인 대답을 주기 위해 실험을 시작했다. S&P500과 나스닥100 지수가 연일 최고 신고가를 경신하던 2024년 10월, 매월 100만 원씩 적립식 매수를 시작해 5000만 원을 만드는 캠페인을 블로그에서 진행했다. 그 결과, 내 목표에는 조금 미치지 못했지만, 고점에서 투자하더라도 자산이 계단식으로 상승하는 모습을 확인할 수 있었다. 총 600만 원을 투자한 결과, 투자자산이 618만 원으로 늘어나며 약 3%의 성장률을 기록했다.

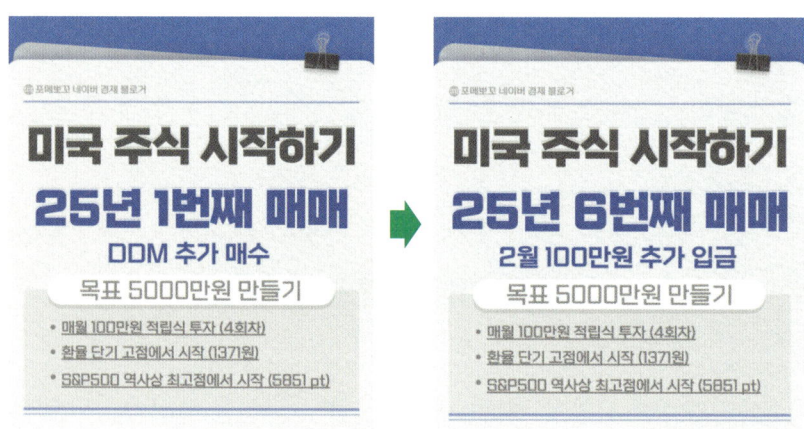

적립식 투자 성과

	10월	11월	12월	1월	2월	3월	4월	5월	6월
누적 투자	100	200	300	400	500	600			
평가금액	99.6	203	305	509	613				
월별 손익	-0.3	3.4	2	4	4				
목표	100	203	308	515	628	744			

단위: 만 원

이 실험이 의미하는 바는 명확하다. 고점이든 저점이든 적립식으로 꾸준히 매수하면 결국 평균매입단가가 조정되고, 시장이 상승할 때 자연스럽게 수익이 따라온다는 점이다. 물론 단기적으로는 변동성에 의해 마이너스를 기록할 수 있겠지만 장기적으로 보면 결국에는 수익으로 돌아올 것이다. 그러니 멀리서 보면, 언제 샀느냐보다 중요한 것은 결국 샀느냐 안 샀느냐다.

04
나의 S&P500 ETF 투자 포트폴리오 대공개

'S&P500 2억 원 만들기' 프로젝트

2019년부터 시작한 'S&P500 2억 원 만들기' 프로젝트는 이미 목표를 달성한 상태다. 2억 원 모으기를 위해 투자한 총자산은 1억 6248만 원이며, 3818만 원의 수익이 발생해 최근에 2억 원을 돌파했다. 투자 중인 지수들의 평균 수익률은 약 23%이다.

만약 S&P500이 지금과 같이 대략 연평균 10%의 성장률을 보여준다면, 배당금 재투자 복리 효과를 감안해 10년 후 약 5억 9000만 원, 15년 후 약 9억 4000만 원, 20년 후 약 14억 7000만 원의 자산으로 성장할 전망이다. 지난 100년 동안 S&P500은 장기적으로 꾸준한 우상향을 보여왔으며, 나는 앞으로도 이 성장세가 지속될 것이라는 강한 신뢰를 가지고 있다.

그렇다면 어떤 ETF에 투자하는 것이 좋을까? 나의 S&P500 ETF 포트폴리오를 공개한다.

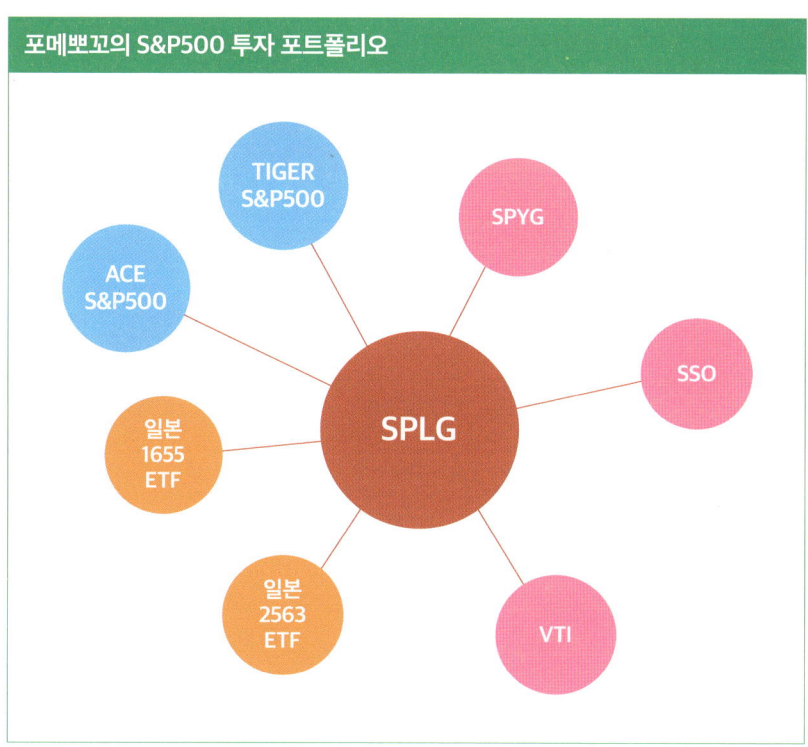

국내 상장된 S&P500 ETF

가장 먼저 소개할 ETF는 국내 연금저축계좌와 IRP(개인형 퇴직연금계좌)를 통해 집중 투자 중인 'TIGER 미국S&P500'과 'ACE 미국 S&P500'이다. 두 ETF를 나누어 투자하고 있는 데에는 별다른 이유가 있는 것은 아니다. 처음에는 아무런 정보 없이 단순히 가장 유명하다는 이유만으로 미래에셋자산운용이 운용하는 'TIGER 미국 S&P500'을 매수하기 시작했다. 이후 수수료와 수익률에 대해 본격적

포메뽀꼬의 S&P500 2억 원 모으기 현황

종목	수량	현재가	평단가	평가금액	손익
TIGER S&P500	1,052	₩21,600	₩15,364	₩22,723,200	₩6,559,964
ACE S&P500	2,831	₩21,850	₩17,713	₩61,857,350	₩11,712,260
SSO	281	US$95.78	US$70.23	US$26,914.18	US$7,178.36
DDM	20	US$99.18	US$95.96	US$1,983.60	US$64.33
SPLG	256	US$70.29	US$64.14	US$17,994.24	US$1,575.11
SPYG	211	US$89.89	US$73.46	US$18,966.79	US$3,467.25
VTI	6	US$296.20	US$276.97	US$1,777.20	US$115.41
IVV	3	US$600.26	US$437.07	US$1,800.78	US$489.57
일본 1655 ETF	1,500	JPY 657.50	JPY 568.51	JPY 986,250	JPY 133,480
일본 2563 ETF	2,150	JPY 342.80	JPY 332.76	JPY 737,020	JPY 21,593
연금펀드				₩84,580,550	₩18,272,224
달러 환산				₩99,988,978	₩18,469,008
엔화 환산				₩16,095,342	₩1,448,382
총합(Total)				₩200,664,869	₩38,189,614

으로 공부하게 되면서, 보다 효율적인 비용 구조와 향상된 수익률을 제공하는 'ACE 미국S&P500'에 투자하게 되었다. 현재 나의 포토폴리오에서 'TIGER 미국S&P500'의 수익률이 'ACE 미국S&P500'보다 높은 건 그저 먼저 매수했기 때문이다.

'TIGER 미국S&P500'과 'ACE 미국S&P500'은 2020년 8월 7일 같은 날 상장된 쌍둥이 ETF이다. 두 종목의 첫 상장가는 10,000원으로 동일했다. 그런데 2025년 1월 29일 기준, 각각 21,794원과 21,985원의 주가를 기록하며 약 200원의 차이를 보이고 있다. 또한, 2021년부터 2024년까지의 누적 배당금도 각각 733원과 790원으로 나타났다. 이러한 차이는 동일한 지수를 추종하더라도, 운용 수수료와 운용 성과에 따라 미세한 차이가 발생할 수 있음을 보여준다. 따라서 투자 전에는 변동될 수 있는 운용 수수료와 배당금, 추적오차율 등의 최신 정보를 반드시 확인해야 한다. 'ETF 체크'는 이러한 정보를 실시간으로 확인하기에 매우 유용한 사이트다. (www.etfcheck.co.kr)

TIGER 미국S&P500 VS ACE 미국S&P500

종목	상장가	기준가격 (2025년 1월 29일)	누적 배당금 (~2024년)	누적 총수익률 (기준가격 기준)
TIGER S&P500	10,000	₩21,794원	733원	117.9%
ACE S&P500	10,000	₩21,985원	790원	119.8%

미국 증시에 상장된 S&P500 ETF

미국 증시에 직접 투자하는 종목 중 내가 가장 중점에 두고 있는 것은 SPLG(SPDR Portfolio S&P500 ETF)다. SPLG는 1993년 최초의 ETF인 SPY를 만든 자산운용사가 2005년에 출시한 상품으로, 낮은 운용 수수료와 소액 투자자에게 유리한 주당 가격이 특징이다.

SPY는 오랜 역사와 높은 신뢰도를 바탕으로 글로벌 ETF 시장에서 시가총액 1위를 유지해왔다. 그러나 ETF 시장의 경쟁이 치열해지고 후발 주자들이 등장하면서, SPY의 약점도 점점 드러나기 시작했다. 그중 하나가 0.09%의 높은 운용 수수료였다.

2000년에 출시된 IVV는 SPY보다 낮은 0.04%의 운용 수수료를 제공하며 많은 투자자들의 관심을 끌었다. 특히 복리 효과를 갉아먹는 SPY의 높은 수수료가 불만이었던 장기 투자자들에게 매력적인 대안으로 떠올랐다. 그 결과 투자자들이 SPY 대신 IVV로 빠져나가게 되자 이에 자산운용사도 위기감을 느끼기 시작했다. 그래서 SPY보다 낮은 운용 수수료와 접근성을 높인 SPLG를 출시하게 된 것이다. SPLG는 S&P500을 추종하는 미국 상장 ETF 중 가장 저렴한 수수료(0.02%)를 제공한다. 미국 상장 S&P500 추종 ETF 중 내가 두 번째로 많은 수량을 보유하고 있는 종목이기도 하다. 개인적으로 초보 투자자라면 SPLG만 꾸준히 모아도 충분하다고 생각한다.

2010년에 출시된 VOO는 0.03%라는 저비용 운용 수수료를 앞세워 빠르게 성장했다. 2025년 2월에는 잠시 SPY를 제치고 시가총액

1위에 오르기도 했다. 뒤늦게 시장에 진출했지만 VOO는 ETF 시장에서 강력한 입지를 다지며 기존 강자들을 위협하는 존재로 부상했다. 하지만 나는 SPLG가 비용 효율성이 더 뛰어나다고 생각해 VOO에는 주력해서 투자하지 않고 있다.

미국 상장 S&P500 ETF(SPY, VOO, IVV, SPLG) 비교

ETF	배당수익률 (%)	배당 지급 시기(월)	수수료 (%)	주당 가격 (달러)	자산운용사
SPY	1.21	3, 6, 9, 12	0.0945	599.94	스테이트 스트리트 글로벌 어드바이저
VOO	1.25	3, 6, 9, 12	0.03	551.75	뱅가드 그룹
IVV	1.30	3, 6, 9, 12	0.03	602.87	아이셰어즈
SPLG	0.93	3, 6, 9, 12	0.02	70.59	스테이트 스트리트 글로벌 어드바이저

(2025년 2월 24일 기준)

▎S&P500 편입 종목과 비중이 다른 ETF

내 포트폴리오에는 SPLG나 VOO처럼 S&P500의 지수 구성을 그대로 따르는 ETF 외에도, 보다 차별화된 운용 방식을 가진 ETF가 포함되어 있다. 대표적인 종목이 SPYG(SPDR Portfolio S&P500 Growth ETF)와 VTI(Vanguard Total Stock Market Index Fund ETF)다.

SPYG는 S&P500에 포함된 기업 중에서도 성장성이 높은 233개 기업을 선별하여 투자하는 ETF다. 애플, 마이크로소프트, 엔비디아

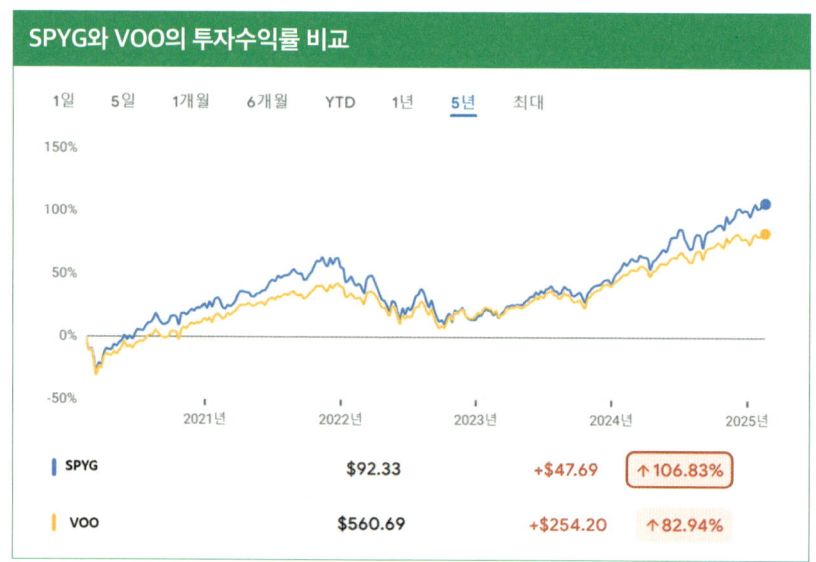

출처: Google Finance

등 유명한 테크기업들이 대부분 포함되어 있다. 그만큼 S&P500 대비 우수한 수익률을 보여주고 있다. 실제로 최근 5년간의 수익률을 비교했을 때, SPYG는 VOO 대비 약 24% 앞서는 성과를 기록했다. 게다가 일반적으로 성장주 중심의 ETF는 운용 수수료가 높은 편이지만, SPYG의 운용 수수료는 0.04%로 매우 낮은 편이다. 또, 0.62%의 배당률은 성장주 ETF 중에서도 상대적으로 높은 수준이다. 조금 더 수익률에 욕심을 낸다면, SPYG는 충분히 고려해볼 만한 종목이다.

반대로 VTI는 미국 전체 주식시장을 추종하는 ETF다. S&P500처럼 대형주만 포함하는 것이 아니라 중소형주까지 포함된 광범위한 포트폴리오를 제공한다. 현재 3,700여 개 종목을 보유하고 있

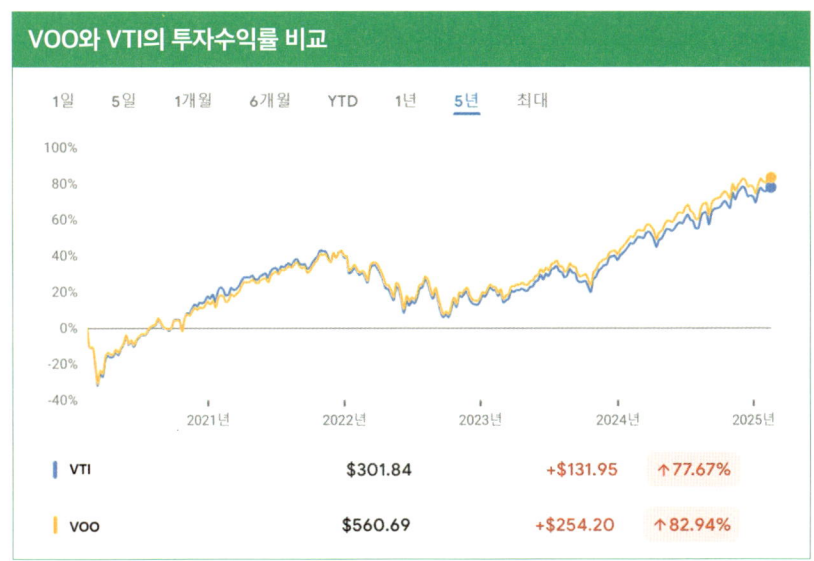

출처: Google Finance

어 S&P500보다 더 넓은 분산 투자 효과를 기대할 수 있다. "모든 주식을 소유하라!"라고 말한 존 보글의 철학이 가장 잘 반영된 ETF가 바로 VTI다. 또한, 운용 수수료가 0.03%로 낮을 뿐만 아니라 SPY, VOO, IVV 다음으로 글로벌 ETF 시가총액도 높은 상품이라 안정적인 운용도 보장된다. 수익률 측면에서는 VOO보다 다소 낮지만, VOO와 상위 구성 종목과 비율이 거의 같아 유사하게 따라가는 양상을 보인다. 만약 S&P500만으로 불안하다면, 종목 수를 극대화하여 위험을 최소화할 수 있는 VTI의 비중을 늘려도 좋다.

S&P500 ETF 선정 시 고려해야 할 것들

S&P500을 추종하는 ETF는 내가 투자 중인 상품 외에도 상당히 세분화되어 있으며, 앞으로도 계속 출시될 것이다. 그렇기 때문에 어떤 ETF에 투자할지 결정할 때는 몇 가지 기준을 확인하고 신중하게 선택해야 한다.

가장 먼저 고려해야 할 요소는 운용 보수다. 운용 보수가 낮을수록 장기적으로 투자할 때 비용 절감 효과가 크기 때문에, 같은 지수를 추종하는 ETF라면 가급적 운용 보수가 낮은 상품을 선택하는 것이 유리하다. 다음으로는 순자산 규모와 유동성을 살펴볼 필요가 있다. 순자산이 크고 유동성이 높은 ETF일수록 장기적으로 안정적인 운용이 가능하다. 투자자금이 많고 거래량이 활발한 ETF는 스프레드가 좁아 매매 시 불필요한 비용이 발생할 가능성이 낮다.

또한, 연금저축계좌에서 ETF에 투자하는 경우 환헤지 여부도 중요한 요소가 될 수 있다. 2025년 원·달러 환율 1,400원이 뉴노멀이 된 상황에서 환율이 1,420원 이상으로 오를 경우에는 환율 변동의 영향을 받지 않는 환헤지형 ETF를 선택하는 것이 유리하다. 반대로, 환율이 1,420원 이하로 내려간다면 환율 상승에 따른 추가 수익을 기대할 수 있는 환노출형 ETF를 선택하는 것이 좋은 전략이 될 수도 있다. 다만, 환율을 예측하는 것은 매우 어려운 일이며, 무리하게 방향성을 예측하고 베팅하는 것은 위험할 수 있다는 점도 염두에 둬야 한다.

마지막으로, 시장 상황에 맞춰 포트폴리오를 유연하게 조정하는 것도 중요하다. 장기투자라 하더라도 매수한 뒤 그대로 방치하는 것이 아니라, 주기적으로 포트폴리오를 점검하면서 현재 시장 상황에 적합한 리밸런싱을 해야 한다. 예를 들어, 때에 따라 성장주 비중이 높은 ETF를 추가할 것인지, 아니면 보다 넓은 분산 투자 효과를 제공하는 ETF로 조정할 것인지 고민하라는 거다. S&P500을 추종하는 ETF만으로도 다양한 포트폴리오를 구성할 수 있으며, 전략의 차이를 둘 수 있다는 점을 명심하라.

국내 증시에 상장된 S&P500 ETF를 선택할 때는 추가적으로 추적오차율과 괴리율을 확인하는 것도 도움이 될 수 있다. 추적오차율(Tracking Error)은 ETF가 기초 지수를 얼마나 정확하게 따라가는지를 나타내는 지표다. S&P500이 3% 상승했을 때 ETF도 동일하게 3% 상승하는 것이 이상적이지만, 일부 ETF는 2.7% 상승하는 등 차이가 발생한다. 추적오차율이 낮을수록 기초 지수를 보다 충실하게 따라가고 있다는 의미다.

괴리율(Premium/Discount Rate)은 ETF의 시장가격과 순자산가치(NAV) 간의 차이를 나타내는 지표다. ETF는 본래 순자산가치를 기준으로 거래되어야 하지만, 실제 시장에서는 수급에 따라 시장가격이 이론적인 가치와 차이가 발생할 수 있다. 괴리율이 낮을수록 ETF가 본래 가치에 가까운 가격으로 거래되고 있다는 뜻이며, 괴리율이 높다면 시장에서 수급 불균형이 발생해 실제 가치보다 고평가되거나 저평가된 것이다.

2024년 12월 한 달 동안 'TIGER 미국S&P500'과 'ACE 미국S&P500'의 평균 추적오차율을 비교해보면, 'TIGER 미국S&P500'의 추적오차율은 0.25%, 'ACE 미국 S&P500'의 추적오차율은 0.13%였다. 이 결과를 보면 'ACE 미국S&P500'이 기초 지수를 보다 정확하게 추종하고 있음을 확인할 수 있다. 또한, 두 ETF 간 괴리율을 비교해보았을 때도 'ACE 미국S&P500'의 괴리율이 더 낮게 나타났다. 이는 시장에서 해당 ETF가 보다 본래 가치에 가까운 가격으로 거래되고 있음을 의미한다. ETF 선택 시 이러한 요소도 함께 고려하는 것이 도움이 될 것이다.

05
수익 극대화를 위한
엔화 투자법과 레버리지 투자법

2023년부터 엔·달러 환율은 지속적으로 하락세를 보였다. 특히, 2024년 1월에는 1달러당 140.88엔이었던 환율이 161엔을 넘어서는 등 큰 폭의 하락을 기록했다. 이러한 엔화 약세는 일본과 다른 국가들 간의 금리 차이로 인해 통화가치가 하락한 것이 주요한 원인이었다. 일본이 장기간 초저금리에서 벗어나지 못하는 동안, 글로벌 투자자들은 낮은 금리의 엔화를 빌려 상대적으로 높은 금리를 제공하는 해외 자산에 투자했다. 이로 인해, 엔화가 대량으로 매도되고 달러 수요가 증가하면서 엔화 가치는 더욱 약세를 보였다. 일본은행은 엔화 가치를 방어하기 위해 최근 세 차례나 금리를 인상했지만, 여전히 엔·달러 환율은 30년 내 최저 수준을 기록하고 있다.

일본 출장을 자주 다녔던 내게 100엔당 1,000원이 익숙한 환율이었다. 한때는 1,000원보다 낮아지면 엔화가 싸다고 생각하고 환전했던 적도 있다. 하지만, 최근 엔화 가치는 급격히 하락해 100엔당 855원까지 떨어졌다. 이러한 추세가 길어지는 것을 보고, 나는 엔·달러 환율의 급락에 따른 환차익을 얻기 위해 일본에 상장된 미국 ETF에 투자하기로 결심했다. 달러 대비 엔화의 환율이 최근 역사적 최저점에서 횡보하고 있는 만큼, 앞으로 환율이 하락하기보다는 상승할 가능성이 더 크다고 본 것이다. 물론, 아무리 환차익이 발생하더라도 투자한 종목 자체가 하락한다면 의미 없는 투자가 된다. 그래서 잘 알지 못하는 일본 개별 종목에 투자하는 대신, S&P500 지수에 투자하기로 했다. 이를 통해 S&P500의 상승 기회와 엔화 환율의 상승 기회를 동시에 잡고자 한 것이다.

2024년 2월부터 환헤지형인 'BRJ iShares S&P500 JPY Hedged (2563)', 환노출형인 'BRJ iShares S&P500(1655)'에 투자하고 있다. 이 두 ETF는 동일하게 S&P500 지수를 추종하지만, 환율 변동에 대한 대응 방식이 다르다. 각 상품이 어떻게 다르고, 어떤 상황에서 더 유리한지 살펴보자.

▎환율의 영향을 받지 않는 환헤지형, 2563 ETF

2563 ETF는 달러와 엔화 간의 환율 변동 영향을 받지 않는 환헤지형 상품이다. 이는 국내 투자자들이 연금펀드를 통해 많이 매수하는 'KODEX 미국S&P500(H)'와 같은 구조를 가진다.

환헤지형 ETF는 달러 대비 엔화 변동에 따른 직접적인 환차익을 기대할 수 없지만, 여전히 엔과 원화 간의 환율 변동에는 영향을 받는다. 따라서 엔저(엔화 약세) 상태에서 매수하면, 이후 엔고(엔화 강세)가 될 경우 상대적으로 가치상승 효과를 얻을 수 있다. 현재 엔화의 약세는 원화보다 더욱 심각한 수준이다. 과거 원·달러 환율이 1,000원에서 1,200원을 거쳐 최근에는 1,400원대가 일반적인 기준으로 자리 잡은 것과 비교하면, 엔화는 원화 대비 50% 이상 더 큰 폭으로 하락하며 급격한 평가절하를 겪고 있다.

최근 5년간 엔화와 원화 모두 달러 대비 가치가 하락하였으며, 엔화는 약 26%, 원화는 약 16% 절하되었다. 엔화의 가치하락 폭이 원화보다 더 큰 상태이며, 2024년에는 역사적으로도 손에 꼽히는 하락 폭을 기록했다.

출처: Google Finance

환헤지형 ETF의 경우 환율 변동에 따른 직접적인 환차익을 노리는 것이 아니라, 거시경제적 관점에서 엔화 가치 회복에 따른 장기적인 수익을 얻기 위해 투자하는 것이다. 투자 성과와는 별개로 엔화 가치가 상승하면 추가적인 보너스를 받는다고 볼 수 있다. 미국과 일본의 기준금리 차이가 최대한 좁혀진 시점이 2563 ETF에 투자하기 가장 좋은 타이밍이 될 것이다. 금리 차 축소가 가시화되는 시점에 매수를 시도해보라.

▎환율의 영향을 받는 환노출형, 1655 ETF

환노출형 ETF는 환율의 영향을 받아 엔화 가치가 하락하는 기간에는 주가가 더 상승하는 경향이 있다. 따라서 엔화 가치가 하락하면서 S&P500 지수가 상승할 때 가장 좋은 성과를 낸다. 반대로 앞서 설명한 2563 환헤지형 ETF는 엔화 가치가 상승하고 S&P500이 상승할 때 가장 좋은 성과를 보인다. 이는 환율 변동의 영향을 제거하고 순수하게 S&P500 지수의 상승분만 반영하기 때문이다.

이처럼 서로 상반된 두 종목에 투자하면서, 엔·달러 환율이 상승할 때는 2563 ETF의 비중을 늘리고, 엔·달러 환율이 하락할 때는 1655 ETF의 비중을 늘리는 방식으로 대응하고 있다. 현재까지는 운 좋게 잘 운용되고 있지만, 원화-엔화-달러 간의 3중 환차손익을 계산해야 하기 때문에 관리가 쉬운 투자법은 아니다.

투자를 시작한 2024년 한 해 동안 엔화 가치는 상당한 하락세를 기록했다. 특히 2024년 7월에는 1986년 12월 이후 약 37년 만에 가장 낮은 수준까지 떨어졌다. 이러한 흐름 속에서 환노출형 ETF인 1655가 더 좋은 성과를 보였다. 1655 ETF는 연초 대비 약 24%의 수익률을 기록했으며, 2563 ETF는 약 15%의 수익률을 보이며, 두 종목 간 10% 이상의 차이가 나타났다. 이는 엔화 약세로 인해 달러 기준의 투자자산 가치가 상승하면서 추가적인 환차익 효과가 더해진 결과다.

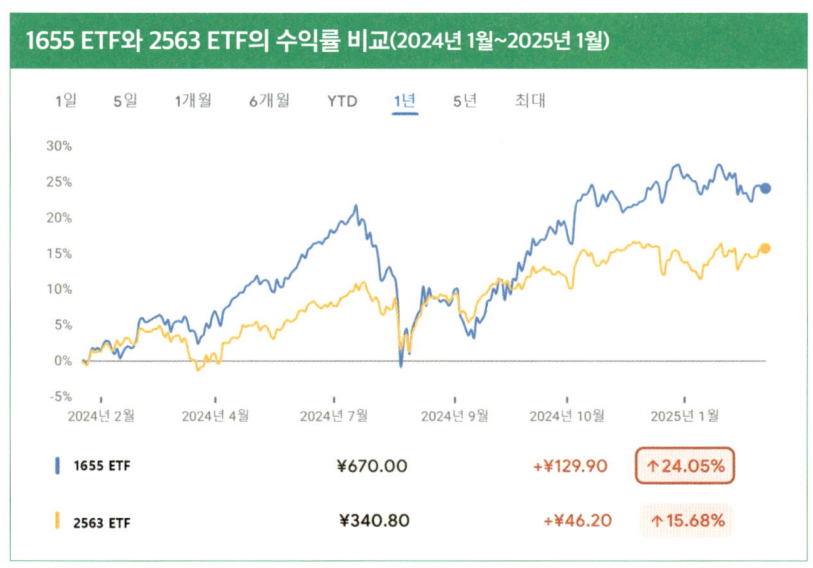

출처: Google Finance

고위험·고수익의 세계, 레버리지 투자 전략

다음으로는 현재 내 S&P500 투자 포트폴리오에서 단일 종목으로 가장 큰 비중을 차지하는 SSO(ProShares Ultra S&P500)에 대해 알아보자. SSO는 S&P500의 2배 레버리지 종목으로, S&P500의 일일 변동률을 2배로 추종하는 ETF다. 레버리지 종목인 만큼 변동성이 크고 위험성이 높은 게 사실이다. 하지만 나는 미국 증시가 저점을 찍었던 2022년에 매수를 시작했기 때문에, 현재 달러 기준 약 43%의 수익률을 기록하며 포트폴리오에서 효자 종목 역할을 하고 있다.

S&P500 지수는 2022년 한 해 동안 약 18% 하락하며 시장가치의 5분의 1이 감소하는 흐름을 보였다. 역사적으로 큰 폭의 하락 이후 반등해온 S&P500의 흐름을 고려할 때, 이러한 상황에서는 레버리지 종목을 공격적으로 매수해 상승을 노리는 것이 좋은 전략이 될 것이라고 봤다.

개인적으로는 투자자산의 20% 정도는 레버리지 투자를 활용해 초과 수익을 노려보는 게 지수 투자의 지루함을 이기는 한 방법이라고 생각한다. 다만 SSO의 운용 수수료가 0.89%로 일반 ETF보다 높은 편이고, 하락장에서는 손실이 2배로 확대된다는 점을 유의해야 한다. 실제로, 2008년 금융위기 당시에는 최대 80%까지 하락한 적도 있었다.

또한 일반적인 ETF의 경우 장기투자 시 손실 가능성이 낮아지는 경향이 있지만, 레버리지 ETF는 장기적으로 보면 기대한 복리수익률만큼 나오지 않기 때문에 예상했던 수익률보다 낮아질 수도 있다. 예를 들어, VOO를 4년간 보유했을 때 원금 손실 가능성이 10% 이하로 수렴되지만, SSO와 같은 레버리지 상품은 장기보유한다고 해서 반드시 동일한 효과를 기대할 수는 없다.

  따라서 레버리지 투자를 할 때는 무조건적인 장기보유보다는 적절한 매수·매도 타이밍을 잡는 것이 더욱 중요하다. 나는 한 달 이내에 고점 대비 5% 이상 하락하는 구간이 발생하면 2배 레버리지 투자를 시작한다. 그리고 한 달 이내에 고점 대비 10% 이상 하락한다면 3배 레버리지 종목을 매수한다. 이 전략이 위험해 보일 수 있지만, 하락 구

출처: Google Finance

간에서 자산 감소를 방어할 수 있는 투자 방법 중 하나다.

단, 이 방법은 시장이 단기적으로 과매도 상태일 때 더욱 효과적으로 작용한다. 이를 판단하기 위해 RSI(상대강도지수), VIX(변동성지수) 등의 지표를 참고하면 도움이 된다. 지금처럼 환율과 증시 흐름이 빠르게 변화하는 시기에는 다양한 전략적 접근을 시도해 수익 극대화를 도모하는 것도 자산을 지키는 방법이 될 수 있다.

S&P500 지수를 투자하면서 느낀 점은 오늘이 제일 싸다는 사실이다. 이 지수는 성과가 떨어지는 기업을 지속적으로 배제시키고, 성과가 좋은 기업을 새롭게 편입시키면서 위험을 피하고 꾸준히 성장하는 구조를 가지고 있다. 마치 살아 있는 생물처럼 말이다. 그리고 이 방법으로 S&P500은 항상 성장할 수 있다.

그렇기 때문에 하락장은 오히려 저렴한 가격에 더 많은 주식을 매수할 수 있는 절호의 기회로 봐야 한다. 경기가 회복되면, 더 큰 투자수익으로 보답할 것이다. 2020년 하락장에서 그랬고, 2022년 하락장에서 증명된 사실이다. 아니, S&P500의 전 역사가 증명하고 있다.

만약 AI 대세 상승장이 멈추고 경기침체가 찾아온다면, 그때가 바로 기회다. 1년 정도 꾸준히 분할 매수를 해보라. 다시 한번 S&P500의 강인한 생명력을 확인하는 순간이 될 것이다. 하락장은 위기가 아니라 오히려 은퇴를 앞당기는 치트키가 되어줄 것이다.

4장

트라이앵글 포트폴리오 II

자산 증가행 급행열차를 태워줄 QQQ

01
압도적 성장 가능성 지닌 괴물 같은 ETF, QQQ

S&P500으로 탄탄하게 투자의 초석을 세웠다면, 이제 자산 증가의 급행열차에 올라탈 차례다. 변동성은 크지만 그만큼 높은 수익률을 기대할 수 있는 강력한 성장형 ETF인 QQQ에 투자해야 하는 이유를 살펴보자. QQQ는 미국 나스닥에 상장된 상위 100개 기업에 투자하는 대표적인 나스닥 상장지수펀드다. 기술주 중심의 포트폴리오를 구성하고 있어 IT 혁신의 흐름을 반영하며, 다른 ETF보다 우수한 연평균 수익률을 기록해왔다. 나의 은퇴 포트폴리오에서도 가장 핵심적인 역할을 하는 ETF이기도 하다.

나는 QQQ에 장기투자할 수만 있다면, 10년 내 700% 성장이 가능하리라고 믿고 있다. 그래서 어떠한 상황에서도 매도하지 않도록 내 모든 투자 전략은 QQQ 포트폴리오를 보호하는 역할을 하도록 설계해두었다. 어떻게 보면, QQQ를 지키기 위해 다른 종목을 투자한다고 봐도 무방하다. 그만큼 QQQ는 장기적으로 압도적인 성장 가능성을 지닌 ETF다.

나스닥이 상승을 이어갈 수밖에 없는 이유

나스닥 지수는 수십 년간 가파른 상승세를 보였다. 물론, 과거 S&P500과 마찬가지로 닷컴버블, 글로벌 금융위기, 코로나 팬데믹과 같은 위기로 인해 하락하거나 정체된 시기도 있었지만, 이후 빠르게 회복하며 꾸준한 성장을 이어갔다. 2024년에는 또다시 역사적 최고점을 경신한 데 이어 12월에는 사상 처음으로 20,000포인트를 돌파했다.

나스닥 지수는 2005년 11월 2,500포인트를 기록한 이후, 2015년 3월 5,000포인트에 도달하는 데 약 9년 3개월이 걸렸다. 하지만 5,000포인트에서 10,000포인트까지 도달하는 데는 불과 5년 3개월밖에 걸리지 않았고, 10,000포인트에서 20,000포인트로 성장하는 데는 약 4년 6개월로 더욱 단축되었다. 지수가 2배로 성장하는 속도가 점점 빨라지고 있으며, 이는 나스닥이 강한 상승 모멘텀을 유지하고 있음을 보여준다.

이처럼 나스닥 지수가 지속적으로 상승할 수 있었던 데에는 여러 요인이 작용했다. 그중에서도 기술혁신, 성장 잠재력, 투자 환경이 핵심적인 역할을 했으며, 이에 대해 자세히 설명하고자 한다.

나스닥 지수는 1985년에 출범한 이후, 첨단기술 기업을 중심으로 성장하며 3차 산업혁명과 함께 발전했다. 특히 1990년대 인터넷 붐과 IT 기업들의 급성장이 맞물리면서, 나스닥은 세계에서 가장 혁신적인 기업들이 모인 대표적인 기술주 지수로 자리 잡았다. 그리고 3차 산업혁명 속에서 태동하고 성장한 기업들은 이제 4차 산업혁명의 핵심 주역을 꿰차며, 인공지능, 빅데이터, 사물인터넷, 로봇공학, 가상현실 등 미래를 이끌어갈 기술혁신을 주도하고 있다.

대표적인 예로, 애플은 아이폰과 아이패드를 통해 모바일 시장을 선도하는 것을 넘어 웨어러블 기기와 증강현실 분야 등에도 다각적으로 투자하고 있다. 구글은 검색엔진에서 시작해 안드로이드 운영체제, 유튜브, 클라우드, 인공지능, 자율주행차 등 다양한 영역으로 사업을 확장했다. 아마존은 전자상거래 플랫폼에 국한되지 않고, 스마트홈, 스트리밍서비스, 인공지능 등 사업을 넓히며 단순 유통업체에서 기술 기업으로 자리 잡았다. 마이크로소프트 역시 클라우드컴퓨팅과 인공지능 기술에 대규모 투자를 단행해 AI 시장을 선점하고 있다.

또한, 기존의 자산이나 인프라 없이도 새로운 시장에서 주도권을 확보한 기업들도 등장했다. 에어비앤비는 부동산을 보유하지 않고도 세계 최대 숙박업체가 되었으며, 우버는 차량 없이 글로벌 운송 네트워크를 구축했다. 이들 기업은 플랫폼 기술을 활용해 수요와 공급을 직접 연결하며, 새로운 비즈니스 모델을 창출했다.

나스닥 기업들의 성장에는 미국 정부의 친기업적인 정책도 긍정적인 영향을 미쳤다. 특히, 코로나19 이후 2022년 인플레이션 위기 당시 미국 정부는 대규모 재정지출 및 완화적 통화정책을 통해 시장 유동성을 확대했다. 이에 따라 나스닥 상장 기업들에 대한 투자가 크게 증가했고, 애플, 마이크로소프트, 아마존, 구글, 엔비디아 등 주요 기술 기업들의 시가총액이 1조 달러를 넘어섰다. 동시에 벤처캐피털 등 위험 자본이 시장에 활발히 유입되면서, 새로운 비즈니스 모델을 가진 스타트업들의 빠른 성장을 촉진했다. 이들 스타트업이 나스닥에 성공적으로 상장하여 지수 상승에 기여하자, 투자자들은 기술주에 대한 낙관적인 전망을 더욱 확신하게 되었다.

물론, 수많은 기업들이 사라질 수도 있고, 오늘날의 급진적인 빅테크 기업들 역시 10년 뒤에 살아남는다는 보장은 없다. 하지만 QQQ 투자자에게는 어떤 기업이 승자가 되든 큰 문제가 되지 않는다. 나스닥100 지수도 끊임없이 성장하는 기업을 포함하고, 도태된 기업을 배제하는 구조를 가지고 있기 때문이다. 아무나 이겨도 내 편이다.

미래 성장의 중심, QQQ에 올라타라

나스닥 지수는 2000년 이후 여러 증시 충격을 받으며 큰 하락을 경험하기도 했다. 특히 S&P500이나 다우 지수 대비 더 큰 폭의 하락을 겪어 자산가치가 전 고점 대비 최대 -80%까지 줄어드는 구간도 있었다.

1990년대 후반, 인터넷 관련 기술주들의 가치가 급등하면서 많은 기업들이 과대평가되었고, 수익성이 검증되지 않은 수많은 스타트업들이 높은 기대감 속에서 상장되었다. 일부 기업은 매출 없이도 시가총액이 천문학적으로 상승하며 '미래의 꿈'만으로 주가가 폭등했던 시절이 있었다. 그러나 2000년 초 닷컴버블이 터지면서, 나스닥 지수는 최고치인 5,048포인트에서 2002년 10월 1,114포인트까지 급락하며 약 78%의 하락 폭을 기록했다. 이는 역사상 가장 극심한 주식시장

닷컴버블 기간, 주요 IT 기업의 주가 하락율

	기업	최고점 (주가, 연도)	최저점 (주가, 연도)	하락율(%)
1	아마존	100달러 (1999년 말)	6달러 (2001년)	94.0%
2	시스코	80달러 (2000년 3월)	10달러 (2002년)	87.5%
3	애플	135달러 (2000년 3월)	14달러 (2002년 말)	89.63%
4	마이크로소프트	58달러 (1999년)	21달러 (2002년)	63.79%

붕괴로 남아 있으며, 투자자의 기대와 실제 기업가치 간 괴리가 얼마나 큰 위험 요인이 될 수 있는지 뼈아프게 보여준 사례다.

당시 나스닥은 급격한 변동성을 겪으며 혹독한 조정 과정을 거쳤다. 이 과정에서 많은 기업이 도태되었지만, 생존한 기업들은 인터넷 인프라 확충, 모바일 기술 발전, 클라우드서비스 등 새로운 시장을 개척하며 강력한 반등을 이루었다. 내실 있는 비즈니스 모델과 장기 성장 전략을 보유한 기업들은 시장의 신뢰를 회복하며 시가총액을 확대해나갔다. 그 결과, QQQ 포트폴리오에서도 자연스럽게 이들 기업의 비중이 증가했다. 즉, QQQ 자체가 적극적으로 재구성된 것이 아니라, 시장에서 살아남은 기업들이 성장하면서 지수 구성 자체가 변화한 결과라고 볼 수 있다.

팬데믹 이후 디지털경제는 더욱 빠르게 성장했고, 저금리 정책과 맞물리며 AI 및 반도체 산업의 발전도 가속화되었다. 하지만 이 흐름은 단순히 팬데믹으로 인해 촉발된 것이 아니라, 이미 준비된 거대한 혁신의 흐름 속에서 자연스럽게 맞이한 변곡점으로 봐야 옳다. 이러한 흐름은 앞으로도 글로벌 경제를 주도할 것이며, 이와 함께 성장하는 QQQ는 자산 증가의 핵심 지수로서 더욱 강력한 영향력을 발휘할 것이다. 나스닥100에 속한 기업들은 끊임없는 혁신을 통해 새로운 성장 동력을 만들어내며, 고수익·고성장이라는 자산 증가의 급행열차를 멈추지 않고 운행할 게 분명하다. 내가 QQQ를 어떠한 상황에서도 매도하지 않고 장기보유하려는 이유가 바로 이것이다.

이 급행열차의 티켓 가격은 시간이 지날수록 오를 것이다. 결국 지금 가격으로는 살 수 없는 날이 올지도 모른다. 그러니 하루빨리 티켓을 끊고 탑승하자.

02
은퇴 극약 처방, QQQ로 은퇴하는 법

▎QQQ 투자, 30년 은퇴 플랜

만약 당신이 남들보다 은퇴 준비가 늦었다고 생각한다면, 지금이라도 실행할 수 있는 은퇴를 위한 극약 처방이 있다. 먼저 QQQ 4주를 매수하라. 현재 QQQ 1주당 가격은 약 520달러(약 75만 원)이며, 단기적인 변동성에도 불구하고 꾸준히 신고가를 경신하고 있다. 그리고 30년간 장기보유하는 것이다. 그럼 30년 뒤에 당신의 은퇴자산은 얼마가 되어 있을까?

나스닥100의 지난 5년 평균수익률인 20%를 대입해 장기투자 성과를 계산해보면, 30년 뒤 QQQ 1주의 예상 가격은 약 1억 6000만 원에 도달할 것으로 추정된다. 그렇다면 1주만 매도해, 최소 3년은 여유롭게 생활할 수 있는 자금이 확보된다. 즉, 지금 당장 QQQ 4주만 매수한다면, 30년 뒤 1주씩 매도하면서 20년 넘게 생활할 수 있는 자금이 마련되는 것이다. 이로써 단 300만 원으로 은퇴 준비가 완성되었다.

이 시스템을 처음 구체화했던 2022년에는 같은 금액을 만드는 데에 QQQ 6주가 필요했다. 그러나 주가가 매년 상승하면서, 2025년 버전에서는 단 4주만 매수해도 파이어가 가능한 구조로 발전했다. 하지만 은퇴자금을 마련했다는 기쁨도 잠시, 30년이라는 투자 기간이 너무 길게 느껴질 수도 있다. 은퇴까지 30년을 기다리기에는 너무 지루하지 않은가? 더 젊었을 때 은퇴해 돈과 시간으로부터 자유로운 삶을 살면 얼마나 좋겠는가? 그렇다면 이제 30년이라는 투자 기간을 줄이는 방법을 찾아보자.

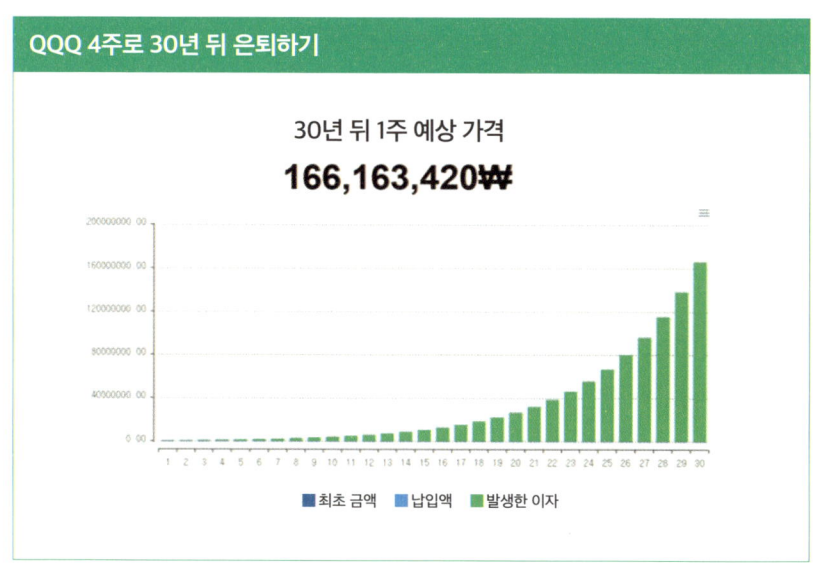

▍QQQ 투자, 20년 은퇴 플랜

나스닥100 지수의 상승을 믿고 기다림의 기간을 30년에서 20년으로 단축하고 싶다면, 지금 당장 QQQ 24주가 필요하다. 이번에도 5년 평균수익률 20%를 적용하면, 20년 뒤 QQQ 1주의 예상 가격은 약 2700만 원이 된다. 매년 2주씩 매도하면 연간 5000만 원 이상의 생활비를 확보할 수 있다. 이렇게 20주를 10년간 사용하면 된다. 연평균 20% 성장률이 지속 유지된다면, 남은 4주는 1주당 약 1억 7000만 원의 가치가 되어 있을 것이다. 즉, QQQ 24주를 매수하는 순간, 20년 후 안정적인 은퇴 생활을 위한 자금이 확보될 뿐만 아니라, 보유하는 동안 자산이 복리로 불어나며 경제적 자유를 지속할 수 있는 구조가 만들어진다. 겨우 1800만 원을 투자해서 말이다.

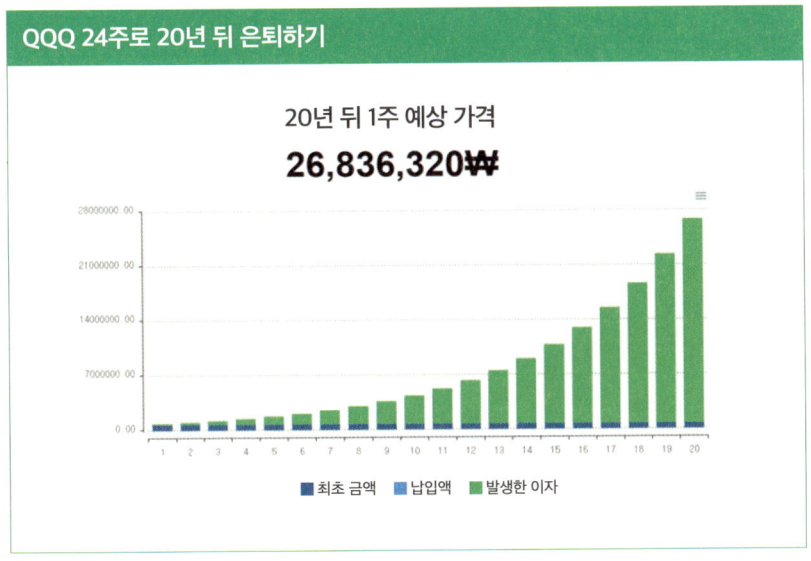

해볼 만하지 않나? 물론 여전히 20년도 너무 길다고 느끼는 사람이 있을 것이다. 그렇다면 20년을, 10년으로 단축시키기 위해서는 얼마나 더 많은 자금이 필요할까? 이제 더 빠르게 파이어를 실현하는 전략을 알아보자.

QQQ 투자, 10년 은퇴 플랜

QQQ 투자로 10년 뒤 경제적 자유에 도달하기 위해 필요한 수량은 144주다. 총 1억 800만 원의 초기 자금이 필요하다. 10년 후, QQQ의 1주당 예상 가격은 약 430만 원으로 증가하게 된다. 그래서 1년 생활비로 약 5000만 원 인출하려면 QQQ 12주가 필요하다는 계산이 나온다. 한 달에 1주씩 매도하면서 생활비를 충당하면 되는 거다. 은퇴 후 첫 10년 동안 120주를 사용하고, 이후 10년 동안은 20주, 그리고 마지막 20년 동안 남은 4주를 활용하면 된다. 이와 같이 QQQ를 매수하고 10년 이상 기다릴 수만 있다면 은퇴 준비는 예상보다 수월해질 수도 있다.

물론 위에서 제시한 은퇴 극약 처방은 나스닥100 지수가 최상의 시나리오로 진행될 경우 가능한 전개다. 계획대로 되지 않을 가능성이 더 큰 전략이다. 하지만 지금 당장 300만 원을 투자하는 것만으로도 30년 뒤 부자로 은퇴할 기회를 손에 쥘 수 있다. 기회 자체가 없는 것과 있는 것은 하늘과 땅 차이다.

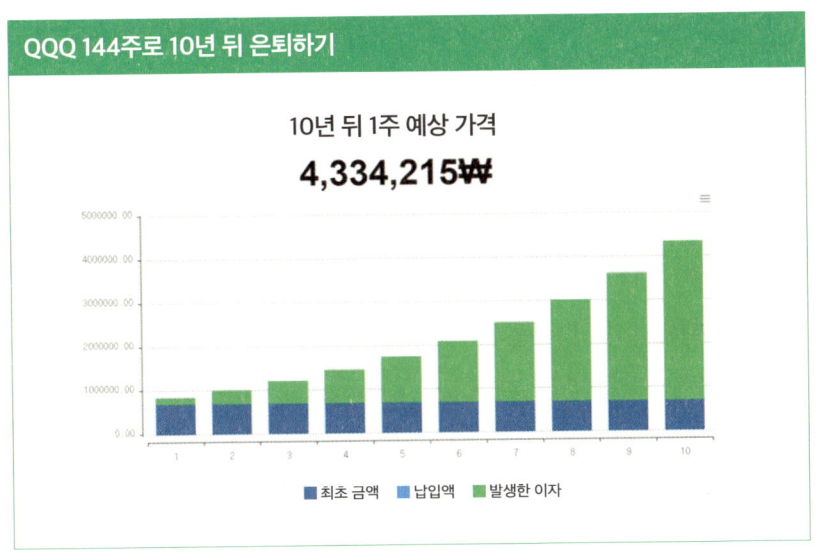

 미국 지수 투자 강의 자료를 만들기 시작했던 3년 전 QQQ의 주가는 약 300달러였다. 당시 원·달러 환율 1,105원을 적용하면 QQQ 1주의 원화 가치는 약 33만 원이었다. 그런데 책을 집필하고 있는 2024년 11월 기준, QQQ의 주가는 약 530달러까지 상승했다. 3년 만에 약 76% 상승한 것이다. 원·달러 환율 1,420원 기준으로 하면 QQQ 1주당 가격은 약 75만 원이다. 원화 기준 수익률을 계산하면 127%가 넘는다.

 불과 3년 만에 1주의 가격이 2배 가까이 증가한 것이다. 그러니 QQQ를 '자산 증가의 급행열차'라고 부를 만하지 않나. 무모한 투자가 아니라 단순히 지수를 추종하는 상대적으로 안전한 투자만으로 이 정도의 수익률을 기록했다는 점이 중요하다. 물론, 단기적인 성과로 미래의 수익률을 단정할 수는 없다. 하지만 나스닥100의 과거 상승률을 감안하면 충분히 기대할 만한 시나리오다.

이 비밀을 알고 있는 당신은 이제 주식계좌에 QQQ 4주가 있다는 것만으로도 든든할 것이다. 그러나 QQQ 4주는 시작일 뿐이다. 성공적인 은퇴로 가는 확률을 더욱 높여보자.

03
나의 QQQ 투자 포트폴리오 대공개

나의 QQQ 포트폴리오는 나스닥100 지수를 추종하는 패시브 ETF와 'M7(Magnificent 7, 미국을 대표하는 7대 빅테크 기업)' 중 일부 개별 종목을 포함한 액티브 투자, 그리고 레버리지 ETF 활용을 적절히 조합하여 장기적인 자산 성장과 공격적인 수익 극대화를 동시에 추구하는 구조를 갖추고 있다.

'2억 원 모으기'를 목표로 투자를 시작하였으며, 초기 투자금 1억 6600만 원에서 약 8500만 원의 수익이 발생하며 현재는 목표를 달성한 상태다. QQQ에 2억 원을 투자해야 하는 이유는 매우 명확하다. 나스닥100 지수의 누적 평균 상승률 14%를 적용하면, 10년 뒤 평가금액은 약 7억 4000만 원이 된다. 최근 5년 평균 상승률 20%를 대입해보면, 최종 금액은 약 12억 3800만 원으로 증가한다. 과거 수익률과 지금의 미국 기술 경쟁력을 고려했을 때, 이러한 성장은 충분히 반복되리라 예상된다. 그래서 나는 QQQ에 투자된 2억 원을 최소 500% 수익률을 달성하기 전까지는 매도할 계획이 없다.

많은 사람들이 미국 주식 투자 시 미래에 발생할 양도소득세를 걱정하는데, 사실 이는 불필요한 우려다. 많이 번 만큼 세금을 내는 것이지, 갑자기 없던 세금이 생겨 손해를 보는 것이 아니기 때문이다. 만약 연봉이 인상되어 소득세가 늘어난다면, 당신은 연봉 인상을 포기하겠는가. 세금이 부담된다면, 세금만큼 더 벌면 된다. 그러니 세금을 이유로 투자를 주저하지 말고, 더 높은 수익을 목표로 투자에 집중하자.

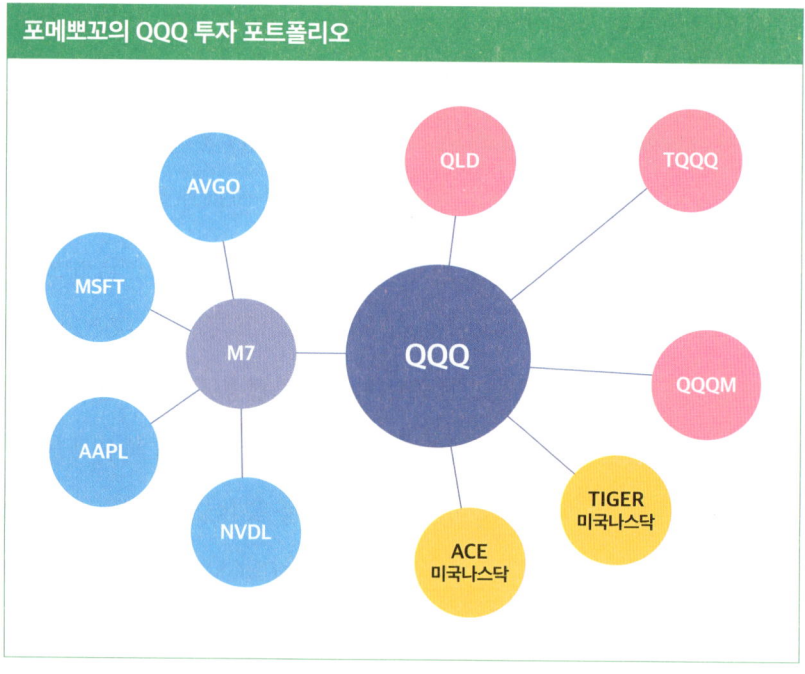

그러면 이제, 내가 직접 운용하는 QQQ 포트폴리오의 구성과 전략에 대해서 구체적으로 살펴볼 차례다.

포메뽀꼬의 QQQ 2억 원 모으기 현황

종목	수량	현재가	평단가	평가금액	손익
TIGER 미국나스닥	120	₩142,485	₩82,702	₩17,098,200	₩7,173,980
ACE 미국나스닥	986	₩24,460	₩20,030	₩24,117,560	₩4,368,060
TIGER 미국테크	525	₩25,240	₩15,629	₩13,251,000	₩5,045,845
KODEX 미국반도체	275	₩25,155	₩15,671	₩6,917,625	₩2,608,135
ACE 미국빅테크	110	₩18,800	₩12,498	₩2,068,000	₩693,220
QQQ	44	US$539.37	US$379.13	US$23,732.28	US$7,050.48
QQQM	64	US$222.09	US$178.81	US$14,213.76	US$2,769.93
SCHG	65	US$28.91	US$28.15	US$1,879.15	US$49.40
QLD	318	US$119.06	US$79.89	US$37,861.08	US$12,455.76
TQQQ	113	US$90.39	US$45.68	US$10,214.07	US$5,051.87
AAPL	96	US$244.47	US$173.71	US$23,576.69	US$6,823.76
MSFT	30	US$409.64	US$349.67	US$12,289.20	US$1,799.12
AVGO	44	US$228.53	US$65.95	US$10,055.32	US$7,153.64
AMZN	4	US$226.65	US$154.85	US$906.60	US$287.20
GOOGL	4	US$183.77	US$135.79	US$735.08	US$191.92
NVDA	21	US$139.40	US$59.13	US$2,927.40	US$1,685.65
직투 합계				US$138,390.63	US$45,318.73
1440원 환율 적용				₩199,282,503	₩65,258,968
연금 합계				₩63,452,385	₩19,889,240
총합(Total)				₩262,734,888	₩85,148,210

▍국내 상장 미국나스닥100 추종 ETF와 테마형 ETF

연금저축계좌에서 현재 투자하고 있는 상품은 'TIGER 미국나스닥100', 'ACE 미국나스닥100', 'TIGER 미국테크TOP10', 'KODEX 미국반도체', 'ACE 미국빅테크' 다섯 가지다.

먼저, 'TIGER 미국나스닥100'과 'ACE 미국나스닥100'을 비교해 보자. 'TIGER 미국나스닥100'은 국내에서 가장 널리 알려진 나스닥100 ETF로, 거래량이 많고 유동성이 풍부하다는 장점이 있다. 하지만, 최근에 운용 수수료가 인하되기 전까지는 총보수가 상대적으로 높은 편이었다. 이에 반해, 'ACE 미국나스닥100'은 총보수가 더 낮아 장기 투자 시 수수료 절감 효과가 클 것이라고 생각했다. 또한, 'TIGER 미국나스닥100'은 1주당 13만 원 이상이지만, 'ACE 미국나스닥100'은

KODEX vs ACE vs TIGER 미국나스닥100 ETF 비교(2025년 2월 기준)

	KODEX (삼성)	ACE (한투)	TIGER (미래에셋)
운용사	삼성	한투	미래에셋
시가총액	20,292억	13,944억	46,417억
상장일	21.04.09	20.10.29	10.10.18
총보수율	0.0062%	0.0070%	0.0068%
1년 수익률	19.62%	19.43%	19.42%
3년 수익률	19.99%	19.82%	19.79%

23,000원대라 소액 투자 접근성이 더 뛰어나다. 그래서 내 QQQ 포트폴리오에서 가장 많은 수량을 보유한 종목이다. 그런데 2025년 2월, 삼성자산운용과 미래에셋자산운용 간 운용 수수료 인하 경쟁이 시작되면서 'TIGER 미국나스닥100'의 실부담비용율이 더 낮아지게 됐다. 같은 지수를 추종하는 ETF라면 수수료뿐 아니라 수익률도 잘 확인하고 투자해야겠다.

이와 함께 'TIGER 미국테크TOP10'도 연금저축 포트폴리오에 포함되어 있다. 이 ETF는 나스닥100보다 더욱 압축된 포트폴리오를 갖추고 있어 상위 10개 종목에만 투자한다. 즉, 나스닥100 ETF보다 더 높은 성장 가능성을 기대할 수 있지만, 변동성이 클 수 있는 상품이다.

'KODEX 미국반도체'는 나스닥100과 별개로 반도체 섹터의 성장을 반영하기 위해 편입했다. 엔비디아, AMD, 브로드컴, ASML 등 글로벌 반도체 기업들이 주요 구성 종목으로 포함되어 있다. 반도체는 데이터처리와 컴퓨팅 성능 향상이 필수적인 산업에서 핵심적인 역할을 하므로, 장기적으로 지속 성장할 것이라는 확신을 바탕으로 장기 보유하고 있는 종목 중 하나다.

마지막으로, 'ACE 미국테크TOP7 Plus'는 이름 그대로 미국 대형 기술주(빅테크)에 집중 투자하는 상품이다. 7개의 핵심 기업에 초점을 맞춘 ETF지만 개별 종목을 직접 투자하는 것보다 리스크가 적은 전략적 상품이다.

이들 테마형 ETF에 꾸준히 투자한 결과, 5개 종목의 평균수익률이

55%를 초과하는 우수한 성과를 보였다. 즉, 나스닥100 지수를 기반으로 투자하면서 수익률을 더 높이기 위해 서포트 종목을 한두 개 정도 편입한 게 유효하게 작용한 것이다. 최근 1년 동안의 수익률을 기준으로 보면, ACE 미국빅테크TOP7 Plus > TIGER 미국테크TOP10 > KODEX 미국반도체 > TIGER 미국나스닥100 순으로 나타났다. 하지만 이러한 결과가 특정 ETF의 절대적인 우위를 의미하는 것은 아니다. 최근 1년간 미국 증시는 특정 종목에 대한 쏠림 현상이 극심했기 때문에, 향후에는 반대의 결과가 나올 수도 있다.

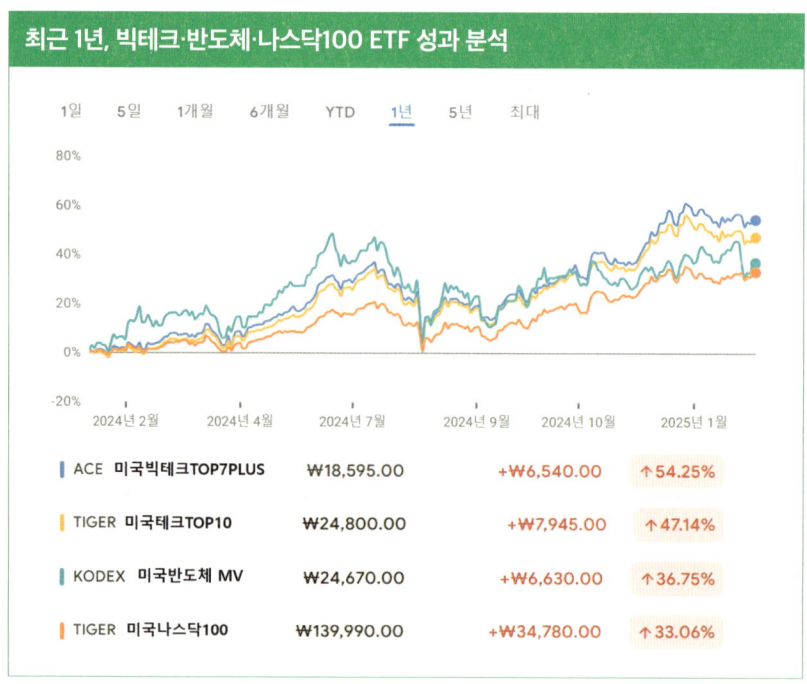

출처: Google Finance

나스닥100 지수에 무게 중심을 두되, 특정 섹터의 성장성을 활용할 수 있는 테마형 ETF를 적절히 포함하라. 이를 통해 시장 평균 이상의 성과가 기대되는 장기투자 포트폴리오를 구성할 수 있을 것이다.

최근 세법 개정으로 인해 'KODEX 미국S&P500 TR'과 'KODEX 미국나스닥100 TR' 상품이 역사 속으로 사라지게 되었다. 'TR'은 'Total Return'의 약자로, 배당금을 자동으로 재투자해주는 구조를 일컫는다. 이 구조 덕분에 일반적인 'PR(Price Return, 가격 수익 방식)' 상품보다 수익률이 소폭 더 높게 나왔던 상품이었다.

재밌는 현상은 'TR' 상품이 사라진 후, 국내 ETF 시장의 1위 운용사인 삼성자산운용과 2위인 미래에셋자산운용 간의 수수료 인하 경쟁이 본격화되었다는 것이다. 가장 먼저 삼성자산운용이 ETF 시장 1위를 지키기 위해 운용 보수를 0.0099%까지 인하했다. 그러자 미래에셋자산운용에서 반격에 나서며 S&P500과 나스닥100 ETF의 운용 보수를 0.0068%까지 낮췄다. 이에 삼성자산운용이 다시 한번 맞불을 놓으며 0.0062%로 추가 인하하여, 현재 1억 원을 투자할 경우 연간 운용 수수료가 단 6,200원 수준이 되었다. 사실상 거의 무료에 가까운 수준까지 인하된 것이다. 개인 투자자의 입장에서 환영할 만한 변화다.

ETF 운용사 간의 치열한 경쟁 덕분에 개인 투자자들에게 유리한 환경이 조성되고 있다. 운용사들이 앞으로도 수수료를 낮춘다면 우리는 최소한의 비용으로 최대한의 수익을 추구하기 위해 수수료가 가장 낮은 상품을 적극적으로 채택하면 된다.

하지만 그렇다고 해서 기존에 보유한 ETF를 매도하면서까지 낮은 수수료의 ETF로 갈아탈 필요는 없다. 이는 결코 추천하지 않는다. 현재 1위와 2위의 자산운용사 간 운용보수 차이는 1억 원 투자 기준으로 연간 600원에 불과하다. 기존 ETF를 매도하는 과정에서 발생하는 세금과 수수료의 손실이 10년 치 운용 보수를 초과할 수도 있다. 그러니 추가 매수하는 자금에 대해서만 수수료를 쫓아가는 매수를 하자.

▎미국 상장 나스닥100 추종 ETF

미국 나스닥100 지수를 추종하는 ETF 중, 내가 직접 투자하고 있는 종목은 QQQ, QQQM, 그리고 기초 지수를 2배·3배 추종하는 레버리지 ETF인 QLD(ProShares Ultra QQQ), TQQQ(ProShares UltraPro QQQ)다. 특히 'QQQ 2억 원 모으기' 포트폴리오에서 48%의 비중을 차지할 정도로 강한 신뢰를 가지고 있으며, 지속적으로 투자 비중을 확대하고 있는 핵심 자산이다.

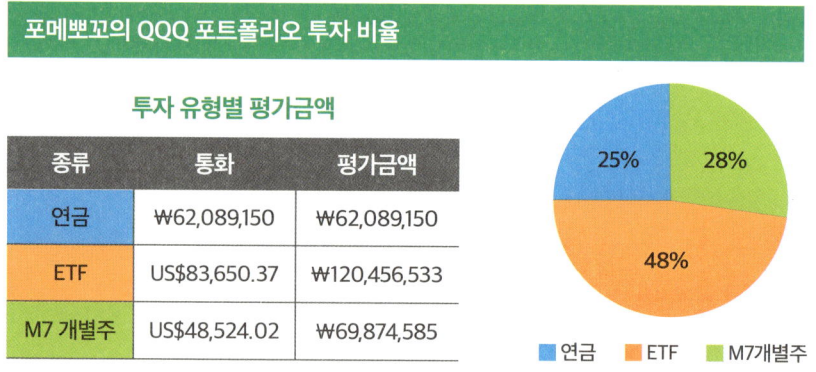

현재 글로벌 ETF 시장에서 시가총액 기준 다섯 번째로 규모가 큰 QQQ는 그동안 월등한 성과를 내며 성장성을 입증해왔다. 하지만 경쟁 ETF 대비 총비용율이 높은 편이라는 치명적인 단점이 있는 ETF이기도 하다. 총비용율이 높은 이유는 운용사인 인베스코가 나스닥100 지수를 추종하는 ETF의 독점권을 나스닥으로부터 부여받아, 그 대가로 높은 수수료를 지불하고 있기 때문이다.

인베스코는 이러한 단점을 보완하기 위해 2020년 새로운 대안을 내놓았다. 바로 QQQM이다. QQQM은 QQQ와 동일한 기초 지수를 추종하지만, 총비용율을 0.20%에서 0.15%로 낮춘 버전이다. 예를 들어, 1억 원을 투자할 경우, QQQ에서는 연간 약 20만 원의 운용 수수료가 발생하지만, QQQM에서는 약 15만 원의 운용 수수료가 부과된다. 얼핏 보면 작은 차이처럼 보이지만, 장기투자에서 이 0.05% 차이는 족히 복리 효과를 극대화하거나 갉아먹는 요소로 작용할 수 있다. 또, QQQM은 1주당 가격이 QQQ의 절반 수준이라 소액 투자자

QQQ ETF 운영 수수료 비교

항목	QQQ	QQQM	QLD	TQQQ
운용사	인베스코	인베스코	프로셰어즈	프로셰어즈
상장일	1999년 3월 10일	2020년 10월 13일	2006년 6월 19일	2010년 2월 9일
총보수	0.20%	0.15%	0.97%	0.97%

들에게 더욱 접근성이 용이하다. 투자금이 많지 않은 투자자라면 부담 없이 매수할 수 있어, 적합한 대안이 될 수 있다.

따라서 신규 투자자라면, 더 낮은 총보수와 장기적인 복리 효과를 고려해 QQQM을 선택하는 것이 유리하다. 동일한 지수를 추종해 수익률 차이가 사실상 존재하지 않는다면 당연히 비용 효율성을 따지는 것이 합리적이다.

M7 개별종목 투자와 레버리지 ETF 투자법

M7이라는 용어는 '매그니피센트 7(Magnificent 7)'의 약자로, 미국 증시에서 주요한 7개의 대형 기술 기업을 지칭한다. 애플, 마이크로소프트, 알파벳, 아마존, 엔비디아, 테슬라, 메타가 여기에 속한다. 이들 기업은 인공지능, 클라우드컴퓨팅, 전기차 등 첨단기술 산업을 주도하며, 미국 증시 상승의 핵심 동력으로 자리 잡고 있다. 이런 이유로 M7이라는 명칭이 붙여졌다.

최근에는 브로드컴(Broadcom)을 추가해 'BATMMAAN'이라는 새로운 용어도 등장했다. 이는 브로드컴(B), 애플(A), 테슬라(T), 마이크로소프트(M), 메타(M), 아마존(A), 알파벳(A), 엔비디아(N)의 앞 글자를 조합한 것으로, 미국 증시를 이끄는 8대 기술 기업을 통칭한다. 이러한 용어의 등장은 특정 기업들이 시장을 주도하는 흐름을 보여줄 뿐 아니라, 투자자들이 이 기업들에 얼마나 주목하는지를 드러내는 간접적인 지표가 되기도 한다.

나는 QQQ 포트폴리오 내에서 애플, 마이크로소프트, 브로드컴 개별주에 투자하고 있다. 장기적인 관점에서는 지수 투자가 확실한 정답이지만, 중단기적인 전략에서는 이 세 종목이 시장 변동성 속에서도 비교적 안정적인 성과를 낼 수 있다고 판단했기 때문이다. 하지만 개별주 투자는 포트폴리오에서 전체 28% 비중을 유지하며, 최대 30%를 넘지 않도록 철저히 관리하고 있다.

마지막으로 레버리지 투자는 S&P500과 동일한 원칙에 따라 매수하고 있다. 단기적으로(한 달 이내) 나스닥100 지수가 고점 대비 -5% 이상 하락하면, 1배수 ETF(QQQ) 매수를 멈추고 2배수 ETF인 QLD를 매수한다. 그리고 하락 폭이 고점 대비 -10%를 넘어가면 2배수 ETF 매수를 멈추고, 3배수 레버리지인 TQQQ로 전환한다. 이는 하락이 가파를수록 반등 또한 강하게 나온다는 과거 데이터를 토대로 한 전략이다. 하지만 레버리지 투자도 M7 투자 전략처럼 위험을 통제할 수 있도록 비율을 조절하는 것을 간과해서는 안 된다.

04
투자수익 재투자로 자산 늘리는 필승 전략

이번 챕터에서는 내가 실제로 5년 넘게 운영하며 나름대로 수익률이 검증된 필승 투자 방법을 소개하려 한다. 바로 투자 수익금을 별도로 관리하는 통장 쪼개기 전략이다. 금융소득을 따로 떼어 운용하면서 보다 공격적인 재테크에 활용하는 방식이다.

▎투자 수익금 통장 운용 방법

1. 은행 예금이자, 배당금, 주식 매도 수익 등 나의 노동력이 들어가지 않고 발생한 금융소득을 한데 모을 전용 통장을 만든다.
2. 근로소득으로 발생한 수익은 안전자산에 투자하고, 수익금 통장에 모인 금융소득은 보다 공격적인 재테크에 활용하는 것이 이 투자의 키포인트다.

3. 금융소득이 일정 금액(100만 원) 단위로 모일 때까지 토스, K뱅크 등 이율 좋은 파킹통장을 활용해 꾸준히 쌓는다.
4. 100만 원이 모이면 기존 투자 계좌와 완전히 분리된 새로운 증권계좌를 개설해 이체한다.
5. 다른 계좌와 헷갈리지 않도록 새로운 증권계좌의 이름을 '수익금 통장 100만 원'으로 설정한다. 그리고 추가 입금할 때마다 통장 별명을 업데이트하여 관리한다.
6. 금융소득으로 형성된 자산이니까, 100% 손실이 발생하더라도 일상생활에 아무런 타격을 주지 않는다는 사실을 투자 전제로 세운다.
7. 수익금 통장에 모인 자금은 QQQ, QLD 등 성장성이 높은 ETF에 투자한다.
8. 다음 100만 원이 모일 때까지 해당 투자금을 그대로 방치한다. 일정 시간이 소요되므로 자연스럽게 적립식 분할 투자가 진행되어 분산 효과가 생긴다.
9. 1번부터 다시 반복하며 금융소득을 활용한 공격적 투자를 지속한다.

이 방법의 장점은 일정 금액이 모일 때마다 공격적 투자를 하면서도, 근로소득으로 모은 안전자산과는 별도로 관리할 수 있다는 점이다. 또, 시장이 급락하더라도 생활에 영향을 미치지 않는 자금이기 때문에 심리적으로 안정적인 투자가 가능하다. 이를 통해 자연스럽게 보다 높은 수익을 실현할 수 있는 주머니 하나를 추가로 얻을 수 있다.

▎수익금 통장 1호 성적 : 수익률 40%

84,468,451원
16,514,176원 | 24.51%

예수금	587,249원
매입금액	67,367,026원
평가금액	83,881,202원
출금가능금액	32,696원

거래내역　　　이체　　　채우기

2024년 6월 24일 기준, 1호 통장에 누적 입금된 투자 수익금은 약 6700만 원이다. 그리고 2020년과 2022년의 폭락장, 그리고 그 이후 상승장을 모두 경험하며 4년 넘게 꾸준히 운영한 결과 현재 평가금액은 약 8446만 원까지 성장했다. 나름 전통과 역사를 가진(?) 통장이다. 현재 100% 미국 주식으로 구성된 포트폴리오를 보유 중이며, 순자산 대비 투자수익률은 약 40%에 달한다. (24%는 주식 배당금이 투자 원금으로 계산되어 표기된 수익률이다.)

코로나 폭락장 당시 큰 마이너스 손실을 경험하기도 했지만, 결국 시간이 지나면서 자산의 규모가 꾸준히 성장했다. 지금은 계좌 내 수익금이 충분히 커져 추가 입금 없이도 자산이 자연스럽게 굴러가는 수준이 되었다. 이제 우리 부부는 해당 계좌를 그대로 두고, 새로운 '수익금 통장 2호 계좌'로 넘어간 상태다.

▎수익금 통장 2호 성적 : 수익률 -8.2%

현재 2호 통장의 누적 입금 금액은 약 1475만 원이며, 맥쿼리인프라 50%, 삼성전자 50% 비중으로 구성된 계좌다. 초기 목표는 연간 배당금 300만 원을 만들어내는 계좌로 성장시키는 것이었지만, 약 2년

간 운영한 결과 국내 주식의 부진한 성과로 인해 운용을 중단하게 되었다. 이제는 더 이상의 추가 투자 없이, 발생하는 배당금으로만 추가 매수를 진행하는 계좌로 전환되었다. 국내 개별주 중에서 제법 안전하고 신뢰할 수 있는 종목을 선택했다고 생각했는데, 결과적으로는 철저하게 실패한 투자가 되고 말았다.

미국 주식시장과 달리 국내 주식시장은 장기적인 성장 동력이 부족하다는 점을 간과했다. 투자는 종목이 아니라 시장을 보고 결정해야 한다는 원칙을 다시 한번 되새기는 계기를 준 계좌다. 이 투자에서 얻은 교훈은 미국 주식은 '세금'을 내지만 국내 주식은 '원금'을 내게 된다는 것이었다.

수익금 통장 3호 성적 : 수익률 37%

모든 시행착오 끝에 완성된 수익금 통장 3호는 오직 레버리지 투자만 진행하는 계좌다. 2호 통장 운영을 중단한 후 새롭게 개설해 운영 기간은 아직 짧다. 이 통장은 레버리지 ETF의 특성상 오를 때도 화끈하고, 내릴 때도 화끈한 변동성을 보이는 특징이 있다. 1호 통장이 장기적인 복리 효과로 안정적으로 운용되는 만큼, 3호 통장은 레버리지를 적극적으로 활용해 몸집을 불려볼 계획이다.

종목명	평가손익 / 수익률	잔고 / 평가금액	매입가 / 현재가
	순자산 5,702,606원	손익 1,535,430원	수익률 37.21%
ProShares ULTRA S&P500 2X ETF	231,101 / 19.11%	10 / 1,439,857	86.07 / 99.72
ProShares Ultra QQQ ETF	1,117,098 / 48.12%	20 / 3,438,214	86.96 / 119.06
ProShares UltraPro QQQ ETF	187,231 / 31.42%	6 / 783,084	69.61 / 90.39
USD	0 / 0.00%	28.58 / 41,266	0 / 1,443.90

시장 예측 투자 vs 소수점 자동 투자

지금까지 수익금 통장을 운용하면서 공격적인 투자 전략보다 우수한 수익률을 보이는 전략이 있다는 것을 발견하게 되었다. 바로 소수점 자동 투자다. 소수점 투자의 원조는 한국투자증권의 '미니스탁'으로, 국내 최초로 소수점 투자 방식을 도입한 플랫폼이다. 이 시스템을 통해 비싼 주식을 1주 단위가 아닌 최소 1,000원 단위로 투자할 수 있게 되었다.

소수점 투자는 개별 투자자의 소수점 주문을 취합한 후, 부족한 소수점 부분을 운용사가 메워 1주 단위로 매수하는 방식이다. 이후 매수된 종목의 지분을 다시 소수점 투자자들에게 배분하는 구조로 운영된다. 이러한 구조로 인해 소수점 투자는 실시간 매매가 불가능하며, 주문 체결까지 시간이 소요된다. 또한, 운용사는 매수 체결 확률을 높이기 위해 실거래가보다 높은 호가로 매수하는 전략을 취한다. 호가 차이로 인해 주문이 체결되지 않는 것을 방지하기 위한 조치다. 하지만 이러한 방식은 투자자에게 단기적으로 불리하게 작용할 수도 있다. 항상 높은 가격에서 매수되는 구조이므로, 단기적인 수익률을 고려하면 결코 유리한 투자 방식이 아니다.

소수점 투자는 단기적으로 보면 비효율적일 수 있지만, 장기적으로 지속하면 전혀 다른 결과를 만들어낸다. 나는 코로나 팬데믹 시기였던 2020년, 미니스탁이 처음 도입되었을 때부터 소수점 투자를 시작했다. 그리고 현재까지 4년 동안 운영한 이 계좌의 수익률은 무려 60%를 넘는다. 놀랍게도, 이 계좌는 내가 보유하고 있는 어떤 투자 계좌보다 높은 수익률을 기록하고 있다.

사실, 미니스탁 계좌의 성과가 우연인지 검증하기 위해 추가로 테스트를 해보았다. 토스증권에서 S&P500 및 나스닥100 지수를 추종하는 ETF를 무한 매수하는 설정을 걸어두었다. 그리고 미래에셋증권의 '주식 모으기' 기능을 활용해, '1등주 모으기', '시가총액 TOP5 모으기' 등 계좌별로 컨셉을 달리해 소수점 투자를 운영해보았다. 결과는 매우 놀라웠다. 2년째 운영 중인 토스증권 계좌의 수익률은 48%, 1년째 운영 중인 미래에셋증권 계좌의 수익률은 27%다.

2024년 S&P500의 연평균 수익률 24%와 비교해보면, 인간의 감정을 배제한 기계적인 적립식 투자가 얼마나 강력한 성과를 내는지 실감이 될 것이다.

✓ **포메뽀꼬의 자동 투자 계좌**

- **미니스탁** → M7 빅테크 개별주 중심으로 매일 2만 원 매수
- **토스증권** → QQQM, SPLG, SCHD를 매일 4만 원 매수
- **미래에셋증권** → QLD, SSO, VTI를 매일 2만 원 매수

결국, 투자에서 중요한 것은 얼마나 정교하게 매매 타이밍을 맞추느냐가 아니라, 얼마나 꾸준히 그리고 흔들리지 않고 투자하느냐에 달린 게 아닐까 싶다.

05
은퇴 시점과 시장 고점이 맞아떨어지지 않는다면?

몇 해 전, 엄청난 스톡옵션과 연봉을 받고 본부장으로 새로 부임한 임원이 있었다. 내가 속한 부서의 직속 임원이었다. 회사에서 중요한 의사결정이 필요한 회의가 있을 때마다 제품의 콘셉트를 브리핑하는 역할을 맡아왔던 나는 그동안 배경지식이 없는 임원들을 설득하는 게 쉽지 않다는 것을 매번 겪어왔다. 자료가 너무 어려우면 "논문 발표하냐"라며 핀잔을 들었고, 너무 쉽게 설명하면 "다 아는 내용은 빼라"라는 지적을 받았다. 이번만큼은 그러지 않겠지 하는 기대가 컸는데, 그 본부장은 법인카드로 술 마시는 것 외에는 특별한 능력이 없었다. 실무에 대한 이해도도 낮고, 임원으로서 의사결정도 제대로 하지 못했다. 결국 2년 만에 모든 능력이 탄로나면서 회사를 불명예스럽게 떠나게 되었다. 그러나 지금 생각하면 그에게 감사해야 할지도 모르겠다.

회사가 직원을 끝까지 책임져주지 않는다는 것을 깨닫게 해준 사람이었기 때문이다.

아직도 많은 직장인들이 자신의 자리에서 최선을 다하며 인생을 갈아넣고 있다. 하기 싫은 야근을 하느라 가족과의 약속을 깨면서까지 회사가 우선인 삶을 강요받고 있다. 하지만 회사는 직원을 평생 책임져주지 않는다. 시간이 지날수록 더 젊고 유능한 후배들이 들어오고, 나의 체력과 경쟁력은 점점 떨어진다. 그렇게 우리는 자연스럽게 밀려나게 된다. 하지만 준비가 되어 있지 않아 그 순간을 늦추기 위해 자존심이 상해도 버티며 참고 있는 것이 우리 직장인의 현실이 아닐까.

그래서 나는 천천히 금융소득이 근로소득을 앞지를 수 있도록 준비를 시작했다. 매일 아침 출근길에 2시간씩 경제 공부를 하고 직접 투자를 하면서 경험을 쌓았다. 모든 금융자산을 한꺼번에 투자하는 것이 아니라, 조금씩 투자 시드를 늘려가며 투자 경험과 규모를 넓혀갔다. 당연히 시행착오도 있었다. 이론상 알고 있는 것과 내 돈이 직접 투자된 현실은 분명 달랐다. 배당소득을 높이기 위해 초고배당주에 투자했다가 배당금보다 원금 손실이 더 커져 손절을 해보기도 했고, 코로나 폭락장에서 -30% 손실을 경험하기도 했다. 그러나 나는 '지수는 우상향한다'는 원칙을 믿었고, 그 신념을 바탕으로 꾸준히 적립식 투자를 지속했다. 그리고 여기까지 왔다.

그러나 문제는 나의 은퇴 시점과 시장의 고점이 정확히 맞아떨어지지 않을 수도 있다는 것이다. 만약 은퇴 직전에 전 세계적인 불경기가 찾아온다면? 큰 폭의 하락장이 겹친다면? 그때 나는 어떻게 대처해야 할까?

월가의 전설적인 투자자인 피터 린치는 이렇게 말했다. "하락은 언제나 일어나며, 정확히 언제 발생할지는 아무도 알 수 없다. 하지만 뛰어난 기업의 주식을 보유하고 있다면, 결국 시간은 투자자의 편이 될 것이다." 그러나 이 조언은 충분한 시간이 있을 때에만 유효하다.

과거 사례를 살펴보자. 닷컴버블 이후 나스닥100 지수는 15년이 지나서야 회복했다. 글로벌 금융위기 이후 S&P500 지수가 본격적인 상승세를 되찾는 데 5년이 걸렸다. 즉, 시간이 충분한 2030세대 투자자는 적립식 투자(코스트 에버리징)의 힘을 활용해 어떤 폭락장이 오더라도 충분히 회복할 수 있다.

하지만 자금을 인출해야 하는 시기가 정해져 있는 4050세대 투자자는 대규모 하락장이 온다면 회복할 시간이 부족하다. 안타깝게도 시간은 젊은 투자자들에게나 최고의 무기인 것이다. 앞으로 몇 년 동안 시장에 머물 수 있는지가 미래 수익률을 결정하는 가장 중요한 요소이기 때문이다.

패시브 ETF가 장기적으로 우상향한다는 사실만 믿고, 아무런 대비 없이 속수무책으로 변동성에 노출되는 것은 위험하다. 지금까지 분할매수를 통해 단기적 변동성에 대응해왔지만, 4050세대 투자자에게는 이보다 더 강력한 무기가 필요하다. S&P500이나 QQQ의 투자수익률이 기대에 미치지 못하더라도 은퇴자금을 인출하지 않고 생활할 수 있는 방법을 만드는 것이다. 바로 배당금 주머니를 차는 거다.

    배당금이 꾸준히 들어온다면, 주식시장이 하락해도 주식 매도를 최소화하면서 생활할 수 있는 구조를 만들 수 있다. 이 장을 시작할 때 나의 포트폴리오는 어떠한 상황에서도 QQQ를 절대 매도하지 않는 전략으로 구축되었다는 말을 한 바 있다. 그 전략이기도 하다. 이제 단 3개의 ETF 중 마지막, 바로 지수를 활용한 배당주 투자에 대해서 알아볼 차례다. 어떠한 상황에서도 보루가 되어줄, 제2의 월급을 만들어 보자.

5장

트라이앵글 포트폴리오 Ⅲ

긴 인생의 보루가 되어줄
제2의 월급 만들기,
SCHD

01
열심히 주식투자를 했지만 맞이할 수 있는 미래

직장을 선택할 때, 인센티브 제도는 중요한 고려 요소 중 하나다. 내가 다녔던 삼성동에 위치한 C기업은 매년 상하반기에 업무 성과급을 지급했다. 성과급은 평균적으로 기본급의 100~200% 수준이었으며, 성과가 좋을 때는 반기마다 1000만 원이 넘는 인센티브가 들어오기도 했다.

그러나 2018년부터 C기업의 영업이익은 감소하기 시작했다. 직원들의 업무 방식은 이전과 다르지 않았지만, 경쟁사 대비 제품 경쟁력이 부족하다는 평가가 나오면서 매출이 점차 감소했다. 그러자 회사는 가장 먼저 비용 절감을 위해 법인카드 사용을 제한했고, 사내 복지 제도를 하나씩 축소해나갔다. 하지만 이러한 조치에도 불구하고 C기업의 영업이익은 좀처럼 회복되지 않았다. 결국, 회사는 마케팅 비용과 R&D 예산까지 삭감하기에 이르렀다. 그리고 그해 연말, 연봉 동결이 발표되었다.

이때부터 눈치 빠른 직원들의 이직이 시작되었다. 매달 퇴사 인사를 전하는 메일이 두세 통씩 날아왔다. 그래도 내년에는 상황이 나아질 것이라는 희망으로 버텼지만 적자는 3년째 지속되었다. 당연히 연봉도 오르지 않았다. 물가인상률을 고려하면 3년간 연봉이 실질적으로 최소 10% 감소한 것이나 다름이 없었다. 그사이 10년 넘게 함께 근무했던 동료 중 절반이 이직했고, 그 자리는 새로운 직원들로 채워졌다.

그러던 어느 날, 회사는 매출 감소를 더는 감당하지 못하고, 구조조정을 발표했다. 대상은 연봉이 높은 고연차 직원들이었다. 친하게 지내던 소프트웨어 개발팀의 A선배도 명단에 올랐다. A선배는 나보다 주식투자에 더 열정적인 사람이었다. 2008년 이후 미국 증시가 꾸준한 상승세를 보인 덕분에, A선배의 투자 수익금은 이미 월급보다 많아진 상태였다. 그는 예상보다 조금 이른 퇴직이지만, 오랫동안 준비해온 만큼 충분히 감당할 수 있으리라고 믿고 명예퇴직을 결심했다.

그런데 퇴직을 한 지 얼마 지나지 않아 예상치 못한 일이 벌어졌다. 코로나 사태가 발생한 것이다. 단 한 달 만에 S&P500 지수가 약 30% 이상 폭락했고, 바닥이 어디인지 모를 정도로 끝없는 하락이 이어졌다. 근로소득이 없는 A선배에게 이 상황은 더욱 치명적이었다. 월급이 있었다면 물타기를 하며 버틸 수 있었을 텐데, 은퇴를 한 선배는

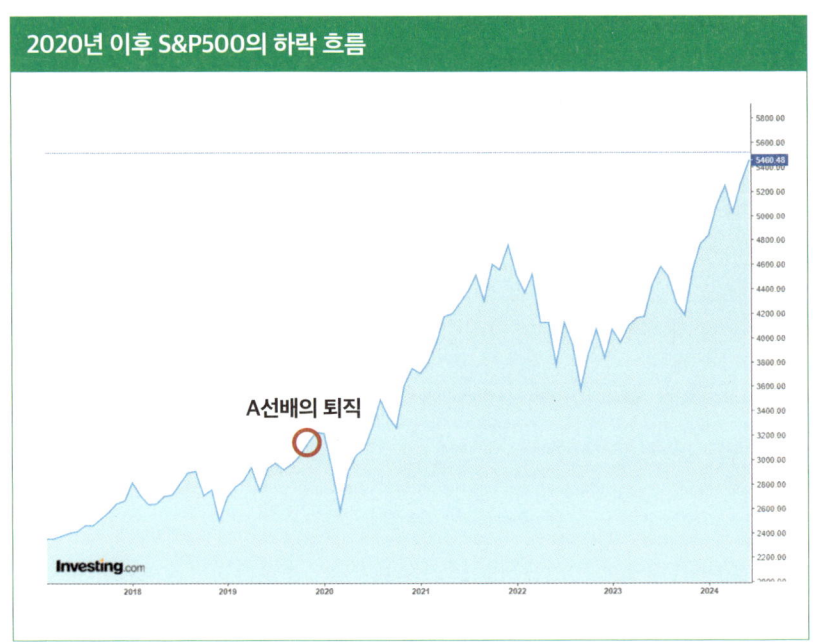

출처: Inveting.com

그럴 여력이 없었다. 갑작스러운 증시 붕괴는 그의 재정 계획을 송두리째 흔들었다. 그는 더 큰 손실을 피하기 위해 은퇴자금을 보다 안전한 자산으로 옮기기로 마음먹었다. 30% 이상의 손실을 보았지만, 더 큰 손실을 입는 것보다는 낫다고 생각했다.

낮은 확률이지만, A선배처럼 은퇴 시점과 대폭락 시점이 맞아떨어질 가능성은 얼마든지 존재한다. 그 순간이 내게 닥친다면, 나 역시 공포감을 이기지 못하고 잘못된 선택을 할지도 모른다. 그렇기 때문에 시장이 폭락하는 순간에도 주식을 팔지 않고 버틸 수 있는 안전장치가 필요하다. 만약 A선배가 이러한 안전장치를 마련해두어 폭락장에서 S&P500 ETF를 매도하지 않았다면, 그의 자산은 지금쯤 어떻게 되었을까? 적어도 2배 이상 증가했을 것이다. 그렇다면 이 안전장치는 무엇이고, 어떻게 마련해야 할까? 바로 배당투자로 원활한 현금흐름을 만들어두는 것이다.

배당금이라는 제2의 월급이 꾸준히 들어오면 폭락장에서 주식을 매도하지 않고 충분히 버틸 수 있다. 또, 하락장에서 배당금을 재투자해 자산의 회복을 앞당기는 강력한 무기로 삼을 수도 있다. 물론, 하락장에서 투자를 지속하는 것은 밑 빠진 독에 물 붓기처럼 느껴질 수도 있다. 나 역시 2022년 하락장에서 느꼈던 공포감이 그러했다.

하지만 배당투자의 목적이 자산 증식만큼이나 경제적 안전망 구축에 있음을 상기하며, 꾸준히 주식 수량을 늘려갔다. 노아의 방주를 만든다는 마음으로 말이다. 월 300만 원 이상의 배당금이 준비된다면 시장에 아무리 폭풍우가 쳐도 그 방주 안에서 맑게 갤 날을 기다릴 수 있다. 그래서 나에게 배당투자는 단순히 노후 대비 수단이 아니라, 자산의 변동성을 줄이고 삶의 질까지 높여주는 전략적인 투자다.

물론, 어떤 배당주를 선택하느냐에 따라 그 결과가 달라질 수 있다. 이번 장에서는 나의 방주를 완성할 마지막 한 조각, 단 3개의 은퇴 포트폴리오 중 세 번째 ETF인 SCHD에 대해서 알아보겠다.

02
배당주 투자도 ETF로 하라

배당금은 기업이 충분한 이윤을 냈을 때 투자에 대한 보상으로 주주들에게 지급하는 현금배당이다. 이를 통해 기업은 주주와 이익을 공유하고, 장기적으로 투자 신뢰도를 높여 지속적인 성장을 도모할 수 있다. 투자자 입장에서는 은행 이자보다 높은 배당수익을 기대할 수 있으며, 성장주보다 낮은 변동성으로 비교적 안전한 투자가 가능하다는 점에서 매력적인 선택지가 된다.

그렇다면 배당주를 선택할 때 어떤 기준을 중점적으로 봐야 할까? 일반적으로 금융, 에너지, 유틸리티와 같이 안정적인 매출이 발생하는 기업들이 배당금을 많이 지급하는 경향이 있다. 하지만 배당주에 투자할 때는 단순히 배당금의 크기만 보고 결정해서는 안 된다. 반드시 배당성향(배당금 지급 비율)도 함께 검토해야 한다. 배당성향이 지나치게 높다면, 기업이 성장에 필요한 자금의 대부분을 배당으로 지급하고 있다는 의미가 될 수 있다. 따라서 적절한 배당성향을 유지하면서도 안정적인 배당금을 지급하고, 꾸준하게 성장을 이어가는 기업을 선택하는 것이 중요하다.

▎배당주 투자를 위한 3가지 체크리스트

1. 가장 먼저, 배당금을 지속적으로 지급해왔는지를 살펴보라. 단발적인 고배당보다 경기침체나 시장 변동성 속에서도 오랜 기간 안정적으로 배당을 지급한 이력이 있는지를 봐야 한다.
2. 또, 배당금이 꾸준히 인상되었는지도 중요하다. 기업이 매년 배당을 인상해왔다면, 이는 재무적으로 안정적이고 주주 친화적인 정책을 이어가고 있다는 신호가 될 수 있다. 특히 국내 배당 주식 중에서 상속, 경영권 분쟁 등의 이슈로 일시적으로 배당금이 급등하는 사례도 있기 때문에 이러한 변수가 아닌지 따져볼 필요가 있다.
3. 마지막으로, 앞으로도 배당금을 지급할 가능성이 높은지를 검토해야 한다. 배당주의 주가는 지속적인 배당 지급을 전제로 유지된다. 만약 기업 실적이 악화되거나 부채 부담이 커져 배당이 줄어들거나 중단된다면, 배당주로서의 매력은 급격히 떨어질 수 있다.

미국에서는 배당 지급 기간에 따라 배당주를 네 가지 등급으로 구분하고 있다. 이는 투자자가 기업의 배당 안정성을 판단하는 데 유용

미국 배당투자 등급별 기업 분류

	카테고리	설명	대표 기업
1	배당 킹 (Dividend Kings)	50년 이상 연속 배당	존슨앤존슨, P&G, 알트리아, 3M 등
2	배당 귀족 (Dividend Aristocrats)	25년 이상 연속 배당	엑슨모빌, 시스코, 로스, AT&T 등
3	배당 챔피언 (Dividend Champions)	10년 이상 연속 배당	스타벅스, 베스트 바이, 프랭클린 리소스 등
4	배당 블루칩 (Dividend Bluechips)	5년 이상 연속 배당	월타워, 테넌트 컴퍼니, 헤이코, 에이론스 등

64년 연속 배당금을 증가시켜 온 3M 역시 2024년 배당 삭감을 발표하면서 배당 킹의 지위를 잃게 되었다. 또 36년 연속 배당금을 지급해오던 AT&T는 2021년 배당 삭감으로 인해 배당 귀족에서 탈락했다.

한 자료로 쓰인다.

하지만 오랜 배당 이력을 자랑하던 기업이 이 카테고리에서 제외되는 경우도 있다. 실제로 과거 글로벌 금융위기 시기에는 많은 기업들이 배당금을 삭감하거나 지급을 중단한 사례가 있다. GM과 포드 같은 대형 기업조차 유동성 부족으로 인해 배당을 중단한 바 있으며, 최근에는 '배당 킹'으로 불렸던 3M마저도 경영 악화로 배당을 삭감하는 결정을 내렸다.

또 다른 사례로 한때 S&P500 TOP10 기업에 포함되었던 AT&T(미국 대표 통신 기업)의 배당 삭감을 꼽을 수 있다. AT&T는 25년 이상 꾸준히 배당금을 인상해온 '배당 귀족' 기업이었다. 그런데 2018년,

OTT 시장에 진출하고자 워너미디어(구 타임워너)를 인수하면서 수익성이 악화되기 시작했다. 이 와중에 2021년 워너미디어를 디스커버리와 합병하는 과정에서 추가적인 비용 부담까지 발생했다. 결국, 재무 구조 개선을 위해 배당을 삭감할 수밖에 없었고, 이 소식이 발표되자 AT&T의 주가는 단기간에 50% 이상 폭락하는 충격을 겪었다.

배당 투자자는 대개 기업의 성장성보다는 안정적인 배당금을 목적으로 투자를 한다. 따라서 배당금이 줄어들거나 중단되는 것은 배당 투자자 입장에서는 큰 시련이 될 수 있다. 특히 오랜 기간 배당금을 지속적으로 증가시켜 온 기업의 배당 삭감은, 투자자에게 실망을 안

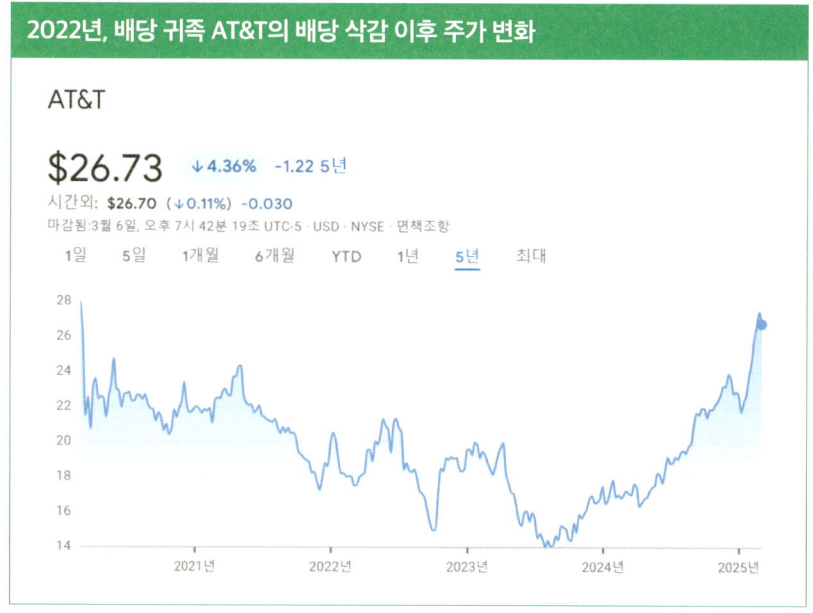

출처: Google Finance

겨 주가까지 하락하는 결과를 낳게 된다. 그렇기 때문에 단일 기업에 지나치게 집중 투자할 경우, 배당주 투자라고 하더라도 장기적인 안정성을 확보하기 어려울 수 있다. 특히 은퇴 이후 배당금을 생활비로 활용하려던 투자자에게는 기업의 배당 삭감이나 중단은 심각한 타격이 될 수 있다. 이러한 리스크를 줄이기 위해서라도 배당투자 역시 반드시 ETF로 해야 한다.

03
SCHD가 변동성에 강할 수밖에 없는 비결

최근 몇 년간 국내 투자자들이 가장 많이 매수한 배당 ETF가 바로 SCHD다. SCHD는 미국배당다우존스100(Dow Jones U.S. Dividend 100 Index) 지수를 추종하는 유일한 ETF이기도 하다. 이 인덱스 지수는 최소 10년 이상 연속으로 배당을 지급하고, 재무 건전성과 성장성이 뛰어난 100개의 기업들로 구성되어 있다. 이러한 특성 덕분에 안정적인 배당수익을 추구하는 장기 투자자들에게 적합한 ETF 상품으로 각광받고 있다. SCHD에 본격적으로 투자하기에 앞서 이 ETF의 종목 선정 로직에 대해 살펴보고 넘어가자.

1. 유동성 및 시가총액 기준

SCHD에 포함되려면, 유동 시가총액이 5억 달러를 넘어야 하고, 최근 3개월간 일평균 거래대금이 200만 달러 이상이어야 한다. 그래서 소형주나 유동성이 낮은 종목은 포함되지 못한다.

2. 배당 요건 분석

SCHD에 편입되려면, 최소 10년 연속 배당을 지급한 기록이 있는 기업이어야 한다. 단순 배당 지급뿐만 아니라, 배당이 안정적으로 유지되었는지 평가한다.

3. 재무 건전성 평가

스크리닝을 통해 선별된 기업들의 재무 건전성과 현금흐름을 검토한다. 자기자본이익률(ROE, Return on Equity)을 통해 기업의 수익성을 평가하고, 자유현금흐름(FCF, Free Cash Flow)을 분석하여 배당 지급의 지속 가능성을 판단한다. 그리고 부채비율(Debt to Equity Ratio)이 과도하게 높은 기업은 배당 지급 능력이 악화될 위험이 있으므로 배제된다. 이런 과정을 통해 재무적으로 건전한 기업만 포함한다.

4. 배당수익률 및 성장 가능성 검토

SCHD는 위의 선정 로직을 거쳐 투자 종목 후보군을 구성한 후, 배당수익률과 최근 5년간 평균 배당성장률을 기준으로 최종 순위를 결정한다. 그리고 상위 100개 기업만이 SCHD에 편입된다. 이 과정을 통해 SCHD는 안정적인 배당과 성장성을 고루 갖춘 기업 중심의 포트폴리오를 구성하게 된다. 그리고 이와 같은 방식으로 정기적으로 포트폴리오를 재검토하며 종목을 편입하거나 제외한다.

SCHD의 특징적인 점은 배당을 꾸준히 지급하면서도 장기적으로 성장 가능성이 높은 금융, 헬스케어, 소비재 등의 섹터 비중이 크다는 것이다. 반면, 시장 변동성이 크고 배당성향이 낮은 정보기술 섹터의 비중은 상대적으로 적다. 현재(2025년 2월 기준) SCHD의 상위 10개 보유 종목을 살펴보면, 헬스케어 섹터가 4종목으로 가장 많은 비중을

SCHD 상위 10개 종목(2025년 2월 27일 기준)

구분	현재가(USD)	비중
ABBV(애브비)	210.75(-0.37%)	4.87%
KO(코카콜라)	70.46(-0.54%)	4.66%
AMGN(암젠)	317.82(-0.39%)	4.64%
CSCO(시스코 시스템즈)	63.41(-0.86%)	4.39%
PFE(화이자)	26.24(1.16%)	4.22%
BMY(브리스톨-마이어스 스큅)	60.18(0.60%)	4.21%
VZ(버라이즌)	44.23(3.24%)	4.17%
TXN(텍사스 인스트루먼트)	189.34(-3.19%)	4.10%
PEP(펩시코)	154.61(0.47%)	3.98%
CVX(세브론)	152.95(1.42%)	3.97%

10개 종목 중 ABBV(애브비), AMGN(암젠), PFE(화이자), BMY(브리스톨-마이어스 스큅)가 제약회사에 해당한다.

차지하고 있다.

그런데 이렇게 전문적인 포트폴리오 관리를 받으면서도 운용 수수료는 단 0.06%에 불과하다. 얼마나 효율적인가. 특히 연금저축계좌나 ISA계좌에서 많이 활용하는 'TIGER 미국나스닥100'의 실부담비용률 0.14%와 비교해도 SCHD의 수수료는 2배 정도 저렴하다. 또한 은행에서 가입하는 펀드나 증권사에서 제공하는 금융상품의 총보수율 역시 이보다 훨씬 높은 경우가 많다. 이러한 점을 고려하면, 미국 ETF의 수수료가 얼마나 경쟁력이 있는 수준인지 더욱 분명해진다.

04
나의 SCHD, 배당주 투자 포트폴리오 대공개

'SCHD 3억 원 모으기'는 총 약 2억 6700만 원을 투자해 약 4100만 원의 투자수익이 발생해 자동으로 완성되었다. SCHD 3억 원 모으기를 하는 이유는 10년 뒤 배당금이 3배로 증가하고, 평가금액은 2배로 성장할 가능성이 높기 때문이다.

  SCHD 투자의 장점은 기술주 대비 변동성이 낮아 하락장에서 덜 빠지고, 상승장에서 덜 오르는 안정적인 특성이 있어 매매에 대한 불안감을 떨쳐버릴 수 있게 해준다는 것이다. 그러다가 어느 날, 한동안 횡보하는 것처럼 보였던 녀석이 서서히 상승해 있는 모습을 발견하게 된다. SCHD는 그런 기쁨을 주는 ETF다.

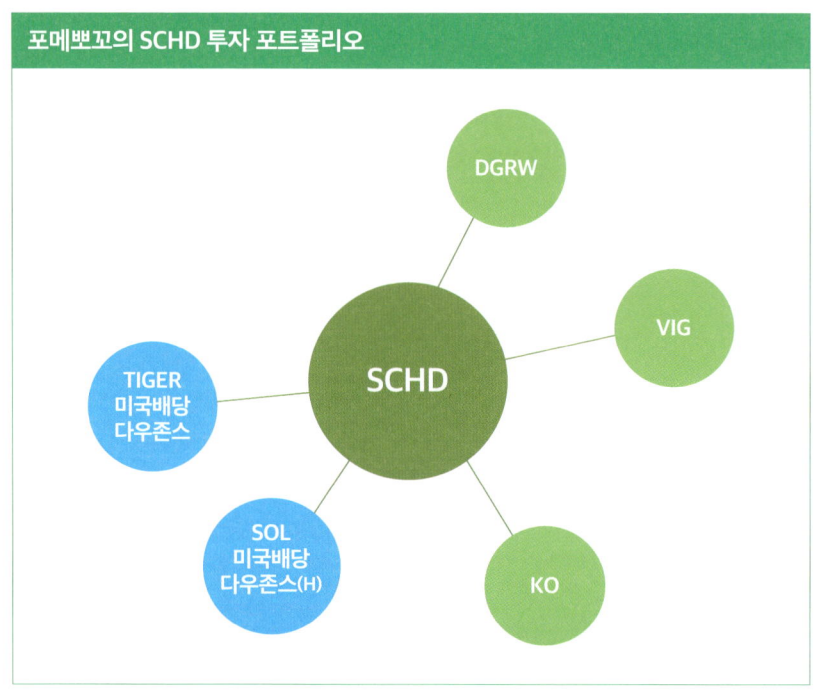

　SCHD의 지난 10년 평균 배당증가율은 약 11%에 달하며, 출시 이후 13년 연속 배당금을 증가시켜 왔다. 특히 2024년 배당금은 전년 대비 12.2% 증가하며 강한 배당 성장세를 보여주었다. 그러나 국내 투자자의 입장에서 보면, SCHD의 실제 배당성장률은 12.2%가 아닌 23%에 달했다. 이는 2023년 말 1,300원대였던 환율이 2024년 말 1,440원을 넘어서며 10% 이상 상승했기 때문이다.

　그렇다면 SCHD의 배당성장률을 미국 대표 지수인 S&P500의 지난 10년간 연평균 상승률과 비교해보자. SCHD의 배당성장률은 연평균 11%, S&P500 지수의 연평균 수익률은 12%로, 두 수치는 거의 비

포메뽀꼬의 SCHD 3억 원 모으기 현황

종목	수량	현재가	평단가	평가금액	손익
TIGER 미국배당	10,129	₩12,805	₩10,683	₩129,701,845	₩21,493,634
SOL 미국배당	500	₩11,770	₩9,514	₩5,885,000	₩1,128,000
SOL 미국배당(H)	1,640	₩11,350	₩10,616	₩18,614,000	₩1,203,820
KODEX 배당 커버드콜	400	₩12,245	₩12,257	₩4,898,000	-₩4,700
SCHD	3,297	US$28.18	US$25.05	US$92,909.46	US$10,324.67
DGRW	79	US$84.37	US$69.26	US$6,665.23	US$1,194.08
VIG	4	US$205.23	US$169.98	US$820.92	US$141.00
KO	50	US$70.07	US$57.30	US$3,503.50	US$638.50
연금계좌 합계				₩159,098,845	₩23,820,754
미국 직투 합계				US$103,899.11	US$12,298.25
원화 환산 금액				₩149,614,718	₩17,709,480
총합(Total)				₩308,713,563	₩41,530,234

숫하다. 즉, 주가변동성과 관계없이 배당금이 매년 S&P500의 평균수익률만큼 증가한 것이다. 이 데이터를 보는데 문득 이런 생각이 들었다. 주가가 오르든 내리든 매년 11%씩 배당금이 증가하는데, 굳이 변동성이 높은 투자에 뛰어들어 위험을 감수할 필요가 있을까? SCHD를 장기보유하는 것만으로 보장된 수익을 얻을 수 있는데 말이다. 이

러한 확신이 들어 나는 SCHD를 다른 두 종목보다 더 높은 비중으로 투자하기로 결정했다.

SCHD와 함께 투자하고 있는 DGRW, VIG

SCHD는 다른 배당주 투자를 하지 않더라도 배당률과 배당성장률 측면에서 크게 아쉬움이 없을 정도로 매우 우수한 배당성장 ETF이다. 하지만 나는 다른 배당성장 ETF들과 비교하면서 투자를 하고 있다. 그 이유는 SCHD의 성과가 기대에 미치지 못할 가능성이 있으며, 반대로 다른 배당성장 ETF가 더 우수한 성과를 낼 수도 있기 때문이다. 그래서 여러 배당성장 ETF를 분석하면서 최고의 수익률을 내는 포트폴리오를 시장 상황에 맞게 취하고 있다.

DGRW(WisdomTree U.S. Quality Dividend Gr ETF)와 VIG(Vanguard Dividend Appreciation ETF)는 배당성장 ETF이지만, 상대적으로 배당률이 낮은 대신 애플과 마이크로소프트 같은 빅테크 종목을 포함하고 있다. 빅테크 기업들은 배당률이 낮아 SCHD의 종목 선정 기준에 부합하지 않기 때문에, SCHD에는 편입되지 않는다. 그러나 DGRW와 VIG는 배당성장과 함께 주가 성장성이 높은 기업에도 투자하는 전략을 구사하고 있다. 그래서 최근 빅테크 중심으로 증시가 상승하는 구간에서는 DGRW의 토털 리턴(주가 상승 + 배당)이 가장 우수한 성과를

출처: Google Finance

보였다.

미래에 어떤 ETF가 가장 우수한 성과를 낼지는 누구도 모른다. 따라서 성격이 다른 배당성장 ETF에 분산 투자함으로써, 변동성에 대비할 수 있는 안전장치를 마련한 것이다. 안전장치에 안전장치를 추가한 만큼 내가 투자하고 있는 미국 지수 포트폴리오는 절대 망할 수 없는 구조를 갖추고 있다고 확신한다.

하지만 VIG, DGRW의 배당률은 1.73% 1.54%에 지나지 않는다. SCHD의 배당률이 3.64%인 것과 비교해보면 그 절반 수준이다. 배당성장이 이루어지더라도 배당금이 생활비로 활용될 만큼 충분히 증가하기는 어려운 비율이다. 그래서 DGRW와 같이 배당률이 낮은 ETF에 투자할 때는 배당률이 높은 종목에 분산 투자해 투자자가 원하는

SCHD, VIG, DGRW 배당 비교

	SCHD	VIG	DGRW
연간 배당률	3.64%	1.73%	1.54%
최근 배당	$0.26 (2024.12.11)	$0.88 (2024.12.23)	$0.04 (2024.12.31)
월 배당	×	×	○

배당률을 맞출 필요가 있다. 이때 JEPI, JEPQ와 같은 고배당 커버드 콜을 함께 투자하는 것도 좋은 자산 배분 전략이 된다.

05
SCHD로 은퇴하려면 얼마나 있어야 할까?

약 3.64%의 배당금을 지급하는 SCHD의 배당금만으로 은퇴하려면, SCHD에 얼마나 투자해야 할까? 월 300만 원의 생활비를 배당금으로 충당하려면, 연간 3600만 원의 배당금을 받아야 한다(계산의 편의상 15% 배당소득세는 제외한다). 이를 위해서는 약 10억 원을 SCHD에 투자해야 한다. 하지만 현실적으로 그럴 수 없으니 배당성장률을 활용해 점진적으로 배당수익을 키워가는 전략으로 설계해보자. 일정 기간 동안 꾸준히 투자하고, 배당금을 재투자하면 초기 자본이 적더라도 시간이 지날수록 배당수익이 크게 증가하게 된다. 그래서 적은 자본으로도 월 300만 원의 안정적인 현금흐름을 확보할 수 있다.

예를 들어 배당률 3.64%, 연평균 배당성장률 11%인 SCHD를 10년 동안 보유한다고 가정해보자. 월 300만 원의 배당금을 받기 위해 필

SCHD의 연도별 배당성장률 추이

연도	배당금	연말 배당수익률	연도별 배당 증가율	연평균 배당성장률
2024	$0.9944	3.64%	12.23%	-
2023	$0.8860	3.62%	3.77%	12.23%
2022	$0.8538	3.65%	13.90%	7.92%
2021	$0.7497	3.10%	10.88%	9.87%
2020	$0.6761	3.63%	17.64%	10.12%
2019	$0.5747	3.55%	19.79%	11.59%
2018	$0.4798	3.77%	6.96%	12.92%
2017	$0.4486	3.33%	6.97%	12.04%
2016	$0.4193	3.76%	9.72%	11.40%
2015	$0.3822	3.99%	9.52%	11.21%
2014	$0.3490	3.63%	15.83%	11.04%

2014년 배당금 0.349달러는 2024년 배당금 0.9944달러로 10년 동안 약 2.85배 증가했다. 하지만 해당 기간 동안 SCHD의 배당률은 꾸준히 3.1% ~ 3.9% 사이를 유지하고 있다. 이 말은 SCHD의 주가가 배당률 증가분과 유사하게 약 2.8배 이상 상승했다는 뜻이 되기도 한다.

요한 투자금은 10억 원에서 약 2억 6000만 원으로 줄어든다. 결국 10년이라는 시간을 활용하면 초기에 필요하다고 생각했던 투자금 10억 원 대비 약 7억 4000만 원을 절감할 수 있다.

투자 기간을 20년으로 늘리면 초기 투자금은 무려 약 6500만 원으로 줄어든다. 20년 동안 배당금이 매년 11%씩 복리로 성장하면, 배당금은 약 15배 증가하기 때문이다. 즉, 20년 동안 장기투자를 한다

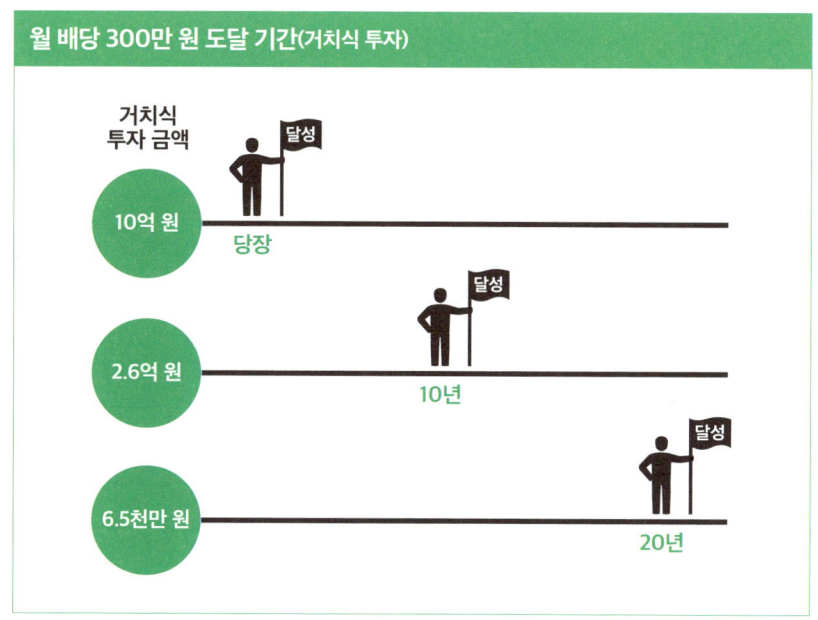

면 10년 투자금의 4분의 1 수준의 자본만으로도 목표 배당수익을 실현할 수 있다. 이렇게 보면, 배당금만으로 은퇴 후 생활하는 것도 결코 불가능한 일은 아니다.

같은 조건으로 내가 보유한 SCHD 3억 원이 10년 후 얼마로 성장할지 시뮬레이션해보겠다. 현재 연간 배당금 약 1000만 원은 10년 후에 4000만 원까지 증가할 것으로 예상된다. 또, 투자 원금 3억 원은 최소 6억 원에서 최대 9억 원까지 성장할 가능성이 있다. 다만 이는 배당률, 배당성장률, 주가 성장률에 따라 달라질 수 있는 단순한 시뮬레이션 결과일 뿐이므로 맹신해서는 안 된다.

포메뽀꼬의 현재 SCHD 월 배당금 현황

종목	수량	배당금	합계
TIGER 미국배당	10,129	₩45	₩455,805
SOL 미국배당(H)	1,640	₩40	₩65,600
SOL 미국배당	500	₩42	₩21,000
SOL채권혼합	200	₩30	₩6,000
SCHD 월 환산	3,297	₩373,077	₩373,077
DGRW	79	₩138	₩10,902
월 배당금 총합			₩932,384

　10년 뒤, 연간 배당금 4000만 원에서 배당소득세 15.4%(미국 직투 ETF의 경우 15%)를 공제하면 약 3400만 원이 실제 통장에 입금된다. 이를 월 단위로 환산하면 약 280만 원의 안정적인 배당수익이 창출된다. 그러나 은퇴자금으로 여전히 부족하다고 생각될 수 있다. 이 경우, 10년 뒤 6억 원으로 성장한 자산에 4% 인출률을 적용해 추가 생활비를 마련하면 된다. 4% 인출률에 따라 매년 2400만 원을 인출해도 자산은 계속 유지되거나 증가할 것이다. 그리고 미국 주식을 매도할 때 발생하는 22%의 양도소득세를 고려하더라도, 세후 월 150만 원이 통장에 들어와 있을 것이다. 즉, SCHD 3억 원 투자를 통해 10년 후에 매년 5800만 원(배당금 + 4% 인출금)을 활용할 수 있는 노후 준비가 완료되는 것이다.

그만큼 시간의 값어치는 상상 이상으로 크다. 이를 돈으로 환산한다면 20년은 대략 15배, 10년은 3.8배의 값어치로 볼 수 있다.

SCHD 적립식 투자 시뮬레이션

이번에는 월급을 아껴 매월 일정 금액을 꾸준히 적립식 투자해 월 300만 원의 배당금을 만들어보자. 배당률 3.64%, 배당성장률 11%라는 동일한 조건을 가정하면, 매달 100만 원씩 SCHD에 적립식 투자하면 목표 배당금을 받기까지 약 18년이 소요된다. 이는 8000만 원을 거치식 투자했을 때와 비슷한 수준이다.

그렇다면 매월 투자 금액을 200만 원, 300만 원으로 늘리면 결과는 어떻게 달라질까? 배당금을 재투자하는 조건으로 시뮬레이션해보면, 매월 200만 원 투자 시 월 300만 원의 배당금을 받기까지 약 14년이 소요된다. 투자금을 2배로 늘린 덕분에 목표 도달 기간이 4년 정도 단축되었다. 하지만 매월 300만 원을 투자한다고 해도, 목표 도달 시점은 기대만큼 드라마틱하게 단축되지는 않는다. 이는 적립식 투자 방식의 특성상, 초기 투자금이 작을 경우 복리의 힘을 실질적으로 체감하기까지 오래 걸리기 때문이다.

복리 효과를 극대화하려면 투자 기간과 초기 투자금이 중요한 역할을 한다. 예를 들어 매월 100만 원씩 적립식 투자를 진행하더라도 초

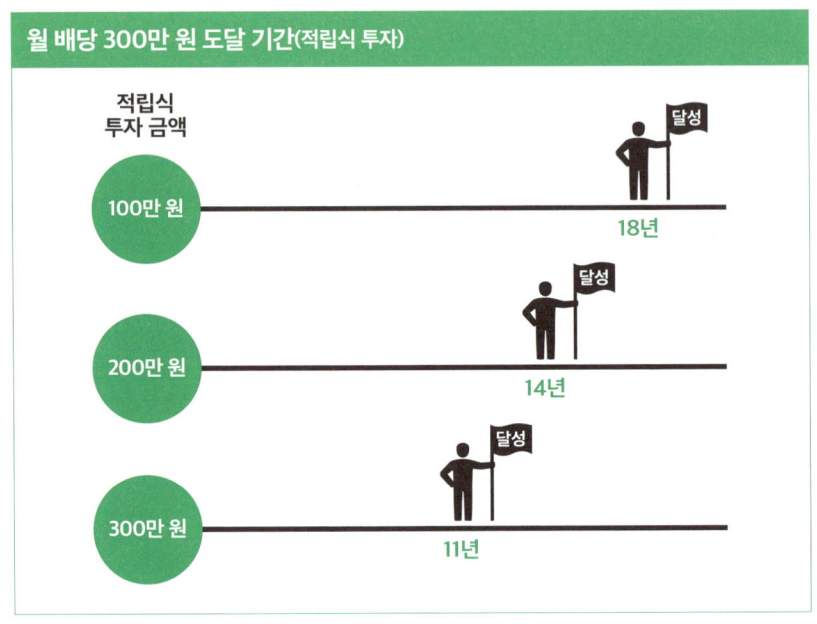
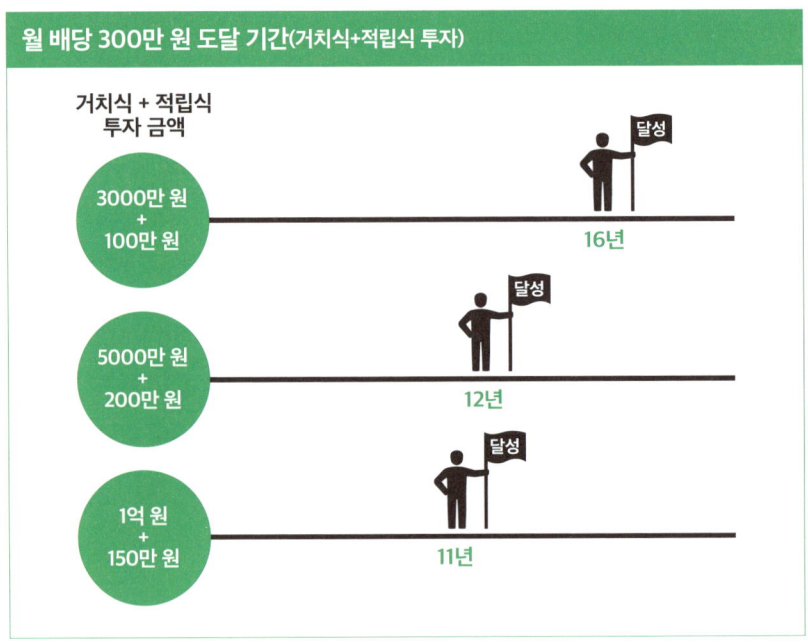

기에 3000만 원을 거치식으로 투자하면 목표 달성 기간이 16년으로 단축된다. 단순 적립식 투자보다 2년을 아낄 수 있는 효과다. 만약 초기 투자금 5000만 원과 매월 200만 원 적립식 투자를 병행하면, 목표 도달 기간은 12년으로 더욱 단축될 수 있다. 그렇다면 1억 원을 거치하고, 매월 150만 원씩 적립식 투자하면 어떨까? 이 경우에는 목표 도달 기간이 11년으로 줄어든다. 초기 투자 규모가 클수록 복리 효과가 빨리 작용하여 이후 적립식 투자 부담을 줄이더라도 더 효과가 나타난 것이다. 목표한 배당금 달성 기간을 단축하기 위해 거치식과 적립식 투자를 병행해서 나에게 맞는 투자 전략을 만들어보자.

06
2030세대와 4050세대의 배당투자는 달라야 한다

배당을 목적으로 하는 투자는 세대별로 접근 방식이 달라야 한다. 2030세대와 4050세대는 투자 방법과 목표 설정이 다를수록 더 빠르고 효율적으로 원하는 바를 달성할 수 있다. 2030세대는 초기 투자 자금은 적지만, 상대적으로 긴 투자 시간을 갖고 있다. 이러한 특성을 활용하면, 장기 적립식 투자로 복리 효과를 극대화할 수 있다. 남들보다 적은 돈으로 은퇴가 가능해지는 것이다.

하지만 이보다 더 쉽고 확실한 방법이 있다. 바로 목돈을 마련해 최대한 일찍 거치식 투자를 하고 아무것도 하지 않는 거다. 일정 기간 동안 허리띠를 졸라매고 돈을 모으는 과정은 쉽지 않겠지만, 일단 복리 효과가 시작되면 더 이상 추가적인 노력 없이도 자산이 자동으로 성장하는 구조가 완성된다. SCHD는 배당금으로 파이어 실현을 꿈꾸는 2030세대에게 강력한 솔루션이 될 수 있다. 장기적으로 보면 S&P500과 비교해도 뒤지지 않는 성과를 기대할 수 있기 때문이다.

4050세대는 투자할 수 있는 자산은 늘었지만, 복리 효과를 극대화할 시간은 부족한 세대다. 투자 후 곧바로 은퇴자금을 인출해야 한다면 SCHD처럼 15년 이상 장기투자해야 복리 효과를 기대할 수 있는 상품은 적합하지 않다. 이처럼 즉각적인 배당수익이 필요해 SCHD만으로는 부족하다면, 내가 추가로 진행하고 있는 '고배당주 2억 원 모으기' 전략을 벤치마크해도 좋다. 시간이 부족한 4050세대에게 보다 현실적인 은퇴 재테크 전략이 되어줄 것이다.

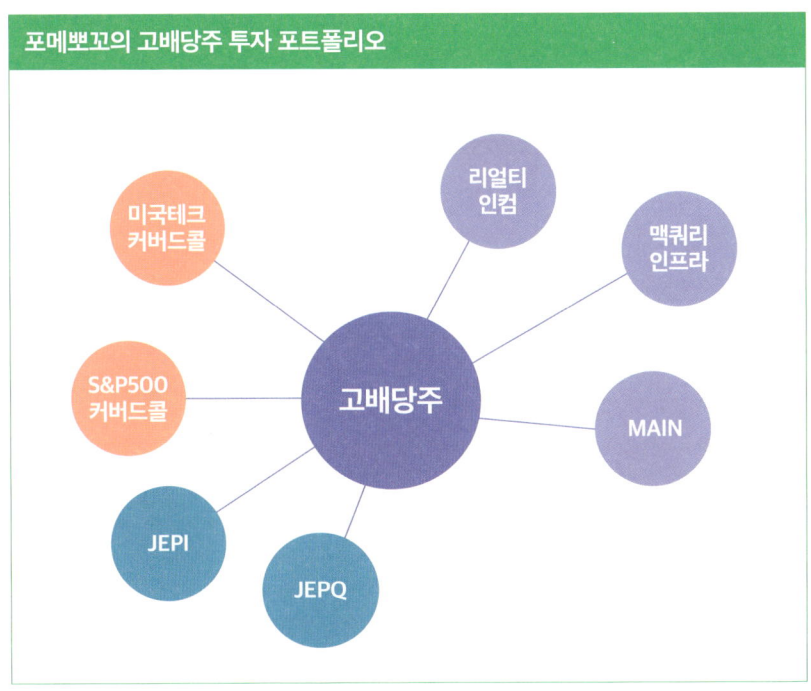

현재 나는 '고배당주 2억 원 모으기' 프로젝트에 약 1억 7600만 원을 투자했고, 약 1500만 원의 투자수익이 발생하며 목표에 점점 가까워지고 있다. 고배당주에 2억 원을 투자하는 이유는 10년 뒤 최악의

포메쁘꼬의 고배당주 2억 원 모으기 현황

종목	수량	현재가	평단가	평가금액	매입 금액	손익
미국테크 커버드콜	3,250	₩14,155	₩11,854	₩46,003,750	₩38,525,120	₩7,478,630
S&P500 커버드콜	1,110	₩11,400	₩10,850	₩12,654,000	₩12,043,000	₩611,000
JEPI	100	US$59.71	US$54.41	US$5,971	US$5,440.57	US$530.43
JEPQ	100	US$58.40	US$53.12	US$5,840	US$5,312	US$528
리얼티 인컴	360	US$56.52	US$52.25	US$20,347.2	US$18,810	US$1,537.2
MAIN	100	US$62.74	US$39.96	US$6,274	US$3,996	US$2,278
대신증권우	1,000	₩16,300	US$11,956	₩16,300,000	₩11,956,000	₩4,344,000
삼성전자	71	₩58,700	US$67,613	₩4,167,700	₩4,800,541	-₩632,841
삼성전자우	324	₩49,400	₩51,073	₩16,005,600	₩16,547,564	-₩541,964
맥쿼리 인프라	3,632	₩11,360	₩12,052	₩41,259,520	₩43,774,608	-₩2,515,088
원화 합계				₩136,390,570	₩127,646,833	₩8,743,737
US$ 합계				US$38,432.20	US$33,558.57	US$4,873.63
원화 환산				₩54,958,046	₩47,988,757	₩6,969,289
총합 (Total)				₩191,348,616	₩175,635,590	₩15,713,026

경제위기가 다가올 경우에 대비한 안전장치가 아니다. 내일 당장 경제위기가 발생하거나 갑작스럽게 퇴사를 하게 되더라도 일상에 아무런 타격을 주지 않기 위한 투자 대상이다.

지금 내가 투자하고 있는 배당 포트폴리오의 평균배당률은 약 8%이다. 따라서 2억 원을 투자하면 매년 1600만 원의 배당금을 받을 수 있다. SCHD를 통해 형성된 연간 1000만 원의 현금흐름과 발행어음 풍차 돌리기를 통해 만든 연간 1200만 원의 자금이 더해지면 어떤 상황에서도 QQQ 포트폴리오와 S&P500 포트폴리오를 매도하지 않게 지켜주는 방어막이 될 터다.

커버드콜 ETF의 원리와 진화

이 투자 포트폴리오에서 가장 주력이 되는 ETF는 바로 커버드콜이다. 커버드콜(covered call) ETF는 콜옵션 매도 전략을 활용하여 배당수익을 창출하는 상장지수펀드다. 기본적으로 기초자산(주식 또는 지수 ETF)을 보유하면서, 해당 자산의 콜옵션을 매도하여 프리미엄(옵션 매도 수익)을 얻는 구조로 운용된다. 쉽게 말해 기초자산의 미래 수익을 포기하는 대신, 배당을 지급받는 구조의 상품으로 이해할 수 있다. 미래의 잠재적 상승 가능성을 제한하는 대가로 높은 배당수익을 지급하는 구조를 가지고 있다.

커버드콜 ETF 원리

• **커버드콜의 콜옵션 매도란?**

1. 예를 들어, 애플 주식을 1만 원에 매수한 증권사 A는

2. 한 달 뒤 1만 원에 애플 주식을 살 수 있는 콜옵션을 증권사 B에게 판다.

3. 그리고 옵션 프리미엄(매도 수익)으로 1천 원을 받는다.

한 달 뒤 시나리오 1 애플 주가가 2만 원으로 상승했다면?

1. 증권사 B는 1만 원에 살 수 있는 콜옵션을 증권사 A에 행사한다.

2. 하지만 증권사 A는 콜옵션을 매도했기 때문에 옵션 프리미엄 1천 원만 수익으로 얻게 된다.

한 달 뒤 시나리오 2 애플 주가가 9천 원으로 하락했다면?

1. 증권사 B는 1만 원에 사야 하는 콜옵션을 행사하지 않는다.

2. 증권사 A는 주식을 그대로 보유하면서, 옵션 프리미엄 1천 원을 수익으로 얻는다.

➡ 운용사는 보유한 주식 혹은 ETF에서 정기적으로 콜옵션을 매도하고, 이를 통해 발생한 옵션 프리미엄과 주식 배당금을 기반으로 분배금을 투자자에게 지급한다. 즉, ETF의 분배금에는 옵션 프리미엄이 포함되므로, ETF를 보유한 투자자는 간접적으로 옵션 프리미엄을 받는 것과 같다.

현재 내가 투자 중인 미국 지수 커버드콜 ETF는, 추종 지수와 유사한 상승률을 보이면서도 연간 10%대의 배당금을 지급하는 특징을 가지고 있다. 이 구조의 특성상 미래 수익이 거의 발생하지 않는 경우, 투자자는 미래의 제로(0원) 수익과 현재의 배당수익을 교환한 셈이므로, 결과적으로 이득을 보게 된다. 미래에 주가가 크게 상승하는 경우에는 기회비용이 발생한다. 예를 들어 20% 상승이 가능했던 주식을 보유하고 있었다면, 커버드콜 전략을 통해 10%의 배당을 받고 대신 추가적인 10% 상승 기회를 포기하게 되는 것이다. 즉, 불확실성을 줄이는 대신 배당금이라는 확정된 수익을 선택하는 전략이라고 볼 수 있다.

그러나 커버드콜 ETF는 기본 지수의 상승률을 100% 반영하지 못한다. 이는 운용사가 매월 일정 부분의 콜옵션을 매도하고, 그 매도 프리미엄을 배당금으로 지급하는 방식이기 때문이다. 그래서 시장 상승 시 기본 지수보다 낮은 상승률을 기록하는 경우가 많다. 또한 전통적인 인덱스 ETF에 비해 상대적으로 높은 운용 수수료가 발생한다는 점도 고려해야 한다.

그러나 모든 금융상품에는 장점과 단점이 공존한다. 그래서 어떤 금융상품이 특정 투자자에게는 유용한 투자수단이 될 수도 있고, 다른 투자자에게는 비효율적인 선택이 될 수도 있다. 커버드콜 ETF 역시 마찬가지다. 이 상품이 특히 적합한 투자층은 4050세대로, 안정적인 현금흐름을 원하는 투자자들에게 유리하다. 그럼에도 시장 상승이라는 큰 흐름을 놓치는 것만 같아 투자가 망설여진다면, 걱정하지 않아도 좋다. 1세대 커버드콜 ETF가 출시된 이후, 시장 환경과 투자자들의 니즈에 맞춰 지속적으로 개선되어왔기 때문이다. 3세대 커버드콜 ETF는 배당수익뿐만 아니라 주가 상승의 이익까지 극대화하는 방향으로 발전하면서, 보다 균형 잡힌 수익 구조를 제공한다.

커버드콜 ETF 세대별 비교

- **1세대 커버드콜 ETF** (커버드콜 비중 100%)

대표 ETF | QYLD, XYLD

특징 | 모든 주식 보유량에 대해 옵션을 매도 → 주가 상승 시 수익 제한, 높은 배당 제공

- **2세대 커버드콜 ETF** (커버드콜 비중 40% 내외)

대표 ETF | JEPI, JEPQ, TIGER 미국테크TOP10타겟커버드콜, TIGER 미국배당다우존스타겟커버드콜1호, 2호

특징 | 일부 주식만 커버드콜 매도 → 배당수익과 주가 상승을 어느 정도 함께 추구

- **3세대 커버드콜 ETF** (커버드콜 비중 10% 내외)

대표 ETF | TIGER 미국나스닥100타겟데일리커버드콜, TIGER 미국S&P500타겟데일리커버드콜

특징 | 옵션 매도 비중을 최소화하여 주가 상승의 이익을 극대화하면서도 배당을 제공

2세대 커버드콜 상품인 'TIGER 미국테크TOP10+10%프리미엄(현 TIGER 미국테크TOP10)'은 개발 및 홍보 단계에서부터 ETF 구조를 보고 연금을 대체할 수 있는 완벽한 상품이라는 확신이 들었다. 그래서 나는 2024년 1월 16일, 상장 직후 바로 매수를 시작했고, 현재까지 1년 넘게 꾸준히 모아가며 30%가 넘는 투자수익률을 유지하고 있다.

이 상품은 투자 전 내가 기대했던 바를 완벽하게 충족했다. 연 10%의 배당금을 지급하면서도 나스닥100 지수를 추종하는 ETF보다 높은 수익률을 기록하고 있기 때문이다. 배당금과 시세차익이라는 두 마리 토끼를 동시에 잡을 수 있는 투자 대상을 찾기가 쉽지 않은데, 이 ETF는 그랬다. 굳이 추종하는 미국테크TOP10 지수와 비교하며 투자

출처: Google Finance

효율성을 따질 필요가 있을까? 결과적으로 기초 지수를 60% 추종하면서도 나스닥보다 더 좋은 수익률을 기록하고, 10% 배당금을 지급하는데 말이다.

이 상품에 투자해 월 300만 원의 배당을 받으려면 약 4억 원이 필요하다. 물론 현실적으로 쉽지 않은 금액이지만 추종 지수가 꾸준히 우상향하는 만큼 장기적인 복리 효과를 고려하면 더 적은 금액으로도 가능할 것으로 예상된다. 다만 이 ETF가 출시된 지 오래되지 않아 운용 기간이 짧기 때문에 충분한 데이터가 쌓일 때까지 당분간은 추적 관찰할 필요가 있다.

왜 커버드콜은 4050에게 좋은 투자 수단일까?

'TIGER 미국테크TOP10'과 'TIGER 미국테크TOP10타겟커버드콜'의 수익률을 비교해보면, 커버드콜 ETF는 투자해서는 안 될 상품이다. 동일한 지수를 추종하고 있음에도 불구하고, 1년 투자 성과에서 최대 20%까지 차이가 발생했기 때문이다. 이 결과만 놓고 보면, 오히려 커버드콜 ETF 대신 S&P500에 투자하면서, 매달 필요한 금액만큼 직접 매도하여 생활비를 확보하는 것이 더 효과적이겠다는 생각이 들 수도 있다.

출처: Google Finance

하지만 배당금을 포함한 총수익으로 비교하면, 두 종목 간의 차이는 확연히 줄어든다. 'TIGER 미국테크TOP10'이 66.28%, 'TIGER 미국테크TOP10타겟커버드콜'이 60.94%로, 격차는 약 6%에 불과하다. 이는 커버드콜 ETF의 상대적으로 낮은 주가 상승률을 연 10%에 달하는 배당수익이 상당 부분 보완해주기 때문이다. 따라서 3.64%의 배당률을 가진 SCHD만으로 은퇴 후 생활비를 충당하기 어려운 투자자들에게 커버드콜 ETF는 부족한 현금흐름을 보완해줄 수 있는 중요한 자금 원천이 될 것이다. 이런 점을 고려하면, 6%의 기회비용은 충분히 매력적인 수치라는 생각이 들 정도다.

또한 커버드콜의 특성상 주가가 반등과 하락을 반복하는 횡보장세에서는 오히려 추종 지수보다 더 나은 투자수익률을 기대할 수도 있다. 이는 주가가 크게 오르지 않더라도, 옵션 매도를 통해 발생한 프리미엄이 배당으로 지속 지급되기 때문이다.

은퇴까지 아직 시간이 많이 남은 2030세대라면 당장의 배당금보다는 먼 미래의 자산 성장을 위해 추종 지수 자체(나스닥, S&P500, 미국테크TOP10)에 투자하는 것이 훨씬 유리하지만, 안정적인 수익원을 확보하려는 4050세대 투자자들에게 커버드콜 ETF는 효과적인 투자 전략임이 분명하다.

07
실패로 끝난
고배당투자가 남긴 교훈

 2024년 가장 실패한 투자를 꼽자면, 리츠(REITs, 부동산투자회사) 섹터 투자라고 생각한다. 투자 이유는 단순했다. 내가 집중적으로 투자하는 SCHD와 QQQ에는 리츠가 전혀 포함되어 있지 않기 때문이다.
 그리고 2024년 초, 투자자들 사이에서 코로나 이후 급격히 상승한 인플레이션이 진정되면, 경제성장 둔화를 막기 위해 미국이 통화완화 정책의 일환으로 금리인하를 단행할 것이라는 전망이 계속 이어졌다. 그간 리츠는 금리인하로 돈의 가치가 하락했을 때 상대적으로 가치가 상승하는 경향이 있었다. 그래서 금리인하가 시작되면 리츠 섹터가 반등할 것이라고 확신하고 리얼티인컴에 투자를 늘렸다.

> **리얼티인컴**
> 세계 최대 규모의 상업용 부동산투자신탁 사업 운영.
> 1994년 상장 이후 현재까지 배당금을 꾸준히 증가시켜 'S&P500 배당 귀족'에 편입.

주가	58.48달러(약 84,000원)
시가총액	511억 달러
배당수익률	5.61%(업계 중앙값 5.10%)
1주당 배당금	3.216달러(약 4,600원)
배당 지급 방식	월 배당
5년 배당성장률	2.89%

2025년 3월 기준

하지만 현실은 달랐다. 예상과는 달리 미국은 인플레이션을 잠재우기 위해 고금리정책을 오랫동안 유지했다. 기준금리가 5%를 넘어서면서, 투자자들은 안전한 채권에만 투자해도 5% 이상의 수익을 기대할 수 있는 상황이 되었다. 결과적으로, 고배당을 지급하는 배당주와 리츠 주식들에 큰 폭의 하락이 발생했다.

그러다 2024년 9월, 연준은 2020년 이후 처음으로 기준금리를 0.5%포인트 인하하여 4.75%로 조정했다. 금리인하가 시작되면서 리츠 종목들의 주가는 단기간에 크게 회복되었다. 금리가 낮아지면서 고배당주의 경쟁력이 다시 높아진 것이다. 하지만 이러한 상승세도 오래가지 않았다.

출처: Google Finance

2024년 11월, 트럼프의 재선 가능성이 높아지면서 금리인하 속도 조절에 대한 뉴스가 등장하기 시작했다. 트럼프 정권의 주요 정책인 관세 전쟁이 다시 시작될 경우, 미국 내 물가가 다시 상승할 것이라는 우려가 커졌기 때문이다. 그 결과, 리츠 대장주인 리얼티인컴의 주가는 반등 전 수준으로 폭락하고 말았다. '금리가 인하되면 리츠 섹터가 상승할 것'이라는 단순한 논리로 증시를 예측하려 했던 내 자신을 반성하게 만든 투자 경험이었다.

하지만 리츠 섹터가 S&P500 대비 우수한 수익률을 기록했던 시기가 분명히 존재한다. 과거 10년 동안 리츠는 안정적인 배당과 자산 가치 상승을 바탕으로 강한 성과를 보인 적이 있다. 그러나 코로나19 팬데믹 이후 시장의 흐름이 빅테크 중심으로 상승장이 이어지고 있어, 리츠를 포함한 고배당주는 상대적으로 부진한 성과를 보이게 되

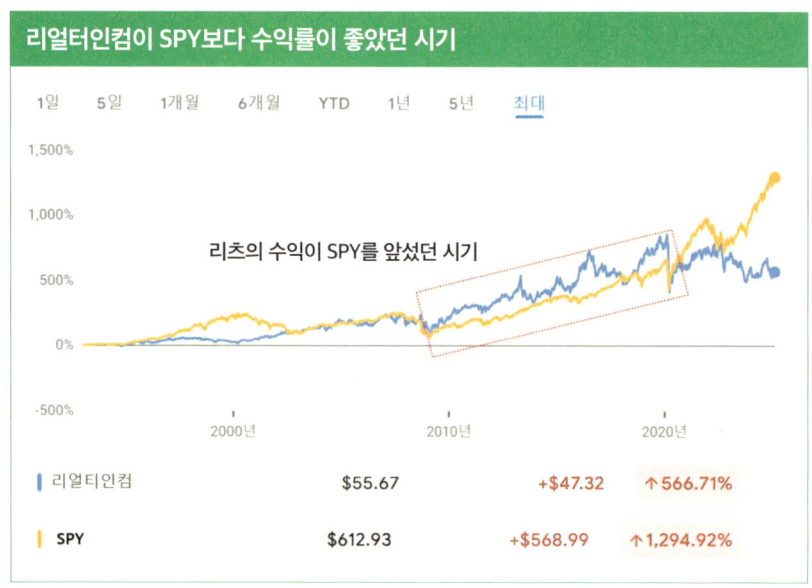

출처: Google Finance

었다. 고배당 리츠 섹터의 수익률이 다시 개선되기까지는 시간이 더 걸릴 것으로 전망되지만, 그래도 괜찮다. 이럴 때야말로 배당금을 받으며 주가 회복을 기다리는 전략이 유효할 테니 말이다. 배당주 투자의 진가가 여기에 있다.

내가 투자했던 국내 배당주

나는 주식투자를 시작할 때 시세차익을 통한 즉각적인 수익을 얻는 것보다 꾸준한 배당금을 만들 수 있다는 점에 더 큰 매력을 느꼈다.

그래서 가장 처음 투자한 종목도 바로 국내 인프라펀드의 선두주자, 맥쿼리인프라였다.

맥쿼리인프라는 한국 기반 시설(인프라)에 투자하는 유일한 상장주식으로, 논산-천안 고속도로, 인천대교와 같은 유료 도로, 교량, 터널 등의 주요 인프라 자산에 투자하는 법인의 주식과 지분을 보유하고 있다. 이러한 인프라 사업에서 발생하는 수익을 상하반기 실적에 따라 연 2회 정기적으로 지급하며, 약 6%대의 배당률을 유지해오고 있다. 이런 이유로 맥쿼리인프라의 투자자들은 주가 변동에 크게 신경 쓰지 않고, 주식 수량 늘리기에 집중하는 편이다. 그리고 매도 없이 배당금을 재투자하는 장기 투자자가 많다 보니, 맥쿼리인프라 투자자들의 수익률은 상대적으로 우수한 편이다.

그러나 맥쿼리인프라의 주가는 코로나 이후 지속적으로 하락세를

맥쿼리인프라
아시아 최대 상장 인프라펀드.
사회간접자본에 대한 민간투자법에서 허용하는 대한민국의 인프라 자산에 투자.

주가	11,350원
시가총액	5.44조 원
배당수익률	6.69%
1주당 배당금	380원
배당 지급 방식	연 2회

2025년 3월 기준

보이고 있다. 그 주요 원인은 앞서 언급했던 이유와 동일하다. 2024년 12월 기준, 미국 10년물 국채금리가 4.7%의 수준을 보여 무위험 자산인 10년물 국채만으로도 고수익을 얻을 수 있는 상황이 되었기 때문이다. 그런 와중에 원·달러 환율이 지속적으로 상승하며 원화 가치는 훼손되고 있다. 아무리 배당을 많이 받아도, 최근 5년간 환율이 26% 상승하면서 원화 가치는 계속 줄어들어 배당금의 실질 가치가 감소했다. 현재 1,440원대의 환율이 단기적인 고점일지, 장기적인 저점일지는 그 누구도 알 수 없다. 그리고 긴 시계열로 봐도, 원화 가치는 점진적으로 하락해왔다.

그래서 현재 4,221주 보유하고 있어 연 800만 원 가까운 배당금을 지급받고 있지만, 맥쿼리인프라 종목을 단기적인 고점을 활용해서 순차적으로 매도를 진행하고 있다. 맥쿼리인프라 외 국내 배당주는 모두 같은 방식으로 헤어지고 있는 중이다. 배당을 포기하는 대신, 배당락으로 인한 주가 하락을 피하는 전략을 선택한 것이다.

국내 배당주를 매도할 때는 배당락 직전이 좋다. 국내 배당주는 일반적으로 배당락 직전 주가가 고점을 형성하는 경향이 있다. 배당락 이후에는 배당금 수준이나 그 이상 주가가 하락하는 경향이 빈번히 발생하기 때문이다. 또, 배당락 전에 매도를 할 경우 배당 수령 시 발생하는 15.4%의 배당소득세를 피할 수도 있다. 국내 증시와 결별을 결심한 이상, 배당소득세 부담을 최소화하면서 2025년에는 모든 한국 주식을 정리할 계획이다.

08
배당금을 2배, 3배로 늘리는 가장 쉬운 방법

배당금 2배로 늘리는 법

잘 알려진 복리이자 계산 방식을 활용하면 배당금을 2배로 늘리는 방법은 매우 간단하다는 것을 알 수 있다. 배당률 4% 종목이 연평균 7.2%의 배당성장률을 기록한다면, 추가 매수나 매도 없이도 10년 후에는 배당금이 2배로 증가하여 8%의 배당금을 지급받게 된다. 이 계산 방식은 투자자들이 자산 성장 기간을 예측할 때 자주 사용하는 '72법칙'을 기반으로 한다. 이 법칙에 따르면, 72를 연평균 수익률로 나눠 투자자금이 2배가 되는 데 걸리는 시간을 측정할 수 있다. 동일한 방식으로 SCHD의 배당금을 2배로 만드는 데 걸리는 기간을 계산해보겠다.

72를 SCHD의 연평균 배당성장률 11%로 나누면, 배당금이 2배가 되는 데 걸리는 시간은 약 6년 6개월이다. 추가 매수 없이도 이 배당성장률만 유지된다면, 약 6년 반 후에는 배당금이 현재의 2배로 증가한다는 뜻이다. 실제로 2017년 SCHD의 주당 배당금은 1.3457달러였는데 2023년 4분기 기준 2.628달러로 증가하며, 6년 만에 정확히 2배 성장했다. 그러니까 배당금을 2배로 만드는 가장 쉬운 방법은 매도하지 않고 시간을 활용하는 것이다.

배당금 3배로 늘리는 법

배당금을 재투자하는 것만으로도 배당금을 쉽게 3배로 늘릴 수 있다. 현재 1주당 배당금이 2.62달러이며, 배당성장률이 11%인 SCHD를 이와 같은 방식으로 10년간 운용한 결과를 살펴보자. 지급받은 배당금으로 추가 주식을 꾸준히 매수했다고 가정하면, 초기 보유 수량이 100주일 때 다음과 같은 변화가 나타난다.

- **1년 차** | 배당금 재투자를 시작해 **2.91달러**로 증가
- **2년 차** | 배당금이 증가한 만큼 새로운 주식을 매수하게 되어 약 **3.23달러**로 성장
- **3년 차** | 추가된 배당금 효과로 더 많은 주식을 보유하면서 배당금은 약

3.58달러가 됨(이후 반복되면서 증가)

- **10년 차** | 지속적인 재투자로 인해 배당금이 약 **7.44달러**까지 증가

이 계산에 따르면, 배당금이 2배로 증가하는 데 약 6년 반이 걸리며, 3배가 되는 데에는 10년이 소요된다. 이는 복리 효과와 높은 배당성장률이 결합된 결과다. 배당금을 재투자하면서 매년 보유 주식 수가 늘어나 배당금 총액이 증가하게 되었고, 11%라는 높은 배당성장률이 배당금을 복리로 증대시키는 역할을 했다.

만약 1억 원을 투자한다면, 10년 후에는 배당금만으로 약 연 980만 원을 수령할 수 있다. 이는 새로운 종목을 발굴할 필요도 없고, 추가적인 투자금 없이도 가능한 결과다. 누구나 실천할 수 있는 금융자산을 통한 부의 축적 방법이지만, 대부분의 사람들이 이 방법으로 부를 축적하지 못한다. 성과를 기다리지 못하고 중간에 주식을 매도해버리기 때문이다. 당신은 그러지 않길 빈다.

09
종합금융소득세에 맞게
포트폴리오 리밸런싱하기

국내 외 주식투자를 하면서 필연적으로 발생하는 세금에 대해서도 잘 알아야 한다. 투자 초기에는 시드머니가 작아 세금에 대해 크게 신경 쓰지 않을 수 있지만, 자산이 불어나면 내야 할 세금도 함께 증가해 여간 신경 쓰이는 게 아니다. 손해 보지 않도록 주식투자로 인해 발생하는 여러 세금에 대해 확실히 짚고 넘어가자.

▌국내 주식의 세금 구조 - 증권거래세 0.35%

국내 주식은 미국 주식과 달리 양도소득세가 존재하지 않는다. 그래서 주식 매매차익에 대해서는 세금을 내지 않아도 된다. 대신 매도 시 거래금액의 0.35%(증권거래세 0.2% + 농어촌특별세 0.15%)를 증권거래세로 납부해야 한다. 이 세금은 수익 여부와 관계없이 부과되며, 증권사가 매도 시 자동으로 징수한다. 국내 주식은 양도소득세가 없어 투자수익을 온전히 투자자가 가져갈 수 있다는 장점이 있지만 손실이 발생하더라도 거래 때마다 세금을 내야 한다는 건 단점이다. 현재 증권거래세를 유지하는 국가는 한국을 포함해 멕시코, 그리스 정도로 소수에 불과하며, 대부분의 선진국에서는 이미 폐지된 제도다. 이에 따라 한국에서도 거래세 폐지 논의가 지속되고 있다.

미국 주식의 세금 구조 - 양도소득세 22%

미국 주식에 투자할 경우, 매년 1월 1일부터 12월 31일까지 발생한 순매매 수익이 250만 원을 초과하면 초과 금액의 22%를 양도소득세로 납부해야 한다. 양도소득세에는 주식 매매 과정에서 발생한 환차익도 포함된다. 다만 이 세금은 주식을 매도할 때 즉시 징수되는 것이 아니라, 다음 해 5월 종합소득세 신고 기간에 자진 납부하는 방식이다.

얼핏 보면 수익의 22%를 세금으로 납부해야 한다는 점에서 국내 주식보다 세금 부담이 커 보일 수 있다. 그러나 미국 주식의 양도소득세는 분리과세 방식이 적용되므로, 금융소득종합과세 대상에 포함되지 않는다는 장점이 있다. 즉, 수익이 아무리 크더라도 250만 원 공제 후 남은 금액에 대해서만 22% 세율이 적용되며, 추가적인 세금 부담이 없다. 또 1년 단위로 수익과 손실을 합산하여 계산되므로 해당 연도에 250만 원 이상의 손실이 발생했다면 세금을 납부할 필요가 없다는 것도 장점이다. 그래서 수익과 손실을 전략적으로 관리해 세금 부담을 최소화하는 전략을 발휘할 필요가 있다.

▌국내외 주식 및 ETF 과세 방식 - 배당소득세 15.4%

주식 배당금이나 예금이자 등 금융소득에는 배당소득세가 부과된다. 배당소득세는 소득세 14%에 주민세 1.4%를 포함해 총 15.4%가 적용된다. 삼성전자와 같은 국내 주식의 경우, 양도세는 없지만 배당금에는 15.4% 배당소득세가 부과된다. 반면, 애플과 같은 해외 주식은 매매차익에 대해 22%의 양도소득세가 적용되며, 배당금에도 15%의 세금이 부과된다.

특히 'TIGER 미국S&P500'과 같은 국내 상장 해외 ETF의 매매차익도 양도소득세가 아닌 배당소득세가 부과된다는 점을 주의해야 한다. 많은 투자자들이 해외 지수를 추종하므로 미국 주식처럼 22% 양도소득세가 부과될 것이라 착각하기 쉽다. 그러나 모든 국내 상장 해외 ETF는 매도 시 발생하는 양도차익에 대해 배당소득세가 적용된다는 점을 반드시 알아두자.

▌국내 상장 해외 ETF 매도 시 주의할 점 - 종합소득세

1억 원을 투자한 'TIGER 미국S&P500'이 21% 상승했다면, 투자수익은 2100만 원이 된다. 이때 단순히 배당소득세만 고려하고 매도를 결정했다면, 다시 한번 계산해볼 필요가 있다. 국내 상장 해외 ETF의 매도 금액이 2000만 원을 초과하면 종합소득세 과세 대상이 되기 때

종합소득세율 과세표준 구간

과세표준 구간	세율	누진공제
1400만 원 이하	6%	-
1400만 원 ~ 5000만 원	15%	126만 원
5000만 원 ~ 8800만 원	24%	576만 원
8800만 원 ~ 1억 5000만 원	35%	1544만 원
1억 5000만 원 ~ 3억 원	38%	1994만 원
3억 원 ~ 5억 원	40%	2594만 원
5억 원 ~ 10억 원	42%	3594만 원
10억 원 이상	45%	6594만 원

문이다. 종합소득세는 근로소득, 이자소득, 사업소득, 연금소득, 배당소득을 모두 합산하여 누진세율이 적용되는 세금이다. 즉, 투자수익뿐만 아니라 다른 소득과 합산되면서 예상보다 높은 세금 부담이 발생할 수 있다.

만약 나스닥100 지수가 2023년과 같이 약 50% 이상 급등한 상황에서 'TIGER 미국나스닥100'에 5000만 원을 투자하고 매도했다면, 의도치 않게 종합소득세를 내야 하는 상황이 발생할 수도 있다. 따라서 국내 상장 해외 ETF 매도 시 단순히 배당소득세만 고려할 것이 아니라 종합소득세 적용 여부도 함께 검토해야 한다.

6장

당신의 투자를 구해줄 가장 중요한 10가지 기본 지식

01 초보자를 위한 ETF 고르는 법

초보 투자자는 국내에 상장된 ETF의 명칭이 너무 어렵고 유사한 이름이 많아서 혹시나 잘못 투자할까 봐 불안할 수 있다. 실제로 S&P500으로 ETF를 검색해보면 무려 39개의 ETF가 검색될 정도다. 결코 투자 난이도가 쉽다고는 보기 어렵다. 우리의 미래 자산을 맡겨야 하는 만큼, 이름만 봐도 어떤 상품인지 완벽하게 해석할 수 있도록 ETF 명칭의 구조를 학습해보자.

❶ 자산운용사별 ETF 브랜드

'TIGER 미국S&P500'을 예로 들어보자. ETF 명칭에서 맨 앞에 붙은 'TIGER'는 운용사 브랜드를 의미한다. 이는 스마트폰 브랜드로 비유하면, 삼성전자의 '갤럭시', 애플의 '아이폰'과 같은 개념이다. 각 운

ETF 명칭 구조

(1) 자산운용사별 ETF 브랜드	(2) 투자 대상	(3) 운용 전략	(4) 환헤지, 합성 여부
KODEX	미국S&P500		(H)
TIGER	미국나스닥100		
TIGER	미국S&P500	레버리지	(합성H)
ACE	미국빅테크TOP7	Plus인버스	(합성H)
TIGER	미국S&P500	배당귀족	

자산운용사별 ETF 브랜드 및 운용사 자본총계

자산운용사	브랜드	운용자산
삼성자산운용	KODEX	333조 1392억 원
미래에셋자산운용	TIGER	184조 9942억 원
KB자산운용	RISE	142조 6724억 원
신한자산운용	SOL	118조 7266억 원
한화자산운용	PLUS	102조 8400억 원
한국투자신탁운용	ACE	57조 5801억 원

2025년 2월 7일 기준

용사마다 장단점이 있지만, 초보자라면 ETF 상품과 자산운용사의 순자산 규모를 보고 투자하면 보다 안전한 선택이 될 수 있다.

❷ ETF 투자 대상

'TIGER 미국S&P500'이라는 ETF의 명칭에서 두 번째로 자리하고 있는 '미국'은 해당 ETF가 투자하고 있는 지역을 의미한다. 다음으로 'S&P500'은 투자하는 섹터 또는 기준 지수를 나타낸다. 또 다른 예로 'TIGER 차이나전기차'라는 종목이 있다면, 이는 미래에셋자산운용에서 운용하며, 중국 전기차 섹터에 투자하는 ETF라는 뜻이 된다.

❸ 운용 전략

그다음은 해당 상품이 어떤 운용 전략을 따르는지를 나타내는 요소들이다. 레버리지(2X), 인버스(-1X), 배당 귀족, 액티브 같은 키워드가 대표적이다. 이를 통해 투자자는 이 ETF가 일반적인 지수 추종형인지, 혹은 특정 전략을 통해 차별화된 성과를 목표로 하는지를 파악할 수 있다.

레버리지 / 인버스 레버리지와 인버스 ETF는 일반 ETF와 다르게 추종 지수의 변동성을 활용하여 단기적인 수익을 추구하는 상품이다. 예를 들어 'TIGER 미국S&P500 레버리지(합성H)' 상품은 미국 S&P500 지수의 일일 변동률을 2배로 추종하는 ETF다. S&P500이 하루 1% 상승하면 이 ETF는 2% 상승하고, 반대로 하루 1% 하락하면 2% 하락하는 구조로 운용된다. 일반적으로 '레버리지' 또는 '2X' 같은 표시가 붙는다.

인버스 ETF는 기준 지수와 반대 방향으로 움직이도록 설계된 상품이다. 즉, 지수가 하락하면 수익을 내고, 상승하면 손실을 본다. 주가 하락장에서 수익을 기대하는 투자자들에게 유용한 도구다.

배당 예를 들어 'TIGER 미국S&P500 배당귀족' ETF는 S&P500 지수 내에서 최소 25년 이상 연속으로 배당을 증가시킨 우량기업에 투자하는 상품이라는 뜻이다. 이 외에도 고배당, 배당성장, 혼합형(배당+가치, 배당+채권), 배당 킹 등의 이름이 붙은 ETF 상품들이 있다. 이러한 ETF들은 배당 성장성과 현재 배당률, 변동성, 안정성 등의 운용 전략 차이에 따라 구분된다.

- 배당을 꾸준히 성장시키는 기업 중심 → **배당성장형**
- 지금 당장 높은 배당을 받기 위한 투자 → **고배당형**
- 배당과 가치투자를 병행 → **배당 + 가치 혼합형**
- 안정성을 위해 채권과 배당을 혼합 → **배당 + 채권 혼합형**

❹ 합성 / 환헤지 여부

(H) ETF 상품명 뒤에 '(H)'가 붙어 있는 경우, 이는 해당 상품이 '환헤지(Hedged)' 전략을 적용한 ETF라는 뜻이다. 환헤지 ETF는 환율 변동의 영향을 최소화하고, 기초 지수의 수익률만을 추종하도록 설계된 상품이다. 반면, 환율 변동에 직접적인 영향을 받는 ETF

는 (H) 표기가 없는 환노출형 ETF다. 이 중 환헤지 ETF는 환율 변동 위험을 줄이기 위해 헤지 전략이 적용되는 만큼, 운용 수수료가 더 비싸다.

<mark>합성</mark> '(합성)'은 해당 ETF가 '합성형(Synthetic)' 방식으로 운용된다는 의미다. 합성형 ETF는 자산운용사가 직접 기초자산을 매수하지 않고, 증권사와 스왑(Swap) 계약을 맺어 기초 지수의 수익률을 제공받는 구조다. 쉽게 말해, 해당 지수를 직접 구성하는 것이 아니라 지수의 수익률만을 추종하는 ETF라고 이해하면 된다. 이러한 방식은 특정 시장에 직접 투자하기 어려운 경우나 운용 효율성을 높이기 위해 활용된다. 다만 합성형 ETF는 스왑 계약을 활용하는 만큼 추가적인 운용 비용(수수료)이 발생할 수 있으며, 상품의 복잡성이 높아질 수 있다.

02
연금저축계좌와 IRP계좌 100% 활용법

직장인이라면 누구나 알고 있지만, 쉽게 실행에 옮기지 못하는 세액공제 대상 계좌, 연금저축계좌의 중요성에 대해 이야기해보자. 연금저축계좌는 600만 원, IRP계좌는 300만 원까지 세액공제 혜택을 받을 수 있다. 그리고 두 계좌에 총 900만 원을 납입하면, 연 소득이 5500만 원을 초과하는 근로소득자의 경우, 13.2%의 세액공제율이 적용되어 118만 원의 세액공제 혜택을 받을 수 있다(연 소득 5500만 원 이하인 경우 16.5% 적용).

은행 예금으로 기대할 수 있는 투자수익은 연 3~4% 수준에 불과하다. 반면, 연금계좌에 납입하는 것만으로도 13.2%를 세액공제로 연말정산 때 돌려받을 수 있다. 예금금리 0.5%를 더 주는 상품을 찾기 위해 발품을 팔면서, 정작 두 자릿수 세액공제 혜택을 놓치는 것이 과연 현명한 선택일까?

그럼에도 불구하고 주변에는 연금저축계좌를 활용하지 않는 사람들이 많다. 가장 큰 이유는 55세까지 자금이 묶인다는 점 때문이다. 맞벌이 가구라 하더라도 '연금저축계좌 900만 원 + IRP계좌 900만 원 + ISA계좌 2000만 원' 등 3종 절세 계좌의 최대 납입 한도를 채울 여력이 있는 경우는 많지 않다. 나 역시 직장 생활 18년 차가 되어서야 비로소 부부가 함께 이 계좌들에 연간 3800만 원씩 총 7600만 원을 납입할 수 있는 경제적 여유가 생겼다.

주택담보대출 상환, 생활비, 육아 비용 등으로 인해 급여소득의 대부분이 소진되면서, 소득공제를 위해 연금계좌에 900만 원을 납입하는 것조차 쉽지 않은 것이 현실이다. 하지만 연금계좌는 국민들의 노후 준비를 위해 파격적인 혜택이 부여된 일종의 복지제도다. 누군가는 이 혜택을 적극 활용하고, 누군가는 이를 간과한다면 미래에 부의 차이가 더욱 커질 것이다.

IRP계좌와 연금저축계좌는 모두 소득세법상 연금계좌로 분류된다. 이에 따라 두 계좌를 합산한 연간 납입 한도는 1800만 원으로 설정되어 있다. 연금저축계좌는 근로소득이 없는 사람도 가입 가능하며, 세액공제 혜택을 받기 위해서는 최대 600만 원까지 납입할 수 있다. 세액공제를 받지 않더라도 최대 1500만 원까지 연금저축계좌를 통해 투자할 수 있어, 소득공제가 필요 없는 가정주부나 은퇴 생활자라도 일반계좌를 활용하는 것보다 무조건 유리한 구조다. 그러니 은퇴를 준비를 하는 사람이라면 직장 유무와 상관없이 무조건 개설하는 것이 좋다.

나의 부모님 역시 이미 은퇴했지만, 지난해부터 연금저축계좌를 개설해 활용하기 시작했다. 연금저축계좌는 2013년 소득세법 개정 이후, 나이에 관계없이 가입 가능하며, 55세 이후라도 5년 이상 유지하면 연금 수령이 가능하게 되었다. 연금 수령 시 저율 과세 혜택을 받을 수 있어, 은퇴 생활자라면 생활비를 제외한 여유자금을 연금저축계좌로 이전하는 것이 보다 효과적이다. 특히 연금저축계좌에서 발생한 운용수익은 연금 수령 시 연금소득세가 적용되며, 금융종합과세 대상에서도 제외되기 때문에 자산이 많을수록 절세 효과는 더욱 커진다. 또한 소득공제를 받지 않고 납입한 원금은 언제든 인출이 가능하며, 수익금이나 배당금도 16.5%의 기타소득세를 내고 인출할 수 있다.

IRP 계좌의 경우, 근로자, 자영업자, 공무원 등 근로소득이 있는 사람만 가입할 수 있도록 제한되어 있다. 이는 퇴직금을 효과적으로 관리하기 위해 설계된 상품이기 때문이다. 따라서 근로소득이 있다면 연금저축계좌에 600만 원, IRP 계좌에 300만 원을 분배해 투자하거나 IRP 계좌에 900만 원을 전액 납입하는 방식도 가능하다.

IRP 계좌는 연금저축계좌와 달리 장외채권, 상장 리츠에도 투자할 수 있는 장점이 있다. 하지만 안전자산 30% 보유 규정이 적용되기 때문에, 위험자산에 대한 투자 비중이 제한된다는 점을 알고 있어야 한다. 안전자산으로 매수 가능한 채권혼합 ETF 같은 경우는 위험자산이

절세 계좌 3종 비교

	중개형 ISA계좌	연금저축계좌	IRP계좌
목적	목돈 마련	노후 자금 마련	노후 자금 마련
가입 기관	은행, 증권사, 보험사	은행, 증권사, 보험사	은행, 증권사
의무 가입 기간	3년(최대 5년)	5년 이상(연금 수령 최소 기간 10년)	
납입 한도	연 2000만 원, 최대 1억 원 (납입 한도 이월 가능)	연금저축 + IRP계좌 합산, 연 1800만 원	
세액공제 한도	서민형 400만 원 일반형 200만 원	600만 원	900만 원 (연금저축 합산)
세율	손익 계산 후 200만 원까지 비과세 (이상은 9.9% 분리과세)	연금소득세 3.3~5.5% 만 55~69세(5.5%) 만 70~79세(4.4%) 만 80세~(3.3%)	연금소득세 3.3~5.5% (퇴직소득세 30% 감면, 11년째부터는 40% 감면)
분리과세	200만 원 초과분 저율 분리과세	연간 1500만 원 이하	연간 1500만 원 이하
중도 인출	세액공제 받지 않은 금액(원금)은 자유롭게 인출 가능		불가 (*법적 예외 조건 충족 시에만 가능)
ETF 투자 불가 상품	해외 상장 ETF	해외 상장 ETF 레버리지 ETF 인버스 ETF	해외 상장 ETF 레버리지 ETF 인버스 ETF 파생상품 ETF
투자 제한	제한 없음	제한 없음	위험자산 비중 70% 제한

30%만 포함되어 투자수익률이 많이 아쉬울 수 있다. 실제로 현재 내가 운용 중인 'ACE 미국나스닥100채권혼합 액티브'의 경우, 나스닥100 지수 대비 상승폭이 제한적인 흐름을 보인다. 하지만 하락장에서는 상대적으로 안정적인 움직임을 보이는 장점이 있기도 하다.

현재 나는 IRP 계좌로 다음 3가지 ETF에 투자하고 있다.

1. ACE 미국나스닥100채권혼합 액티브
2. TIGER 미국테크TOP10채권혼합 액티브
3. SOL 미국배당미국국채혼합50

채권혼합 ETF는 상대적으로 변동성이 작기 때문에 수익률도 낮은 편이다. 이러한 특성을 고려하여, 지수를 추종하면서 높은 수익률을 기대할 수 있는 'ACE 미국나스닥100채권혼합 액티브'를 선택했다. 'TIGER 미국테크TOP10채권혼합 액티브' 역시 같은 이유로 포함했다. 이 ETF는 나스닥100 지수의 상위 10개 종목만으로 구성되어 있어 'ACE 미국나스닥100채권혼합 액티브'보다 높은 위험을 감수하는 대신, 더 높은 수익률을 기대할 수 있는 투자상품이라고 판단했기 때문이다.

마지막으로 'SOL 미국배당미국국채혼합50'은 '한국의 SCHD로' 불리는 ETF다. 이 상품은 '미국배당다우존스100 지수 50% + 미국채 10년물 50%'로 구성되어 있다. 일반적으로 IRP 계좌에서 매수 가능한

출처: Google Finance

안전자산의 주식 비율은 30%로 제한되지만, 이 상품은 50%까지 포함하고 있다. 이를 활용하면, IRP 계좌 내 위험자산 70%를 'TIGER 미국배당다우존스'에 투자하고, 나머지 30%를 'SOL 미국배당미국국채혼합50'에 투자하는 방식으로 미국배당다우존스100 지수를 최대 85%까지 편입하는 효과를 얻을 수 있다.

일반적으로 금리가 인하되면 채권 가격이 상승한다. 그래서 현재 미국채 10년물 금리는 금리인하 기대감과 함께 지속적인 상승 흐름을 보이고 있다. 또한 미국채에 투자하는 것은 달러를 매수하는 효과를 동반한다. 우리는 원화로 투자하지만, 투자자산이 달러로 운용되므로 환율 상승에 따른 환차익도 반영된다. 최근 5년 동안 원화 가치는 약 19% 하락했다. 장기적으로 원화의 가치가 지속적으로 하락하고 있는 모양새지만 달러 가치는 상승세를 유지하고 있어 채권혼합 ETF가 무조건 불리한 투자 상품만은 아니다.

03
연금계좌 2개로 세금 아끼는 법

연금저축계좌 개설에는 개수 제한이 없다. 동일한 증권사에서 2개 이상의 계좌를 개설할 수 있으며, 각각 다른 증권사에서 여러 개의 연금저축계좌를 운영하는 것도 가능하다. 특히 직장인 투자자라면 연금저축계좌를 2개 이상 운영하는 것이 유리할 수 있다. 소득공제를 받지 않는 연금저축계좌를 추가로 개설하면, 세금 없이 언제든지 자금을 인출할 수 있기 때문이다. 연금저축계좌라고 해서 반드시 55세까지 돈이 묶이는 것은 아니다.

연금저축 1번 계좌 (세액공제 받은 계좌)
- 55세 이전 중도 인출 시
  - 세액공제 받은 원금 → 16.5% 기타소득세 부과

– 운용수익(이자·배당·매매차익) → 16.5% 기타소득세 부과

- 55세 이후 연금으로 수령 시
  – 연금소득세(3.3~5.5%) 적용(절세 가능)
  – 연 1500만 원 초과 수령 시 16.5% 기타소득세 적용

> **연금저축 2번 계좌 (세액공제 받지 않은 계좌)**
- 필요할 때 세금 없이 원금 인출 가능
- 운용수익(이자·배당·매매차익) 인출 시 16.5% 기타소득세 부과
- 55세 이후 연금으로 수령 시 연금소득세(3.3~5.5%) 적용 가능(절세 가능)

연금저축 1번 계좌(IRP 계좌 포함)는 연간 900만 원까지 납입하면 된다. 이 계좌는 연말정산 시 세액공제를 신청하면 연 13.2~16.5%의 절세 효과를 얻을 수 있다. 다만 소득공제를 받은 금액에 대해서는 연금 수령 시 5.5%의 연금소득세가 부과되며, 연금 수령액이 연 1500만 원을 초과하면 16.5%의 기타소득세가 부과된다.

2번 계좌는 소득공제를 받지 않았기 때문에 원금을 세금 없이 인출할 수 있다. 연금저축계좌는 '선입선출(FIFO, First-In, First-Out)' 방식이 적용되어 먼저 납입한 원금부터 인출되며, 이후 운용수익이 인출되는 구조를 가지고 있다.

이 전략을 활용하면 연금 수령 시 불필요한 세금 부담을 줄이고, 보

다 유연한 노후자금 운영이 가능해진다. 그래서 두 번째 연금저축계좌에 최대한 많은 금액을 꾸준히 모아가는 것이 중요하다. 만약 매년 연간 납입 한도의 최대치인 1800만 원을 10년간 납입하면 10년 후 1억 8000만 원을 세금 없이 인출해 노후자금으로 활용할 수 있다.

2번 계좌의 아쉬운 납입 한도를 더 늘리는 방법도 있다. ISA계좌가 만기가 되어 2번 연금저축계좌로 이전하면 한도에 상관없이 돈을 넣을 수 있다. 수익이 많이 나서 1억 원이 있다고 하더라도 그 돈을 모두 연금저축에 넣을 수 있는 것이다. 게다가 이전되는 금액의 10%(최대 300만 원)에 대해서 추가적인 세액공제도 받을 수 있다.

그리고 많은 사람들이 놓치는 부분이 있는데, 기존에 납입하고 있는 연금저축보험이 있다면 해지하지 말고 연금저축계좌로 이전하자. 기존 연금저축 상품 간 이전은 번거로운 절차나 수수료 부담 없이 전환할 수 있다. 은행, 보험사에서 운영하는 연금저축보험은 수익률이 낮고 수수료가 높기 때문에 굳이 많은 비중으로 유지할 필요는 없다. 또 퇴직연금 DC계좌가 있다면 이것도 함께 이전 신청하자. 은행에서 운용하는 상품은 실시간 매매가 되지 않고, 투자할 수 있는 ETF의 종류가 적어 효율적인 투자가 되지 못한다.

04
환율과 주식의 상관관계 이해하기

미국 주식을 시작할 때 큰 고민 중 하나는 환율일 것이다. 특히 최근 한국의 정치적 불확실성으로 인해 원·달러 환율이 역대 세 번째 고점을 기록하기도 했다. 1998년 IMF 위기, 2008년 글로벌 금융위기에 이어 2024년 탄핵 사태가 환율 급등의 역사에 추가된 것이다. 하지만 환율은 때에 따라 장점이 될 수도, 단점이 될 수도 있다.

달러는 대표적인 안전자산이므로, 국가의 달러 보유량은 신용도와 직결된다. 달러를 충분히 보유하고 있으면 경제위기 시 환율 급등을 억제하고, 외채 상환 능력을 유지하며, 금융시장 안정화에 기여할 수 있다. 그래서 경제위기가 발생하면 안전자산인 달러의 수요가 증가하여 달러 강세(환율 상승) 현상이 나타나는 경우가 많다. 이로 인해 주가와 환율이 대체로 반대 방향으로 움직이는 경향을 보인다.

출처: Investing.com

    그런데 우리가 주식을 매수할 때 어떠한가. 대부분의 투자자는 주가가 하락할 때 주식을 매수하려 한다. 하락 시기에 매수하면 평균단가가 낮아져 더 많은 수량을 확보할 수 있기 때문이다. 그러나 주가가 낮아졌다는 것은 환율이 상승했음을 의미할 수도 있다. 즉, 주가 하락 시점에 매수할 경우, 환율이 높은 상태에서 달러를 환전해야 하므로 환율 부담이 증가할 수 있다. 그 결과, 주가가 회복되더라도 환율 변동으로 인해 기대했던 만큼의 수익을 얻지 못할 수도 있다.

    반대로 주가가 상승하는 경우에도 비슷한 문제가 벌어진다. 일반적으로 주가가 상승하면 환율은 하락하는 경향이 있다. 이때 주식을 높은 가격에 매도하더라도 환전할 때 달러 가치가 낮아져 실질적인 수익이 줄어들 수 있다.

그렇다고 주가도 하락하고 환율도 하락하는 타이밍을 기다리고 있을 수는 없다. 아니, 기다린다고 맞출 수도 없다. 그래서 주가 상승과 환율 상승의 이점을 동시에 얻겠다는 전략보다 적립식 투자 방식으로 환율 리스크를 분산하는 것이 훨씬 현명한 방법이다. 또 적정 환율일 때 미리 환전을 해 투자 예수금을 확보하는 것도 좋은 전략이 될 수 있다. 그리고 미국 주식을 매도한 후에도 환율 변동을 고려해 달러 예수금을 일정 기간 보유하는 것도 환차손을 줄이는 방법이다.

하지만 환율 변동에 지나치게 신경을 쓰다 보면, 오히려 투자 타이밍을 놓칠 수 있다. 예를 들어, B종목을 매수하기 위해 환율이 1,450원일 때 환전을 했다고 가정해보자. 그런데 그날 저녁 예상과 달리 B종목이 급등하면서 매수를 하지 못했다. 그리고 하필 다음 날 환율이 1,430원으로 하락하면서 결국 더 비싼 환율에 환전만 한 셈이 되고 말았다. 그다음 날 B종목 주가가 하락해 결국 매수를 했지만, 비싼 환율에 환전을 했기 때문에 최적의 투자 효과를 거두지 못하게 되었다.

나는 증권사에서 '통합증거금 서비스'를 신청해 원화로 입금한 상태에서 매매를 진행하며, 환전은 거의 하지 않는다. 통합증거금 서비스란 주식 매매 시 원화 및 외화를 환전 절차 없이 통합해 증거금으로 사용하고, 결제일에 필요 금액만큼 자동 환전하는 서비스다. 국내·해외 주식 간 교차 결제가 가능하며, 결제일과 관계없이 연속으로 재매매할 수 있다. 이 서비스를 이용하면 특정 국가의 통화가 아닌 원화를 이용해 해외 주식을 매수할 수 있다. 그래서 환율 변동성은 크게 신경 쓰지 않고, 오직 투자 종목의 주가만 보면서 매수 타이밍을 결정하고 있다.

장기적인 관점에서 환율은 결국 평균으로 수렴하는 경향을 보인다. 그러니 환율에 예민하게 반응하는 것보다 투자 스트레스를 최소화하는 환경을 만드는 게 더 낫다.

05
내 집 마련 계획 중인
2030 신혼부부의 재테크 방법

투자 전략을 세울 때는 자신의 투자 목적에 맞는 계좌를 선택하는 것이 매우 중요하다. 단순히 종목 선택뿐만 아니라, 어떤 계좌에서 투자하느냐에 따라 실질적인 수익률 차이가 발생하기 때문이다. 장기 투자자라면 ISA계좌나 연금저축계좌 같은 절세 계좌를 적극 활용하는 것이 유리하다.

하지만 절세 계좌에도 단점이 존재한다. 특히, 소득이 적고 지출이 많은 사회 초년생이나 2030세대에게는 자금이 장기간 묶이는 것이 큰 부담이 될 수 있다. 의무 가입 기간이 비교적 짧은 ISA계좌도 최소 3년간 유지해야 하므로, 돈이 필요한 시점과 계좌의 만기 시점을 정확히 파악하고 활용해야 한다.

이제 막 결혼한 신혼부부를 예로 들어보자. 부부는 전세대출을 통해 신혼집을 마련했고, 2년 뒤 내 집을 장만하겠다는 계획을 세웠다. 이 경우, 이 신혼부부에게 필요한 재테크 방식은 투자가 아니라 저축이다. 일부 사람들은 "2년 동안 투자해서 돈을 불리면 되지 않느냐?"라고 생각할 수도 있다. 그러나 투자는 언제나 최악의 상황을 염두에 두고 접근해야 한다. 미래가 톱니바퀴처럼 정확하게 맞물려 돌아간다는 보장은 없다. 특히, 2년이라는 기간은 증시가 하락한 후 다시 회복되기에는 너무 짧은 기간이다. 부동산 매수를 앞둔 투자자라면 이 시기는 투자보다는 자산을 안전한 곳으로 이동시키는 것이 바람직하다. 자산을 불리는 것만큼 자산을 지키는 게 중요한 시기이기 때문이다.

그렇다면 변동성이 상대적으로 낮은 미국 지수에 적립식 투자하면 괜찮을까? 개별 종목보다 변동성이 크지 않은 S&P500에 꾸준히 투자하면 리스크를 줄일 수 있지 않을까, 하는 생각이 들 수 있다. 이를 가정하고, 매월 100만 원씩 2년 동안 연평균 12%의 수익률을 기대할 수 있는 S&P500과 연이율 4%의 적금 상품에 투자했을 때의 결과를 비교해보겠다.

투자 원금 2400만 원은 S&P500에 투자했을 때 약 2724만 원이 되고, 적금에 넣었을 때는 약 2502만 원으로 성장했다. 두 방식 간 221만 원의 차이가 발생한다. 물론 결코 적지 않은 금액이지만, 221만 원 때문에 위험을 감수하기에는 기대수익이 너무 낮다. 투자 기간 동안 10%씩 더 저축해도 충분히 따라잡을 수 있는 금액이지 않은가. 이렇듯 자산 규모가 크지 않으면 복리 효과가 제한적이라 수익률 차이가 있다고 해도 실제 수익 차이는 크지 않다.

이번에는 이사 계획이 4~5년 후로 예정된 신혼부부를 가정해 시뮬레이션해보겠다. 이 경우, 앞선 사례와는 다르게 이사 시점이 유동적이라는 점이 특징이다. 투자 성과와 부동산 시황에 따라 4년 후 이사를 갈 수도 있고, 5~6년까지 기다릴 수도 있는 상황이다. 이처럼 이사 시점이 유연하다면, 선택할 수 있는 투자 방식도 더욱 다양해진다.

ISA계좌를 활용해 절세 혜택을 받으면서 투자할 수도 있고, 미국 개별 주식이나 ETF에 직접 투자해 시세차익을 기대해볼 수도 있다. 이 두 방식을 병행한다면 3년 동안 미국 직접 투자로 750만 원(250만 원 비과세 × 3년)과 ISA계좌 200만 원 절세 효과를 더해 총 950만 원의 세금을 절약할 수 있다.

매월 100만 원씩 5년간 꾸준히 적립식 투자를 한다고 가정하고, S&P500의 연평균 수익률 12%와 은행 이자 4%를 비교해보겠다. S&P500에 투자할 경우 최종 자산은 7965만 원, 은행 적금에 투자할 경우 6132만 원으로, 투자 방식에 따라 1833만 원의 차이가 발생한다. 투자 기간이 2년에서 5년으로 늘어나면서, 두 방식 간의 수익 차이가 더욱 커지는 것을 확인할 수 있다. 시간이 길어질수록 복리 효과가 누적되어 최종 자산의 차이는 점점 확대될 것이다. 또한 5년 정도의 투자 기간이라면 증시 하락이 오더라도 꾸준히 적립식 투자를 유지하며 시장이 회복될 때까지 '존버'도 가능하다.

그렇다면 어떤 계좌를 통해 투자하는 것이 효율적일까? 이 질문에 대한 답은 투자 금액과 손익 구조에 따라 달라지기 때문에, 모든 투자자에게 최적의 계좌가 다를 수 있다. 해외 주식 직투 계좌, ISA계좌, 일반 주식계좌에서 동일한 투자 결과가 나왔을 때의 세금 차이를 비교해보겠다.

❶ 해외 주식 직투 계좌(미국 직접 투자) 비과세 혜택 적용

미국 주식을 직접 투자하는 경우, 종목별 손익을 합산한 총이익이 250만 원 이하이면 비과세 혜택이 적용된다.

✓ **투자 성과 예시**
- QQQM | +2250만 원 이익
- SPLG | -1000만 원 손실
- SCHD | -1000만 원 손실

✓ **세금 계산**
총손익 | 2250만 원 - 1000만 원 - 1000만 원 = 250만 원

250만 원까지 비과세 혜택이 적용되므로 세금이 발생하지 않는다.

❷ ISA계좌 활용 분리과세 적용(세율 9.9%)

ISA계좌를 활용하면 손익을 합산한 총이익 중 200만 원까지 비과

세 혜택이 적용되며, 초과분에 대해서는 9.9%의 분리과세가 부과된다.

✓ 투자 성과 예시
- ACE 미국나스닥100 | +2250만 원 이익
- ACE 미국S&P500 | -1000만 원 손실
- TIGER 미국배당다우존스 | -1000만 원 손실

✓ 세금 계산

총손익 | 2250만 원 - 1000만 원 - 1000만 원 = 250만 원

ISA계좌의 비과세 한도(200만 원) 초과분 = 50만 원

세금 | 50만 원 × 9.9% = 49,500원

200만 원 비과세 한도를 초과한 수익, 50만 원은 9.9%의 세율이 적용되어 49,500원의 세금이 발생한다.

❸ 일반 주식계좌 배당소득세 15.4% 적용

일반 주식계좌에서는 손익을 합산하지 않고, 개별 종목별로 수익이 발생할 때마다 15.4%의 배당소득세가 부과된다.

✓ 투자 성과 예시
- TIGER 미국나스닥100 | +2250만 원 이익

- TIGER 미국S&P500 | -1000만 원 손실
- KODEX 미국배당다우존스 | -1000만 원 손실

✓ 세금 계산

세금 | 2250만 원 × 15.4% = 3,465,000원

손익 합산이 적용되지 않기 때문에 가장 많은 세금이 발생했다. 또한 배당소득이 2000만 원을 초과할 경우 종합소득세 신고 대상이 되며, 다른 금융소득과 합산되어 최대 49.5%의 높은 세율이 적용될 수도 있다.

위 조건에서는 해외 직투 계좌 > ISA계좌 > 일반 주식계좌 순으로 세금 효율이 높은 것으로 나타났다. 하지만 이 결과는 본인이 투자하는 종목의 미래 수익률과 매도 시점에 따라 달라지기 때문에 발생할 수 있는 세금까지 고려하여 시뮬레이션을 해본 뒤에 자신에게 유리한 계좌를 선택해야 한다. 해외 직투 계좌는 언제든지 매도할 수 있는 유동성의 장점이 있고, ISA계좌는 절세 혜택을 활용할 수 있다는 강점이 있다.

06
대출 상환이냐, 주식투자냐? 둘 다 잡는 황금 비율

결혼을 준비하면서 전세로 시작할지, 대출을 받아 내 집을 마련할지, 아니면 월세로 거주하면서 금융수익을 적극적으로 늘릴지 고민하는 시기가 온다. 특히, 전세자금대출이나 주택담보대출을 받으면, 대출금 상환이 최우선이 되어 투자 기회를 놓치는 것은 아닐까 하는 걱정도 뒤따른다.

많은 사람들이 대출을 갚은 후 투자를 시작해야 한다고 생각한다. 그러나 "○○ 끝난 뒤에 투자해야지" 하는 생각은 투자를 할 때 가장 피해야 할 마인드 중 하나다.

"대출 갚은 다음에 투자해야지."

"차 바꾸고 투자해야지."

"이것만 사고 투자해야지."

'투자 미루기'에는 핑계가 무궁무진하다. 하지만 대출 상환과 투자는 어느 하나를 먼저 끝내야 하는 직렬적인 구조가 아니라, 병행할 수 있다. 시중 대출금리와 S&P500의 연평균 수익률과 비교했을 때, 지수 투자의 기대수익이 더 크다. 당장의 이자 부담보다 장기적인 자산 증식 가능성을 고려하는 것이 더 현명한 선택이 될 수 있다.

나 역시 인생에서 두 번의 부동산 매매를 경험하며 주택담보대출 상환이라는 숙제를 안고 있었다. 하지만 그렇다고 해서 투자를 포기하지 않았다. 사회 초년생 때는 매월 30만 원씩 장기투자 계좌를 꾸준히 유지했다. 결혼 후에는 20만 원 규모의 장기투자 자산을 추가했다. 승진한 이후에는 50만 원을 추가하며 장기투자 자산을 더 늘렸다. 부동산 대출을 상환할 때도 최소 100만 원은 제외하고 상환했다.

그 결과, 첫 번째 아파트 담보대출을 모두 상환했을 때 현금자산이 0원이 아니라 1억 원이 되어 있었다. 그리고 두 번째 아파트 담보대출을 상환한 후에는 3억 원 가까이 불어나 있었다. 대출 상환과 투자를 상호 배타적인 개념으로 보지 않고, 미래 자산을 구축하기 위해 병렬적으로 진행했기 때문이다. (여기에서 장기투자란 최소 20년 이상을 의미한다.)

혹자는 "대출 상환을 더 일찍 끝낼 수 있는데, 굳이 왜 대출이자를 내고 있냐?"고 반문할 수 있다. 하지만 이건 뭘 모르고 하는 소리다. 미국 지수 투자의 핵심은 시간이다. 주택담보대출 상환이 늦어질 수는 있지만, 그만큼 지수 투자도 복리로 불어나고 있기 때문에 대출 상환을 늦추는 것이 반드시 잘못된 선택은 아니다. 특히, 3040세대는 지속적인 근로소득이 발생하고 소득이 증가하는 시기이므로, 무한 물타기가 가능한 시기이지 않나.

주택담보대출을 상환하면서 동시에 투자하는 가장 효율적인 방법은 자산을 적절한 비율로 배분하는 것이다. 일반적으로 '7 : 3(대출 상환 70%, 투자 30%)' 또는 '6 : 4(대출 상환 60%, 투자 40%)' 비율로 병행하는 방식이 추천된다. 주식시장 하락이 걱정된다면 '8 : 2(대출 상환 80%, 투자 20%)' 정도로 투자 비율을 조정하는 것도 방법이다.

이 시기에는 한정된 투자자금을 효율적으로 운용해야 하므로 더 높은 수익을 기대할 수 있는 ETF를 선택하라. 지수 투자를 중심으로 하되, 레버리지를 적절히 활용하는 것이다. 그러면 동일한 투자금으로 더 높은 수익을 얻을 가능성도 높아진다. 예를 들어, 'SCHD 40%, VOO 40%, QLD(나스닥100 2배 레버리지 ETF) 20%' 비중으로 투자하는 것이다. QLD가 QQQ의 2배 효과를 제공하기 때문에, 전체적으로 120%의 투자 효율을 기대할 수 있다.

좀 더 응용해, 'SCHD 60%, SSO(S&P500 2배 레버리지 ETF) 20%, QLD 20%' 비중으로 조정하면, 140%의 투자 효과가 예상된다. 다만, 레버리지 비중이 높아질수록 손실률도 증가한다는 점을 고려해야 한다. 그래서 조금 보완해 'SCHD 60%, (SPLG 10% + SSO 10%), (QQQM 10% + QLD 10%)'와 같이 밸런스를 조절해볼 수도 있다. 하지만 이는 장기투자를 통해 투자수익률을 높이는 방법론에 대한 의견일 뿐, 절대 레버리지 투자를 권하는 글은 아니다.

07
미성년 자녀를 위한 재테크 설계

미성년 자녀를 위한 초장기투자는 최대한 빨리 시작하는 것이 좋다. 복리의 효과를 극대화할 수 있는 시간을 벌 수 있기 때문이다. 예를 들어, 2000만 원을 증여한 후 S&P500과 나스닥100에 분산 투자한다면, 추가 저축 없이도 자녀가 성인이 되었을 때 상당한 자산을 형성할 수 있다. 지금 당장은 2000만 원이 부담스럽게 느껴질 수 있지만, 수십 년 후 그 가치가 10억 원이 된다면 결코 아깝지 않을 것이다.

대한민국에서는 부모가 미성년(만 19세 미만) 자녀에게 10년간 최대 2000만 원까지 세금 없이 증여할 수 있다. 이후 자녀가 성인이 되면 추가로 10년간 5000만 원까지 증여 가능하다. 즉, 자녀가 태어나자마자 2000만 원을 증여하고, 성인이 된 후 5000만 원을 추가로 증여하면 총 7000만 원까지 세금 부담 없이 증여할 수 있는 것이다.

하지만 꼭 7000만 원을 증여하지 않더라도, 단 2000만 원만으로도 복리 효과를 활용한 장기투자를 통해 충분한 자산을 형성할 수 있다. 증여할 자산의 투자 목적을 현실적으로 설정하는 것도 중요하다. 자녀의 대학 등록금이나 유학자금을 목표로 설정할 수도 있고, 결혼자금이나 결혼 후 부동산 구매자금으로 계획할 수도 있다. 그 목적에 맞게 자녀가 성인이 된 이후까지 투자 기간을 20년에서 30년까지 확장한다면, 그야말로 강력한 재테크 전략이 되어줄 것이다.

시나리오 1 2000만 원 거치식 투자

먼저 1000만 원은 연평균 12% 수익률을 기록하는 S&P500에 투자하고, 나머지 1000만 원은 나스닥100이 연평균 15% 성장할 것을 가정해 투자해보자. 20년간 장기투자할 경우, 자녀가 성인이 되는 20세에는 총자산이 약 2억 6000만 원으로 성장하게 된다.

그러나 실질적으로 큰 목돈이 필요한 시점은 성인이 되는 순간이 아니라, 결혼을 하거나 주택을 마련할 시기일 것이다. 만약 투자 기간을 30년으로 늘린다면, 해당 자산은 약 9억 5000만 원까지 불어날 수 있다. 즉, 단 2000만 원의 증여만으로도 상속세 부담 없이 자녀에게 거의 10억 원에 달하는 자산을 합법적으로 증여할 수 있는 거다.

시나리오 2 165,000원 X 10년 적립식 투자

매월 82,500원씩 10년간 각각 동일하게 S&P500과 나스닥100에 적립식으로 증여한 후, 이후 20년 동안은 거치식으로 운용했을 때 투자 성과를 살펴보자. 이 경우, 최종 투자 기간은 동일하게 30년이지만 최종 자산 규모는 약 5억 6000만 원으로, 앞선 거치식 투자 시나리오의 절반 수준에 그친다. 거치식 투자는 초기 투자금이 오랜 기간 복리로 성장하면서 최종 자산이 크게 증가하는 반면, 적립식 투자는 자산이 점진적으로 증가하는 구조이므로 초기 투자금에 대한 복리 효과가 상대적으로 덜 적용되기 때문이다. 결국, 장기적인 복리 효과를 극대화하려면 가능한 한 빨리, 초기 투자금의 규모를 키워서 거치식 투자를 하는 게 답이다.

자녀가 태어난 후 2000만 원을 증여해 미국 지수에 투자하는 것만으로, 부모가 자녀의 부동산 마련이라는 인생 숙제를 대신 해결해줄 수 있다. 우리 부모님 세대에는 지금처럼 미국 주식에 자유롭게 투자할 수 있는 환경이 아니었다. 부모님이 왜 나를 위해 장기투자를 하지 못했는지를 원망하기보다, 이제 내가 내 자녀를 위해 장기투자를 시작할 차례다. 이 투자는 비단 자녀를 위한 게 아니라, 미래의 내 노후자금을 보호하는 일이기도 하다. 자녀의 인생 숙제가 해결되었으니, 이제 내 인생 숙제인 '노후 준비'에 온전히 집중해보자. 숙제가 하나 끝난 만큼, 더 집중이 잘될 것이다.

08
미국 지수 투자로
더 많은 수익을 내고 싶다면?

미국 지수 투자 초보자라면 무조건 S&P500 ETF로 시작하는 것이 가장 안전한 선택이다. 우선 투자를 시작해보고, 어젯밤 미국 증시의 변동이 국내 S&P500 ETF 가격에 어떻게 반영되는지 경험하면서 점진적으로 시장의 흐름을 이해하면 된다. 하지만 투자를 하다 보면 더 높은 수익을 원하게 되는 순간이 온다. 이때 무리하게 새로운 종목을 탐색하기보다, 안전한 투자 방식으로 알려진 ETF들을 하나씩 업그레이드하는 것이 바람직하다. 그럴 때는 이렇게 접근해보자.

▌나는 S&P500 ETF보다 더 벌고 싶다

최근 AI 붐으로 반도체 섹터 주가가 폭등하면서, 상대적으로 S&P500의 수익률이 다소 아쉽게 느껴질 수 있다. 대표적인 성장주 추종 3배 레버리지 ETF인 TQQQ, SOXL(Direxion Daily Semiconductor Bull 3X Shares)과 S&P500의 주가 흐름을 비교해보면, 최근 기술주가 훨씬 높은 상승률을 기록했지만, 작년 10월 조정장에서는 S&P500이 더 안정적인 흐름을 보였다. 이처럼 기술주, 특정 섹터, 레버리지 ETF가 항상 좋은 선택만은 아니다. 하지만, "그래도 위험을 감수하더라도 더 높은 수익을 원해!"라는 생각이 든다면, 나스닥100 ETF를 고려해볼 만하다. 나스닥100 ETF는 기술주 중심의 시장에서 강한 성과를 보여왔다. S&P500과 나스닥100을 '5 : 5' 비율로 투자하여 수익성과 안정성을 함께 추구하는 전략을 설계해볼 수 있다.

나는 나스닥100 ETF보다 더 벌고 싶다

나스닥100과 S&P500을 함께 투자하다 보면, 특정 테마주가 더 높은 상승률을 보이는 것처럼 느껴질 때가 있다. 그러다 보면 나스닥보다 더 높은 수익을 기대하며 더 과감한 투자를 하고 싶은 욕심이 생기기도 한다.

이럴 때 고려할 수 있는 ETF가 'TIGER 미국테크TOP10'이다. 이 ETF는 나스닥100 기술주 중에서도 상위 10개 종목에 집중 투자하는 ETF다. 우리가 잘 알고 있는 엔비디아, 애플, 마이크로소프트, 테슬라 등이 포함되어 있다. 보다 높은 수익과 분산 투자의 균형을 둘 다 유지하고 싶다면, 'S&P500 5 : 나스닥100 3 : 미국테크TOP10 2'의 비율로 투자하면 적절한 밸런스를 맞출 수 있다.

■ 나는 TIGER 미국테크TOP10 ETF보다 더 벌고 싶다

'TIGER 미국테크TOP10'보다 더 높은 수익률을 추구하는 투자자를 위해 출시된 ETF가 있다. 바로 'ACE 미국빅테크TOP7 Plus'이다. 이 ETF는 상위 10개 종목이 아니라 'M7'으로 불리는 상위 7개 빅테크 기업에 집중 투자하는 상품이다. 최근 빅테크가 주가 상승을 주도하는 상황으로 봤을 때, TOP7에 집중 투자하는 ETF는 더욱 공격적인 전략이 될 수 있다. 하지만 장기투자가 필요한 연금펀드에서 활용할 수 있는 투자상품은 여기까지가 마지노선이라고 개인적으로 생각한다. 장기투자에는 최소한의 안전성과 회복성이 필요하기 때문이다.

■ 나는 ACE 미국빅테크TOP7 Plus ETF보다 더 벌고 싶다

최근 AI 관련 기업들이 급등하는 모습을 보면, 빅테크보다 AI에 집중 투자하면 더 높은 수익을 거둘 수도 있을 것만 같다. 하지만 사실 지수 추종 ETF로는 이러한 고수익을 얻기 어려울 수 있다. 그래서 특정 AI 반도체 섹터에 집중 투자하는 'KODEX 미국반도체' 같은 ETF가 등장했다. 이 ETF는 최근 AI 반도체 관련 기업들의 강세를 반영하면서 높은 수익률을 기록한 대표적인 ETF 중 하나다. 그러나 특정 섹터에 투자하는 것은 큰 리스크를 동반한다. 특정 산업이 시장에서 강세를 보일 때는 최고의 수익률을 기록할 수 있지만, 그 열기가 식으면 주가는 장기 침체에 빠질 가능성이 크다.

대표적인 예가 전기차 테마 ETF, 'TIGER 2차전지테마'이다. 한때

빅테크나 반도체 섹터를 압도하는 수익률을 기록했지만, 지금은 시장에서 회복하지 못하고 있다. 상승기에는 최고의 ETF였지만, 주도주가 바뀌면서 하락세에 접어들면 다시 반등하기 어려운 것이 특정 섹터 ETF의 큰 리스크다. 따라서 AI 반도체 섹터 역시 동일한 위험을 가질 수 있다는 점을 명심해야 한다. 아직도 여기 물려서 나오지 못한 투자자가 많은 것으로 알고 있다. 크게 물리면 미련도 남고, 혹시 다시 오르지 않을까 하는 기대감 때문에 쉽게 손절하기도 어렵다. 그만큼 특정 섹터 투자 시에는 각별한 주의가 필요하다.

09
절대 손해 보지 않는
자산 배분 전략

시장의 변동성을 경험한 투자자라면 주식투자가 단순히 수익을 내는 것이 아니라, 리스크를 감당하는 과정임을 잘 알 것이다. 주변에서 삼성전자에 투자했다가 손해를 보았다는 이야기가 심심찮게 들려온다. 대한민국에서 가장 믿을 수 있는 기업 중 하나라고 생각하고 투자했지만, 예상과 다른 결과를 맞게 된 것이다.

만약 1년 전 삼성전자에 1억 원을 투자했다면, 손실이 약 -27%가 발생해 자산이 약 7200만 원으로 줄어들게 된다. 단 1년 만에 2800만 원의 손실을 본 것이다. 이 금액은 대한민국 평균 근로자의 연봉 6개월 치에 해당하는 큰돈이다. 1년간 투자했는데, 월급 6개월을 허비한 것과 같은 결과로 돌아오다니! 이는 "좋은 기업에 장기투자하면 된다"는 투자법을 따르는 것만으로는 성공할 수 없는 주식투자의 어려

출처: Google Finance

움을 보여준다.

주식투자를 통해 손실을 본 경험은 누구에게나 속상한 일이다. 심지어 일부 투자자들은 손실의 충격으로 인해 다시는 주식투자를 하지 않기로 결심하기도 한다. 그렇다고 마음이 편한 것은 아니다. 뉴스만 틀면 연일 미국 주식과 비트코인의 상승 소식이 들려와 자본주의 경쟁에서 도태될 것만 같은 위기감에 사로잡히게 된다. 이런 안전 제일주의 투자자들에게 딱 맞는 투자 방법이 있다. 일명 '절대 손실이 없는 주식투자 전략'이다.

우선 1억 원을 4% 금리의 예금에 예치하면 1년 후 기대할 수 있는 확정 수익은 400만 원이다. 반면, S&P500에 투자했는데 그해 경제위기로 -36%의 손실이 발생했다고 쳐보자. 즉, 1억 원을 투자했을 때 최악의 경우 원금이 약 6000만 원으로 줄어들 수 있다는 뜻이다. 이러한 극단적인 리스크를 감안하면, 무조건 주식에 올인하는 것은 위험한 선택이 될 수 있다. 따라서, 안정성과 성장성을 조합하는 전략이 필요하다.

예를 들어 9000만 원을 예금에 예치하여 1년 후 360만 원의 확정 수익을 확보하는 전략을 세울 수 있다. 은행예금은 변동성이 없는 상품이기 때문에 1년 후 자동으로 이자를 지급받게 된다. 남은 1000만 원을 S&P500에 투자하면, 주가가 상승할 경우 추가 수익을 기대할 수 있다. 반면, 미국 증시가 폭락을 기록하여 -36% 손실이 발생한다고 가정하면, 투자한 1000만 원은 640만 원으로 줄어든다. 하지만 전체 투자자산을 보면, 예금 9360만 원과 주식 640만 원을 합쳐 여전히 1억 원을 유지하게 된다. 즉, S&P500이 폭락을 기록해도 내 전체 투자자산 1억 원은 그대로 유지된다는 뜻이다.

예금 + S&P500 자산 배분 전략

✓ **1억 원 투자 전략**
- 9000만 원을 연 4% 예금에 예치 → 1년 후 확정 이자 360만 원 확보
- 1000만 원을 S&P500에 투자 → 주가 상승 시 추가 수익 기대

✓ **최악의 경우 (S&P500 -36% 폭락 가정 시)**

- 예금 | 9360만 원 유지 (이자 포함)

- 주식 | 1000만 원 → 640만 원

- 총자산 1억 원 유지 (손실 없음)

만약 S&P500이 연평균 12%씩 상승한다고 가정하면, 예금에 예치한 9000만 원은 1년 후 9360만 원이 되고, S&P500에 투자한 1000만 원은 1120만 원으로 증가한다. 다음 해에 다시 예금과 주식의 비중이 '9 : 1'이 되도록 성장한 자산을 각각 9496만 원과 1055만 원으로 나누어 투자한다. 이 과정을 매년 반복하면 원금 손실 없이 자산을 점진적으로 증가시키는 구조가 형성된다.

✓ **S&P500이 연평균 12%씩 상승한다고 가정하면?**

- 예금 | 9000만 원 → 9360만 원 성장 (이자 4%)

- 주식 | 1000만 원 → 1120만 원 성장 (수익률 12%)

- 다음 해 투자 구조: 9496만 원 예금 + 1055만 원 주식

이 전략을 지속하면, 처음에는 전체 자산의 10%만 주식투자에 배분했지만, 시간이 지남에 따라 주식투자에서 발생하는 수익이 누적되면서 점차 투자 비중을 확대할 수 있는 여력이 생긴다. 그러다 보면 결국 20%~30%까지 주식 투자 비중을 늘려도 절대 원금 손실을 입

지 않는 절대 무적의 투자자가 될 수 있다. 이 방법을 참고해 예금의 안정성과 주식의 성장성을 동시에 누리는 효과적인 자산 배분 전략을 구축해보자.

10
포메뽀꼬의 매일의 투자 루틴

마지막으로 많은 사람들이 궁금해하는 나의 투자 루틴과 유용한 사이트를 공유해본다. 나는 아침 6시 50분에 일어나 출근 준비를 하면서, 텔레비전을 켜고 한국경제TV의 글로벌마켓 뉴스를 시청한다. 이 채널은 전날 밤 미국 증시의 흐름을 잘 정리해주어, 출근 준비를 하면서 자연스럽게 시황을 귀에 담을 수 있다. 집을 나서 지하철에서 뉴스를 다시 한번 정리하고, 이해가 잘 안 되는 부분이 있으면 관련 기사를 찾아보며 보완한다. 출근 전 한 시간은 오늘 밤 미국 주식 투자를 위한 소중한 시간이다.

회사에 도착할 즈음이면, 하나은행에서 제공하는 FX(환율) 마켓 정보 알람을 확인한다. 하나은행의 외환 정보는 작성자의 의견이 배제된 객관적인 데이터 중심의 정보를 제공하기 때문에, 뉴스로 인해 선입견을 가지지 않고 환율 흐름을 이해할 수 있다. 그래서 나에게 중요한 정보 창구 중 하나로 자리 잡았다.

출근 후에는 당연히 업무에 집중한다. 과거 공모주 투자를 주력으로 했을 때는 장 시작 전(오전 9시) 시초가 매도를 준비하느라 바빴지만, 지금은 미국 주식 투자가 중심이므로 훨씬 여유롭다. 물론 어제 미국 시장의 흐름이 투자 중인 'ACE 미국나스닥100'과 같은 국내 상장 미국 ETF들의 주가에 영향을 미치지만, 이미 결과를 알고 있는 드라마와 같다. 전날 미국 시장이 상승하면 오늘 국내 상장 미국 ETF도 따라 오르고, 반대로 하락하면 해당 ETF들도 따라서 하락하는 패턴이 반복되기 때문이다. 그래서 크게 요동하지 않는다.

물론 실시간 현물시장의 영향을 받아 주가가 조정될 수 있지만, 전날 미국 시장의 움직임이 큰 영향을 미치는 것은 변함없다. 다만, ETF는 오전 9시 장 시작 직후와 오후 3시 30분 장 마감 직전에 변동성이 크게 발생할 수 있다. 이는 유동성 공급자(LP, Liquidity Provider)가 개입하지 않는 시간대이기 때문이다. LP는 투자자가 원활하게 매매할 수 있도록 매수·매도 호가를 제공할 의무가 있지만, 해당 시간대에는 LP가 활동하지 않아 가격 왜곡이 발생될 여지가 있다. 따라서 ETF를 매매할 때는 장이 열리는 직후(9시)와 마감 직전(3시 30분 전후)은 피하는 것이 좋다.

점심 이후 시간이 나면 'CME FedWatch(페드와치)'를 통해 미국 금리 변동 상황을 간단히 확인한다. 금리는 증시 흐름과 직결되는 핵심 요소이므로, 연준의 정책 변화와 시장의 금리인상·인하 기대감을 꾸준히 체크하는 것이 중요하다. 그 밖에도 매일 확인하는 중요한 투자 지표들이 있다.

CME FedWatch
연방준비제도(Fed)의 금리 변동 예상치를 실시간으로 확인할 수 있는 사이트다.

CNN 공포·탐욕지수
시장이 극단적인 공포 상태에 빠지면 저가 매수 기회가 될 가능성이 높기 때문에 매일 확인한다. 극한의 공포장에서 매수하는 것은 나에게 있어 투자 필승 전략 중 하나이다.

Finviz S&P500 Tree Map
이 사이트는 S&P500 종목을 섹터별로 시각화하여 제공하기 때문에, 단 몇 초 만에 시장의 전반적인 흐름을 빠르게 파악할 수 있다. 전날 미국 시장의 흐름을 한눈에 확인할 수 있다.

오후가 되어 한국 주식시장이 마무리되면, 오후 4시쯤 커피 한 잔을 하면서 계좌의 평가금액을 취합해 아이패드에 포트폴리오 기록을 업데이트한다. 이를 통해 전일 대비 자산 변화를 확인하고, 특정 경제지표 발표 시 변동성이 어느 정도 나타나는지를 익힌다. 약 10분 남짓한 시간 동안 관리 중인 10개의 주요 계좌 수익률을 점검하면, 미리 설정한 수식에 의해 전일, 전월 누적수익률 및 투자 비율 등의 정보가 자동 업데이트된다.

　퇴근길이 되면 이미 미국 프리장이 시작된다. 이 시간은 업데이트를 마친 투자 기록을 상세히 분석하는 시간으로 활용된다. 포트폴리오별 손익을 점검하고, S&P500, 나스닥100, 기술주TOP10 등 3개 주요 지수 투자 비중을 조정하기도 한다. 이 시간에 오늘 밤 매수할 포트폴리오를 선정한다. 투자 결정은 매우 쉽게 이루어진다. 주가가 상승하는 상황에서는 웬만하면 매수하지 않기 때문이다. 주가가 20일 이동평균선(20일선)을 터치하는 하락 신호가 발생할 때만 큰 비중으로 매수하고 있다.

　증시가 프리장부터 급락하며 변동성이 커지고 있다면, 예수금을 확인하고 추가 매수를 준비한다. 나스닥이 -2%까지 하락하는 조정장에서는 500~1000만 원 정도씩 매수하는 편이다. 하지만 한 번 하락하기 시작하면 어디가 바닥일지 모르기 때문에, 절대 단기간에 승부를 보려고 하지는 않는다. 대신 하락장에서 레버리지를 높이는 투자 방식은 자산을 지키는 방어적인 성격으로 운용을 하고 있다. 하락 구간에서 레버리지를 높여가며 투자하기 때문에, 증시가 전고점을 회복해야만 수익이 나는 것이 아니라 조금만 회복해도 전체 포트폴리오가 플러스 수익으로 전환된다. 이때 마이너스 종목과 플러스된 레버리지 종목을 적절히 함께 매도하면서 마이너스 종목을 삭제해나가고 있다.

　나는 이렇게 투자를 하고 있다. 아니, 살아가고 있다. 출퇴근 시간,

잠깐 커피를 마시는 시간, 머리를 식히는 시간들을 떼어 쓰고, 10만 원, 30만 원, 50만 원, 100만 원, 1000만 원… 장기투자를 늘려가며 결국 경제적 자유를 이루었다. 쉽다면 쉽고, 어렵다면 어려운 길일 수 있다. 그러나 내가 했듯이, 여러분도 할 수 있다. 꿈이 이루어지길 응원하며 이 글을 마친다.

에필로그

'포메뽀꼬'라는 필명이 알려지게 된 계기는 우연히 유튜브 경제 채널인 '싱글파이어'에 출연해 인터뷰를 하면서였다. 출연한 영상이 좋은 반응을 보이면서 평범한 직장인의 투자 기록이 많은 관심을 받게 되었다. 예상치 못하게 2024년 7월에 업로드된 영상이 해당 채널 인기 동영상 순위 7위에 오르는가 하면, 2025년 1월에 업로드된 영상은 단 1개월 만에 100만 뷰를 돌파하더니 인기 순위 3위까지 올라섰다. 사실 '싱글파이어'에 출연한 분들 중에는 나보다 더 투자에 열정적이고 다양한 방식으로 부를 이룬 대단한 분들이 많다. 유독 내가 주목을 받은 이유는 대중성 덕분이라고 생각한다.

내가 하고 있는 미국 지수 투자는 특별히 투자에 대한 기술이나 전문성이 필요하지 않다. 그래서 누구나 아침에 뉴스만 보고도 미국 지수 투자를 시작할 수 있다. 지수 투자는 투자 타이밍도 크게 중요하지 않고, 유명인의 말 한마디로 급락할 위험도 없다. 그래서 목적지에 도달하는 시간이 다를 뿐 누구에게나 공평하게 작용하는 투자다. 그런

지수 투자로 우리 같은 보통 사람들이 필요성을 인지하고 있는 내 집 마련과 은퇴 준비까지 마친 것이 직장인 투자자들에게 가장 현실적인 투자 방식이라고 느껴져 내 영상이 시선을 끌지 않았나 싶다.

그 관심 덕으로 많은 출판사에서 연락을 주었고, 이렇게 출간까지 이어지게 됐다. 특히 초보 작가의 원고를 프로페셔널하게 정리해준 조한나 편집자에게 감사 인사를 전하고 싶다. 꾸준함은 언젠가 운을 만나 좋은 성과로 이어지는 듯하다. 사회생활을 마무리하는 시기가 다가오면서 자서전과 같은 책을 꼭 써보고 싶었는데 이렇게 꿈을 이루게 되었다. 이제껏 살아오면서 내 인생에 정답도 많았지만 참 오답도 많았다. 그 정답들만 모아서 나의 이야기를 해보고 싶었다.

'ISTJ'인 나와 'ESFP'인 와이프는 전혀 다른 성향의 사람이다. 아직도 '아이언맨'과 '배트맨'을 구분하지 못하는 와이프의 관심사는 '나는 SOLO'와 같은 연애 프로그램이다. 그렇게 다른 성향이라 나의 결정이 이해가 되지 않을 때도 있었을 텐데 늘 먼저 믿어주고 지지해주었다. 투자에 있어서도 그랬다. 아내는 자산이 어디에 어떻게 투자되고 있는지, 어제 미국 증시가 어땠는지 전혀 관심이 없다. 심지어 어젯밤 증시가 급락해서 하루 만에 몇천만 원의 손실이 발생했다고 이야기해도 아무런 미동도 없다. 어차피 내가 알아서 잘 관리할 거라고 철저하게 믿어주기 때문이다. 그런 아내에게 감사의 마음을 보낸다.

나에게 은퇴를 위해서 단 3개의 ETF를 고르라고 한다면, SPLG, QQQM, SCHD를 선택할 것이다. 그리고 연금저축계좌에서는

'KODEX 미국S&P500', 'ACE 미국나스닥100', 'TIGER 미국테크 TOP10타겟커버드콜'에 투자하겠다. 단, 항상 투자 중인 전체 자산의 30%는 현금성자산으로 보유하면서 증시가 급락할 때마다 물타기를 할 수 있는 여유를 유지하도록 노력할 것이다. 지수 투자는 누구나 알고 있는 성공의 방법이지만, 그렇다고 누구나 성공하는 것은 아니다. 천천히 증가하는 상승 흐름이 지겨워 빨리 부자가 되는 지름길을 찾아 떠나기 때문이다. 하지만 천천히 부자가 되는 방법이 가장 빨리 부자가 되는 방법이다. "Just Keep Buying 해보자!"

단 3개의 미국 ETF로 은퇴하라

초판 1쇄 발행 2025년 3월 24일
초판 29쇄 발행 2026년 1월 19일

지은이 김지훈(포메뽀꼬)

발행인 윤승현 단행본사업본부장 신동해
편집장 김경림
진행 조한나 디자인 최희종
마케팅 최혜진 이은미 홍보 허지호
제작 정석훈

브랜드 리더스북
주소 경기도 파주시 회동길 20
문의전화 031-956-7429(편집) 02-3670-1123(마케팅)

홈페이지 www.wjbooks.co.kr
인스타그램 www.instagram.com/woongjin_readers
페이스북 www.facebook.com/woongjinreaders
블로그 blog.naver.com/wj_booking

발행처 ㈜웅진씽크빅
출판신고 1980년 3월 29일 제406-2007-000046호

ⓒ 김지훈, 2025
ISBN 978-89-01-29417-9 03320

※ 리더스북은 ㈜웅진씽크빅 단행본사업본부의 브랜드입니다.
※ 이 책은 저작권법에 의해 한국 내에서 보호를 받는 저작물이므로 무단 전재와 무단 복제를 금합니다.
※ 책 내용의 전부 또는 일부를 이용하려면 반드시 저작권자와 ㈜웅진씽크빅의 서면 동의를 받아야 합니다.
※ 책값은 뒤표지에 있습니다.
※ 잘못된 책은 구입하신 곳에서 바꾸어드립니다.